HOLT
2
SPANISH

¡Ven conmigo!®

Testing Program

HOLT, RINEHART AND WINSTON

A Harcourt Classroom Education Company

Austin · New York · Orlando · Atlanta · San Francisco · Boston · Dallas · Toronto · London

Contributing Writers:

Barbara Sawhill

Teresa Shu

Cover Photo Credit
Group of students: Marty Granger/HRW Photo

Photo Credits
All photos by Marty Granger/Edge Video Productions/HRW except:
Page 64, (cl) Chris Urso/Wide World Photos; (r) William Sallaz/Duomo Photography; (l) Spike Nannarello/Shooting Star International; (c) Simon Bruty/Allsport; (cr) Bernard Gotfryd/Woodfin Camp & Associates, Inc.; 114, (all), 157, (all), 161, (tl) Michelle Bridwell/Frontera Fotos; 162, (tc) Josef Beck/FPG International; (cl) Robert Frerck/Woodfin Camp & Associates, Inc.; 175, (bl) John Cleare/Earth Scenes; (bc) Billy Barnes; (br) Michelle Bridwell/Frontera Fotos; 176, (tl) Billy Barnes; (tc) (cl) Michelle Bridwell/Frontera Fotos; (cr) Myrleen Ferguson Cate/ Photo Edit; 249, (tl) T.L. Keith Kent/Peter Arnold, Inc.; (bl) B.L. King /H. Armstrong Roberts; (br) B.R. Reed Kaestner/Zephyr Pictures; 279, (tl) John Warden/Tony Stone Images; (bl) Gerard Lacz/Animals, Animals; (tr) Bob Talbot /Tony Stone Images; (br) T & P Leeson/ Zephyr Pictures; 328, (bl) Hector Mendez Caratini; 331, (tr) Michelle Bridwell/Frontera Fotos

¡VEN CONMIGO! is a trademark licensed to Holt, Rinehart and Winston, registered in the United States of America and/or other jurisdictions.

Printed in the United States of America

ISBN 0-03-065544-7

1 2 3 4 5 6 7   066   03 02 01

Contents

To the Teacher

The *¡Ven conmigo! Testing Program* contains the following assessment materials: quizzes, Chapter Tests, and Speaking Tests. For other assessment options, such as performance assessment or portfolio suggestions, see the *Alternative Assessment Guide*. The *Testing Program* is organized by chapter, and each chapter contains these components:

- **Quizzes** Six quizzes accompany each chapter, two quizzes for each **paso**. Each is short enough to be administered within approximately 20 minutes, leaving ample time for other activities. The first quiz for each **paso** (Quiz A) focuses on the grammar and vocabulary for that section of the chapter. These Grammar and Vocabulary quizzes principally test writing and reading skills, and feature more discrete-point, closed-ended assessment. They may be used for evaluation, or as review in preparation for the second quiz in each **paso** and the Chapter Tests. The **paso** quizzes (Quiz B) assess listening, reading, and writing skills as well as culture, using a combination of closed and open-ended formats. Listening and reading sections evaluate comprehension of the **paso** material, while the writing portion asks students to express themselves in real-life situations. You will find the listening section of each **paso** quiz (Quiz B) recorded on the *Audio Compact Discs* for the corresponding chapter. The scripts and answers to all the quizzes are also included in the *Testing Program*. For ease in grading, the total point value for three quizzes, one from each **paso**, equals 100. The Grammar and Vocabulary quiz for each **paso** (Quiz A) always has the same point value as its Quiz B counterpart, allowing you to choose to administer either of the two quizzes in any given **paso**. Alternative grammar and vocabulary quizzes for each **paso** can be found in the *Student Make-Up Assignments with Alternative Quizzes*.

- **Chapter Tests** The Chapter Tests for Chapters 1−12 include listening, reading, writing, and culture segments. They are designed to be completed in one class period. Score sheets are provided with the tests, as well as listening scripts and answer keys. With the exception of the writing and some culture segments, the Chapter Tests are designed to facilitate mechanical or electronic scoring. You will find the listening segments for the Chapter Tests recorded on the *Audio Compact Discs.*

- **Midterm and Final Exams** The Midterm Exam is a comprehensive exam covering material from Chapters 1−6, while the Final Exam focuses on material from Chapters 7−12. These exams evaluate listening, reading, writing, and culture. As in the Chapter Tests, the listening, reading, and some of the culture sections are designed to facilitate mechanical or electronic scoring. Score sheets, scripts, and answers are provided for both exams. You will find the listening portions of these exams on *Audio Compact Discs 6* and *12* respectively.

- **Speaking Tests** There is one Speaking Test for each chapter. For more detailed suggestions on administering and grading these tests, see "To the Teacher" and the rubrics on pages 341 and 342 of this book.

CAPÍTULO **1**

Mis amigos y yo

■ PRIMER PASO

Grammar and Vocabulary

A. Everyone in Felipe's family resembles each other in certain ways. Explain their similarities, using the infomation given and the correct form of the underlined adjectives. (10 points)

1. Samuel es <u>alto</u> y <u>leal</u>. Todos sus hijos también son _____ y

   _____ .

2. Don Ernesto es <u>trabajador</u> y <u>simpático</u>. Su hermana también es _____ y

   _____ .

3. Margarita es <u>canosa</u> e <u>inteligente</u>. Su esposo también es _____ e

   _____ .

4. Felipe es <u>pelirrojo</u> y <u>joven</u>. Sus hermanitas también son _____ y

   _____ .

5. Juan Luis es <u>atlético</u> y <u>cómico</u>. Sus primos también son _____ y

   _____ .

SCORE [   ]

B. Javier's pen pals sent him currency from their home countries. Using the information in the chart, write the nationality of the person or people who sent each bill. Remember to use the correct form of the adjective. (12 points)

MONEDA	PAÍS
colón	Costa Rica
quetzal	Guatemala
lempira	Honduras
nuevo peso	Uruguay
bolívar	Venezuela
euro	España
córdoba	Nicaragua
dólar	Puerto Rico

6. Los colones son de César. Él es

   _____ .

7. Los quetzales son de Florencia. Ella es

   _____ .

8. Los lempiras son de Teresa y Pablo. Ellos son

   _____ .

9. Los nuevos pesos son de Marisa y Clara. Ellas son

   _____ .

10. Los bolívares son de Everardo y Marcia. Ellos son

    _____ .

Quiz 1-1A

11. Los euros son de Olivia. Ella es _____ .

12. Los córdobas son de Ramón. Él es _____ .

13. Los dólares son de Sofía y Óscar. Ellos son _____ .

SCORE _____

C. Fernando is asking Isabel and Mirta about their family. Complete their conversation with the correct forms of **tener**. (5 points)

FERNANDO   Yo 14. _____ cinco hermanos. ¿Cuántos hermanos

15. _____ ustedes?

ISABEL   Somos tres en total. Nosotras 16. _____ una hermana más, Laura.

FERNANDO   ¿Y cuántos años 17. _____ ella?

ISABEL   Dieciséis.

FERNANDO   Pero Mirta, tú 18. _____ dieciséis también, ¿no?

MIRTA   Sí, Laura y yo somos gemelas (*twins*).

SCORE _____

D. Ana María is filling in her address book. Write out the missing parts of the phone numbers of some of her friends. Spell all numbers as words. (8 points)

Fabiola	9-48-10-15
Esteban	7-60-75-22
Elena	4-51-19-11
Raquel	3-34-90-83
Aranxta	8-12-20-33

19. El número de Fabiola es el nueve, cuarenta y ocho, diez, _____ .

20. El número de Esteban es el siete, _____ , setenta y cinco, _____ .

21. El número de Elena es el cuatro, cincuenta y uno, _____ , _____ .

22. El número de Raquel es el tres, _____ , noventa, _____ .

23. El número de Aranxta es el ocho, _____ , veinte, treinta y tres.

SCORE _____

TOTAL SCORE _____ /35

CAPÍTULO 1

Mis amigos y yo

Quiz 1-1 B

Maximum Score: 35

■ PRIMER PASO

I. Listening

A. Look at the pictures below. Listen as Franchesca introduces some of her friends. Then match each picture with each person's name. (10 points)

1. _____   2. _____   3. _____   4. _____

a. Maricarmen   **b.** Carmiña   **c.** Manuel   **d.** Carlos

5. Franchesca es una chica que _____.

    a. estudia mucho   **b.** es antipática   **c.** tiene muchos amigos

SCORE [   ]

II. Reading

B. Read the following note from Estela. Then choose the letter that best completes each sentence. (10 points)

¡Hola! Me llamo Estela Gómez. Soy de Panamá y tengo quince años. Me gusta escuchar música, bailar, ir al cine y nadar. Ésta es mi amiga Julie. Hacemos muchas cosas juntas. Vamos al parque los domingos. A veces vamos al cine. Julie mide cinco pies y ocho pulgadas. Tiene ojos de color azul y tiene el pelo rizado. Ella es muy atlética. Juega al tenis y también al baloncesto.

6. Estela es _____.

7. La _____ de Estela se llama Julie.

8. Julie es bastante _____.

9. Los fines de semana ellas van al _____.

10. A Julie le gusta practicar _____.

    a. hermana
    b. deportes
    c. cine
    d. alta
    e. amiga
    f. panameña
    g. baja
    h. parque
    i. el piano

SCORE [   ]

Quiz 1-1 B

III. Writing

C. Write a sentence to introduce each of the following people. Each introduction should include the person's name, age, and nationality. (12 points)

11. yourself

_____

_____

12. your 16 year-old friend Marcel from Guatemala

_____

_____

13. your 43 year-old mother from Chile

_____

_____

14. your 70 year-old grandfather from Costa Rica

_____

_____

SCORE [   ]

IV. Culture

D. Based on the information in your textbook, answer **sí** or **no** to the following statements. (3 points)

_____ 15. Only people from the United States are Americans.

_____ 16. Today, the United States Embassy in Mexico is called the "American Embassy."

_____ 17. Spanish-speakers are diverse in appearance.

SCORE [   ]

TOTAL SCORE [   ] /35

CAPÍTULO

1 Mis amigos y yo

■ SEGUNDO PASO

Maximum Score: 35

Grammar and Vocabulary

A. Complete Enrique's description of the park with the correct form of the verbs in parentheses. (10 points)

El parque es mi lugar favorito. Me gusta **1.** _____ (mirar) a las personas que

2. _____ (correr) con sus perros o que **3.** _____ (descansar) en los ban-

cos (*benches*). Los fines de semana mis amigos y yo **4.** _____ (pasar) el rato en el

parque. A veces Maribel **5.** _____ (tocar) música mexicana en su guitarra. Cuando

yo **6.** _____ (recibir) cartas de mi amiga Gabriela, voy al parque para leerlas. Yo

7. _____ (buscar) un lugar bonito y **8.** _____ (abrir) la carta. Gabriela

9. _____ (vivir) en Sevilla. Ella siempre dice que yo **10.** _____ (deber)

visitarla algún día.

SCORE _____

B. Complete what people say on the bus ride home with the correct form of the most logical verb from the box. Use each verb only once. (15 points)

| cuidar | comer | ir | regresar | hacer | asistir | cortar | venir | sacar | preparar |

—¡Siempre tengo que ayudar en casa! **11.** _____ la basura todos los días y los sába-

dos **12.** _____ el césped.

—Yo también. Y cuando mi hermano y yo **13.** _____ a casa después de clases,

nosotros **14.** _____ la cena.

—Jaime, ¿**15.** _____ a mi casa esta tarde?

—Gracias, pero no puedo. Los martes **16.** _____ al restaurante para trabajar.

Después **17.** _____ a mi hermanito en casa.

CAPÍTULO 1

Quiz 1-2A

—Diana, ¿qué **18.** _____ esta tarde?

—Pues, los martes Tere y yo siempre **19.** _____ a nuestra clase de baile. Después

nosotras **20.** _____ algo en el café.

SCORE [＿＿＿]

C. Everyone has plans for Saturday. Explain at what time people are going out and what they are going to do. Use the correct forms of **salir** and **ir** + **a** + infinitive and the information in the chart. (10 points)

MODELO   Enrique sale a las ocho y media de la mañana. Va a visitar a sus abuelos.

Enrique	8:30 A.M.	visitar a sus abuelos
Leticia	9:00 A.M.	nadar
Germán y Luis	10:00 A.M.	asistir al partido
yo	12:30 P.M.	ir al centro comercial
tú	4:00 P.M.	correr en el parque
mis amigos y yo	7:15 P.M.	ver una película

21. Leticia _____ .

22. Germán y Luis _____ .

23. Yo _____ .

24. Tú _____ .

25. Mis amigos y yo _____ .

SCORE [＿＿＿]

TOTAL SCORE [＿＿＿] /35

CAPÍTULO 1

Mis amigos y yo

■ SEGUNDO PASO

I. Listening

A. Look at the pictures below and listen to what the students say. Match the statements you hear with one of the pictures. Write the correct letter of the picture below. (10 points)

a

b

c

d

e

1. _____

2. _____

3. _____

4. _____

5. _____   SCORE [____]

II. Reading

B. Read the following e-mail message from a Colombian student. Then match each activity in the first column with the place where it occurs in the second column. (12 points)

Por la mañana limpio mi cuarto y después nado en una piscina cerca de mi casa. Voy de compras al centro comercial con mi mamá y con mis tías. Tomamos un refresco en un café y después regresamos a casa. Le ayudo a mi mamá a preparar la cena. Por la noche les escribo cartas a mis abuelos. Ellos viven en Santa Fe. A veces salgo con los amigos al cine o hablo por teléfono con ellos.

_____ 6. limpiar

_____ 7. tomar un refresco

_____ 8. ir de compras

_____ 9. nadar

_____ 10. ayudar a mamá

_____ 11. visitar a los abuelos

    a. la casa
    b. el cuarto
    c. Santa Fe
    d. la escuela
    e. la piscina
    f. el café
    g. el centro comercial
    h. el lago
    i. el centro

SCORE [____]

Quiz 1-2B

III. Writing

C. For each picture, write a sentence explaining what each person or group of people does after school. (10 points)

12. nosotros

_____

_____

13. tú

_____

_____

14. Carlos

_____

_____

15. Marta y Carlota

_____

_____

16. yo

_____

_____

SCORE

IV. Culture

D. Based on the information in your textbook, answer **sí** or **no** to the following statements. (3 points)

_____ **17.** High-school students in Spain often plan their weekend get-togethers to begin as late as 11:00 p.m.

_____ **18.** Dinner in Spanish-speaking countries is eaten at around 6:00 p.m.

_____ **19.** The qualities which a Spanish-speaking student looks for in a friend are very different from those a student in the United States might look for.

SCORE

TOTAL SCORE _____ /35

Mis amigos y yo

Quiz 1-3A

Maximum Score: 30

■ TERCER PASO

Grammar and Vocabulary

A. Mónica and Graciela are talking about sports. Complete their conversation with the correct indirect object pronouns: **me**, **te**, **le**, **nos**, or **les**. (12 points)

MÓNICA   Mis hermanos siempre hablan del fútbol. A ellos **1.** _____ encanta ver los partidos en la tele todos los domingos. Y a mi padre **2.** _____ fascina el béisbol. A mí no **3.** _____ gustan para nada ni el fútbol ni el béisbol. ¡Qué aburridos!

GRACIELA   Pero Mónica, a ti **4.** _____ gusta el voleibol, ¿verdad? Es mi deporte favorito. Mi hermana y yo lo jugamos mucho. ¡A nosotras **5.** _____ encanta!

MÓNICA   El voleibol está bien, pero a mí **6.** _____ gustan más otros deportes, como el ciclismo o el atletismo.

GRACIELA   A nosotras **7.** _____ gusta ir al parque los sábados para pasear en bici. ¿A ti **8.** _____ gustaría ir con nosotras este sábado?

MÓNICA   Sí, por supuesto.

SCORE _____

B. What do people think of the cafeteria food? Read people's opinions, then complete the statements below with the correct indirect object pronouns and forms of **gustar**, **encantar**, or **chocar**. (12 points)

Guillermo	¡Las hamburguesas son fabulosas!
Ana y Laura	¡La pizza es terrible!
yo	Las enchiladas... ¡qué ricas!
mis amigos y yo	¡Uf! Los sándwiches son horribles.
Felicia	Siempre compro las galletas de chocolate.
el profesor Iriarte y la profesora Pino	Las ensaladas de frutas son muy malas.

9. A Guillermo _____ _____ las hamburguesas.

10. A Ana y a Laura _____ _____ la pizza.

11. A mí _____ _____ las enchiladas.

CAPÍTULO 1

Quiz 1-3A

12. A mis amigos y a mí, no _____ _____ para nada los sándwiches.

13. A Felicia _____ _____ las galletas de chocolate.

14. Al profesor Iriarte y a la profesora Pino _____ _____ la

ensalada de frutas.

SCORE [   ]

C. Complete the statements about what people in Marisa's family like to eat and drink with the most logical phrase. (6 points)

_____ 15. No me gustan las verduras, pero me encanta...
   a. la lechuga.
   b. la fruta.
   c. la cebolla.

_____ 16. Mi fruta favorita es...
   a. la toronja.
   b. el tocino.
   c. la papa.

_____ 17. A mi hermano no le gusta la fruta. De postre, él prefiere comer...
   a. un plátano.
   b. un pan dulce.
   c. un flan.

_____ 18. Y mi hermana es vegetariana. Ella come...
   a. muchas salchichas.
   b. mucho pollo.
   c. muchas legumbres.

_____ 19. A todos nosotros nos encanta la pizza. A mí me gusta la pizza de...
   a. jamón y queso.
   b. batido.
   c. crema de maní.

_____ 20. Los domingos, mi papá prepara un desayuno fuerte para toda la familia. Desayunamos...
   a. ensalada de frutas.
   b. cereal con leche.
   c. huevos con tocino y pan tostado.

SCORE [   ]

TOTAL SCORE [/30]

CAPÍTULO 1

Mis amigos y yo

Quiz 1-3B

Maximum Score: 30

■ TERCER PASO

I. Listening

A. You've just asked each of the following people what they're up to these days. After listening to each one's answer, indicate which sentence best describes what he or she likes or doesn't like. (10 points)

_____ 1. Le choca la comida china.

_____ 2. Le encantan los deportes.

_____ 3. Le fascinan los videojuegos.

_____ 4. Le gusta mucho leer libros.

_____ 5. Le fascina el cine.

a. Mónica
b. Alfonso
c. Sonia
d. Daniel
e. Gabriel

SCORE [____]

II. Reading

B. Read the following magazine excerpt. Then decide whether the statements that follow are **cierto** or **falso.** (10 points)

_____ 6. El color negro es apropiado para las personas misteriosas e inteligentes.

_____ 7. El morado es el color de la energía. Si te gusta el morado, eres creativa y te fascina el arte.

_____ 8. Si eres generoso y fiel, probablemente te gusta el color azul.

_____ 9. Si te encanta el rojo, eres muy apasionado.

_____ 10. El amarillo es el color para las personas creativas y conservadoras.

¿Te gusta el amarillo? Entonces, te fascina hablar. Eres una persona alegre, inteligente y expresiva.

¿Te encanta el negro? Eres una persona inteligente y sofisticada. Te encanta el misterio y estar en control total de la situación.

¡Guau! A ti te encanta ser el centro de atención. Eres una persona alegre y apasionada. Te gustan las películas románticas.

El morado es... ¡perfecto! Tú eres una persona creativa. Te gusta el arte y te gusta escuchar música.

El verde es el color de la energía. Eres una persona estable y generosa. Te gustan los animales y las plantas.

¿Te fascina el azul? Tienes una personalidad conservadora y seria. Te gusta trabajar y ayudar a tus amigos.

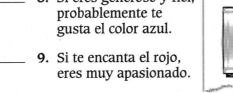

Adaptation of "test: Los colores hablan" from *Tú internacional,* año 15, no. 1, January 1994. Copyright © 1994 by **Editorial Televisa.** Reprinted by permission of the publisher.

SCORE [____]

Quiz 1-3B

III. Writing

C. Based on each of the following pictures, write a sentence or question about what things or activities each person or group likes or doesn't like. (10 points)

11. tú

¿ _____

_____ ?

12. Sara y Cristina

_____

_____

13. ustedes

¿ _____

_____ ?

14. Karina

_____

_____

15. mis amigos y yo

_____

_____

SCORE

TOTAL SCORE /30

CUMULATIVE SCORE FOR QUIZZES 1–3 /100

CAPÍTULO 1

Mis amigos y yo

I. Listening

Maximum Score: 30 points

A. Look at the pictures below. You will hear two statements for each picture. Choose the statement that best describes the picture you see by circling **a)** or **b)**. (15 points)

BIBLIOTECA

1.

2.

3.

4.

5.

1. a   b

2. a   b

3. a   b

4. a   b

5. a   b

SCORE [   ]

B. Listen as Mario is being interviewed about what he and his friends do during a typical week. Based on what you learn about Mario, write **sí** for each picture that illustrates something he is likely to be doing. Write **no** if he is not likely to do the activity illustrated. (15 points)

6. _____

7. _____

8. _____

9. _____

10. _____

SCORE [   ]

Chapter 1 Test

CAPÍTULO 1

II. Reading

C. Read Graciela's letter to her new pen pal and indicate who the following statements describe. (18 points)

> Querida Laura:
> Hola, me llamo Graciela. Tengo un hermano y una hermana. Tengo 15 años. Me gusta bailar y escuchar música. A mis hermanos les encanta mirar televisión pero a mí no me gusta para nada. Hoy voy a pasear en el parque con mis amigos y después tengo que escribir una carta a mis tíos. Te mando una foto de mí con mi familia y mis tíos. Mi tío es calvo y mi tía tiene el pelo blanco. Son muy buena gente. Este verano quiero presentarte a toda mi familia. Espero recibir una carta de ti muy pronto.
>
> Saludos, Graciela

_____ 11. No tiene pelo.
     a. el hermano   **b.** el tío   **c.** el padre

_____ 12. Le gusta bailar.
     a. los hermanos   **b.** la tía   **c.** Graciela

_____ 13. Tiene el pelo blanco.
     a. la tía   **b.** el tío   **c.** el abuelo

_____ 14. Les gusta mirar la televisión.
     a. los hermanos   **b.** Graciela   **c.** los tíos

_____ 15. Pasea en el parque con sus amigos.
     a. el tío   **b.** el hermano   **c.** Graciela

_____ 16. Son simpáticos.
     a. los hermanos   **b.** los tíos   **c.** los padres   SCORE _____

D. First read the following interview with teen television star **Guadalupe Tablada** (GT) in **Voces Populares** (VP) magazine. Then answer the questions that follow. (12 points)

VP Dinos un poco de tu vida, Guadalupe. ¿Qué te gusta hacer durante la semana?

GT Bueno, en realidad me gusta mucho quedarme en casa y leer. Me fascinan los libros.

VP ¿Sí? ¿Qué autor te gusta más?

GT Tiene que ser Borges.

VP ¿Y adónde te gusta salir de noche? Tengo entendido que bailas muy bien.

GT Sí, es verdad. Me encanta bailar. Salgo todos los fines de semana a bailar con mis amigos.

VP Dime una cosa. ¿Qué edad tienes estos días? Porque, sabes, tienes que ser muy joven.

GT Ahora tengo diecisiete pero voy a cumplir dieciocho años esta primavera.

VP ¿Entonces sigues con los estudios?

GT Sí. Voy a terminar esta primavera. Pero hasta entonces voy a la escuela todos los días con mis amigos.

VP ¿Y qué piensas hacer cuando termines?

GT Ahora no tengo planes. Soy joven y quiero vivir un poco más antes de hacer planes.

Chapter 1 Test

_____ **17.** What does Guadalupe like to do most?
   a. read
   b. watch T.V.
   c. eat
   d. go out with friends

_____ **18.** How old is Guadalupe right now?
   a. 21
   b. 18
   c. 17
   d. 16

_____ **19.** What does Guadalupe like to do on the weekends?
   a. eat
   b. dance
   c. watch T.V.
   d. go to school

_____ **20.** Who is Guadalupe's favorite author?
   a. Guadalupe doesn't read much.
   b. Guadalupe doesn't say.
   c. Borges
   d. None of the above.

SCORE [ ]

III. Culture

Maximum Score: 10 points

E. Based on the information in your textbook, determine whether the statements below are
a) cierto or **b) falso.** (6 points)

_____ **21.** Venezuelans do not speak the same language as Chileans.

_____ **22.** Teenagers in many Spanish-speaking countries typically begin the
evening at about 10:30 p.m.

SCORE [ ]

F. Based on the cultural information in your textbook, answer the following question. (4 points)

23. If you were a student in a Spanish-speaking country, what might you do for lunch on a
typical school day?

_____

_____

SCORE [ ]

Chapter 1 Test

CAPÍTULO 1

IV. Writing

Maximum Score: 30 points

G. For each of the following pictures, write a sentence saying where the people are and what they are doing. Use the cues provided to begin each sentence. (10 points)

24. Cindy

_____

_____

25. David

_____

_____

26. mis amigos

_____

_____

27. nosotros

_____

_____

28. Laura y Linda

_____

_____

SCORE [   ]

H. Flora and Kika have just met and are getting to know one another. Write the questions that Flora asked Kika, based on Kika's responses. (10 points)

29. FLORA _____

_____

KIKA Soy de San José, Costa Rica.

30. FLORA _____

_____

KIKA Tengo dieciséis años.

31. FLORA _____

_____

KIKA Soy alta, delgada y tengo el pelo rubio y rizado.

32. FLORA _____

_____

KIKA Me fascina jugar al tenis cuando tengo tiempo libre.

33. FLORA _____

_____

KIKA Mi mejor amiga se llama Aída.

SCORE _____

CAPÍTULO 1

Chapter 1 Test

I. Look at the following drawing and write five sentences about what each person likes a lot or hates. (10 points)

34. _____

_____

35. _____

_____

36. _____

_____

37. _____

_____

38. _____

_____

SCORE ⬜

TOTAL SCORE ⬜ /100

Holt Spanish 2 ¡Ven conmigo!, Chapter 1

CAPÍTULO 1 Chapter Test Score Sheet

I. Listening
Maximum Score: 30 points

A. (15 points)

1. a b
2. a b
3. a b
4. a b
5. a b

SCORE [   ]

B. (15 points)

6. sí no
7. sí no
8. sí no
9. sí no
10. sí no

SCORE [   ]

II. Reading
Maximum Score: 30 points

C. (18 points)

11. a b c
12. a b c
13. a b c
14. a b c
15. a b c
16. a b c

SCORE [   ]

D. (12 points)

17. a b c d
18. a b c d
19. a b c d
20. a b c d

SCORE [   ]

III. Culture
Maximum Score: 10 points

E. (6 points)

21. a b
22. a b

SCORE [   ]

F. (4 points)

23. _____

_____

SCORE [   ]

CAPÍTULO 1

IV. Writing

Maximum Score: 30 points

G. (10 points)

24. _____

_____

25. _____

_____

26. _____

_____

27. _____

_____

28. _____

_____

SCORE [   ]

H. (10 points)

29. _____

_____

30. _____

_____

31. _____

_____

32. _____

_____

33. _____

_____

SCORE [   ]

I. (10 points)

34. _____

35. _____

36. _____

37. _____

38. _____

SCORE [   ]

TOTAL SCORE [   ] /100

Quiz 1-1B Primer paso

I. Listening

FRANCHESCA Este año tengo clases con muchos de mis amigos. Aquí tengo algunas fotos de ellos. Te los presento. Esta chica es Maricarmen. Es muy simpática. La conozco hace mucho tiempo. Es rubia, baja y muy extrovertida.

Marilú es mi mejor amiga. La conocí en mi primer año escolar. Es delgada, rubia, guapa y muy alta; mide ciento sesenta centímetros. Es muy artística. Toca el violín en la orquesta.

Ésta es una amiga mía de mi clase de geografía. Se llama Carmiña. Es morena, guapa y muy simpática. Ella también es miembro de la orquesta y también toca el violín. Estudiamos juntas muchas veces.

El hermano de Carmiña se llama Manuel. Como ves en la foto, es muy alto. Tiene el pelo rizado. Es muy tímido; nunca quiere salir con nosotros.

Ésta es una foto de mi amigo Carlos. Es muy buena gente. Es muy extrovertido. Siempre está hablando y riéndose. De verdad, este año va a ser muy divertido.

Quiz 1-2B Segundo paso

I. Listening

1. JORGE Es un buen día para hacer una excursión, y me encantaría ir a la playa. ¿Por qué no vamos todos hoy?
2. BERTA ¡Qué lata la escuela! Estudio computación en la biblioteca todos los días y no me gusta para nada.
3. MARIO A los padres de Daniel les gusta la nueva telenovela. Nos reunimos todas las tardes en su casa y la miramos juntos.
4. CRISTINA La comida en la cafetería es muy buena. Anabel y Luis comen allí de vez en cuando.
5. NANDO Mis amigos y yo vamos al centro comercial todos los sábados.

Quiz 1-3B Tercer paso

I. Listening

a. MÓNICA Hola, me llamo Mónica. Este semestre estoy tomando tres clases de educación física: el voleibol, el béisbol y el buceo. También corro tres veces por semana. Y tú, ¿qué estás haciendo estos días?
b. ALFONSO Mucho gusto en conocerte. Soy Alfonso Aguirre. Todavía no tengo muchos amigos pero este miércoles voy con una amiga al cine a ver una película de terror. Luego ella y yo vamos a ver una película cómica.
c. SONIA Soy Sonia Guerra. Bueno, esta semana pienso pasarla en el salón de videojuegos. Soy fanática de los videojuegos. Ahora voy siendo cada vez mejor para el juego nuevo. ¿Lo conoces?
d. DANIEL Me llamo Daniel y esta tarde pienso salir con mis amigos a comer en un restaurante. De verdad, no quiero ir porque van a un restaurante chino.
e. GABRIEL Mi nombre es Gabriel García. Y bueno, este semestre pienso pasar mucho tiempo en la biblioteca. Todos los días me gustaría ir a la biblioteca a leer un libro.

CAPÍTULO 1

ANSWERS Quiz 1-1A

A. (10 points: 1 point per item)
1. altos, leales
2. trabajadora, simpática
3. canoso, inteligente
4. pelirrojas, jóvenes
5. atléticos, cómicos

B. (12 points: 1.5 points per item)
6. costarricense
7. guatemalteca
8. hondureños
9. uruguayas
10. venezolanos
11. española
12. nicaragüense
13. puertorriqueños

C. (5 points: 1 point per item)
14. tengo
15. tienen
16. tenemos
17. tiene
18. tienes

D. (8 points: 1 point per item)
19. quince
20. sesenta, veintidós
21. diecinueve, once
22. treinta y cuatro, ochenta y tres
23. doce

ANSWERS Quiz 1-1B

I. Listening
A. (10 points: 2 points per item)
1. c
2. a
3. b
4. d
5. c

II. Reading
B. (10 points: 2 points per item)
6. f
7. e
8. d
9. c
10. b

III. Writing
C. (12 points: 3 points per item)
Answers will vary. Possible answers:
11. Me llamo *(student's name)*. Tengo *(student's age)* y soy de los Estados Unidos.
12. Éste es mi amigo Marcel. Tiene 16 años y es guatemalteco.
13. Ésta es mi mamá. Tiene 43 años y es chilena.
14. Éste es mi abuelo. Tiene 70 años y es costarricense.

IV. Culture
D. (3 points: 1 point per item)
15. no
16. no
17. sí

ANSWERS Quiz 1-2A

A. (10 points: 1 point per item)
1. mirar
2. corren
3. descansan
4. pasamos
5. toca
6. recibo
7. busco
8. abro
9. vive
10. debo

B. (15 points: 1.5 points per item)
11. saco
12. corto
13. regresamos
14. preparamos
15. vienes
16. voy
17. cuido
18. haces
19. asistimos
20. comemos

C. (10 points: 2 points per item)
21. Leticia sale a las nueve de la mañana. Va a nadar.
22. Germán y Luis salen a las diez de la mañana. Van a asistir al partido.
23. Salgo a las doce y media de la tarde. Voy a ir al centro comercial.
24. Sales a las cuatro de la tarde. Vas a correr en el parque.
25. Mis amigos y yo salimos a las siete y cuarto de la noche. Vamos a ver una película.

ANSWERS Quiz 1-2B

I. Listening

A. (10 points: 2 points per item)
1. e
2. b
3. c
4. d
5. a

II. Reading

B. (12 points: 2 points per item)
6. b
7. f
8. g
9. e
10. a
11. c

III. Writing

C. (10 points: 2 points per item)
Answers will vary. Possible answers:
12. Nosotros nadamos en la piscina.
13. Tú ves la televisión.
14. Carlos toca la guitarra.
15. Marta y Carlota juegan al tenis.
16. Yo hago la tarea.

IV. Culture

D. (3 points: 1 point per item)
17. sí
18. no
19. no

Answers to Quizzes 1-3A, 1-3B

CAPÍTULO 1

ANSWERS Quiz 1-3A

A. (12 points: 1.5 points per item)
1. les
2. le
3. me
4. te
5. nos
6. me
7. nos
8. te

B. (12 points: 2 points per item)
9. le encantan
10. les choca
11. me encantan/gustan
12. nos gustan
13. le gustan/encantan
14. les chocan

C. (6 points: 1 point per item)
15. b
16. a
17. c
18. c
19. a
20. c

ANSWERS Quiz 1-3B

I. Listening

A. (10 points: 2 points per item)
1. d   2. a   3. c   4. e   5. b

II. Reading

B. (10 points: 2 points per item)
6. cierto
7. falso
8. falso
9. cierto
10. falso

III. Writing

C. (10 points: 2 points per item)
Answers will vary. Possible answers:
11. ¿A ti te gusta escuchar música?
12. A Sara y a Cristina les gusta tomar refrescos.
13. ¿A ustedes les gusta ir al cine?
14. A Karina le gusta nadar.
15. A mis amigos y a mí nos gustan las fiestas.

Holt Spanish 2 ¡Ven conmigo!, Chapter 1

I. Listening

A.

1.a. JORGE   Mis amigos y yo siempre estudiamos en la biblioteca. Pero no sé por qué tenemos que llevar tantos libros. Después de todo, ya hay muchos libros en la biblioteca.

1.b. JORGE   Carlos y yo vamos a la biblioteca de tarde en tarde. Nos gusta buscar libros interesantes para leer.

2.a. BERTA   Dora habla con un chico rubio que tiene el pelo rizado.

2.b. BERTA   Dora habla con un chico moreno y muy extrovertido.

3.a. MARIO   Linda y yo escuchamos música de rock en la casa.

3.b. MARIO   Linda y yo escuchamos música clásica en el parque todos los sábados.

4.a. CRISTINA   Éstos son mis mejores amigos. Tomás es atlético, delgado, alto y rubio. Lleva anteojos. Carlos es gordo, bajo, y moreno.

4.b. CRISTINA   Ésta es mi abuela. Es un poco canosa. Le encanta pasar mucho tiempo en la cocina.

5.a. NANDO   Ésta es mi hermana mayor. Es muy inteligente y es muy dedicada a su amiga en Chile. Le escribe una carta cada semana.

5.b. NANDO   Esta chica es mi hermana. Es elegante, delgada y muy guapa. Es canosa. Lleva anteojos.

B.

6. JOSÉ LUIS   ¿Y con qué frecuencia cenan juntos tú y tu familia?

     MARIO   Bueno, cenamos casi todas las noches a las ocho.

7. JOSÉ LUIS   ¿Te gusta estudiar, Mario? Dime, ¿con qué frecuencia estudias, este... el álgebra por ejemplo?

     MARIO   Bueno, en realidad, no me gusta mucho estudiar. Pero para sacar buenas notas, estudio el álgebra todos los días.

8. JOSÉ LUIS   ¿Qué haces por la mañana antes de las clases?

     MARIO   Bueno, trato de llegar temprano. A mis amigos y a mí nos gusta platicar un rato antes de que comiencen las clases.

9. JOSÉ LUIS   ¿Y qué es lo que te gusta hacer después de clase? ¿Practicas algún deporte?

     MARIO   Sí, me gusta mucho jugar al tenis. Mis amigos siempre juegan al tenis conmigo después de clases.

10. JOSÉ LUIS   ¿Hay algún otro deporte que les guste?

     MARIO   Sí. Muchas veces mis amigos y yo vamos a la piscina a nadar—si hace buen tiempo. En general me gustan todos los deportes; no importa el que sea, si es deporte, me gusta jugarlo.

I. Listening Maximum Score: 30 points

A. (15 points: 3 points per item)
1. a
2. b
3. b
4. b
5. a

B. (15 points: 3 points per item)
6. no
7. sí
8. sí
9. sí
10. sí

II. Reading Maximum Score: 30 points

C. (18 points: 3 points per item)
11. b
12. c
13. a
14. a
15. c
16. b

D. (12 points: 3 points per item)
17. a
18. c
19. b
20. c

III. Culture Maximum Score: 10 points

E. (6 points: 3 points per item)
21. b
22. b

F. (4 points)
23. I would go home for lunch.

IV. Writing Maximum Score: 30 points

G. (10 points: 2 points per item)
Answers may vary. Possible answers:
24. Cindy va de compras al centro comercial.
25. David corre en el parque con su perro.
26. Mis amigos nadan en la piscina.
27. Nosotros comemos en la cafetería.
28. Laura y Linda juegan al baloncesto en el parque.

H. (10 points: 2 points per item)
29. ¿De dónde eres?
30. ¿Cuántos años tienes?
31. ¿Cómo eres?
32. ¿Qué te gusta hacer cuando tienes tiempo libre?
33. ¿Cómo se llama tu mejor amiga?

I. (10 points: 2 points per item)
Answers may vary. Possible answers:
34. A Doug le encanta la comida.
35. A Mike y a Beatriz les gusta platicar.
36. A Estrella le choca la comida de la cafetería.
37. A Joanna le encanta leer.
38. A Estrella le encanta la fruta.

Holt Spanish 2 ¡Ven conmigo!, Chapter 1

CAPÍTULO 2

Un viaje al extranjero

PRIMER PASO

Grammar and Vocabulary

A. Yasmín is planning a goodbye party for Roberto, who is going to study in Mexico. Complete her description of the preparations with the correct form of **estar**. (7 points)

Yo **1.** _____ muy contenta porque mis amigas Tina y Blanca **2.** _____ aquí este fin de semana. Ellas me **3.** _____ ayudando a organizar la fiesta. Ahora Tina **4.** _____ en la sala, colgando los globos. Blanca y yo **5.** _____ en la cocina, preparando la comida. Muchos de nuestros amigos vienen a la fiesta para **6.** _____ con Roberto. Desgraciadamente, mi amigo Lorenzo no puede venir porque **7.** _____ enfermo.

SCORE _____

B. This year your Spanish class is taking a two-week study trip to Mexico. Explain how everyone feels before leaving. Complete the sentences with the correct forms of **sentirse** and the adjectives given. (10 points)

8. Michael y yo _____ (nervioso).

9. También yo _____ (feliz).

10. La profesora _____ (cansado).

11. Tammy y Ryan _____ (preocupado).

12. Sarah, tú _____ (emocionado), ¿verdad?

SCORE _____

C. Read each person's situation, then summarize each using the correct forms of **estar** and one of the expressions from the box. Use each expression only once. (10 points)

de mal humor		de buen humor		tranquilo
	emocionado		deprimido	

13. ¡Pobre Ramón! Pronto su mejor amigo va a otra ciudad a vivir.

Él _____ .

14. Mañana es el cumpleaños de Teresa, y ella va a celebrar con una fiesta grande. ¡Va a ser fabulosa!

Ella _____ .

15. Hay un examen mañana, pero Susana y yo no estamos nerviosos para nada. Al contrario—estudiamos mucho para el examen.

Nosotros _____ .

16. Sandra y Luis sacaron "A" en el examen de geometría.

Ellos _____ .

17. Julia no puede salir porque tiene que limpiar su cuarto y cuidar a su hermanito. ¡Qué frustrante!

Ella _____ .

SCORE [   ]

D. Alberto and Silvia are talking after school about their biology class. Put their conversation in order by writing the correct letter, **a–h**, next to each part of the conversation. (8 points)

Alberto	**Silvia**
18. _____ Hola, Silvia. Pero... ¿qué te pasa? ¿Estás triste?	22. _____ Pues, mis notas en esa clase no son muy buenas, y mis padres están enfadados conmigo.
19. _____ Pues, no estoy muy ocupado esta tarde. ¿Qué tal si estudiamos juntos para el examen?	23. _____ Ay, gracias, Alberto. Me gustaría estudiar contigo. ¡Ya me siento más tranquila!
20. _____ ¿Por qué estás preocupada?	24. _____ Ya hablé con ella. Pero me siento muy nerviosa porque tenemos un examen esta semana.
21. _____ ¿Por qué no hablas con la profesora? Ella te puede ayudar, ¿no?	25. _____ Hola, Alberto. Sí, estoy mal. Me siento muy preocupada por la clase de biología.

SCORE [   ]

TOTAL SCORE [   ] /35

CAPÍTULO 2

2 Un viaje al extranjero

■ PRIMER PASO

I. Listening

A. Do you ever get the feeling that your friends aren't paying attention to you? Listen to the following dialogues. If the suggestion makes sense, check **lógico**. If the suggestion doesn't make sense, check **ilógico**. (8 points)

	lógico	ilógico
1.		
2.		
3.		
4.		

SCORE _____

II. Reading

B. Read the following phrases. Write the letter of the phrase in the right-hand column that best completes the sentence. (10 points)

_____ 5. Estamos aburridos...

_____ 6. Carlos está emocionado...

_____ 7. Alicia está deprimida...

_____ 8. Estoy enfadado...

_____ 9. Estoy preocupada...

a. porque no tenemos nada que hacer.

b. porque sacó una mala nota.

c. cuando tengo examen.

d. porque va a Madrid.

e. porque no me invitaron a la fiesta.

SCORE _____

III. Writing

C. Look at the pictures below. Write a sentence that tells how these people are feeling. Use the correct form of a different adjective in each sentence. (12 points)

Marta

10. _____

_____

CAPÍTULO 2

Quiz 2-1 B

 **Andrés**

11. _____

_____

 **José y Laura**

12. _____

_____

 **Alejo y Carla**

13. _____

_____

 **tú**

14. _____

_____

 **nosotros**

15. _____

_____

SCORE ☐

CAPÍTULO 2

IV. Culture

D. Read each of the following statements. Based on the information from your textbook, write **cierto** if the statement is true or **falso** if the statement is false. (5 points)

_____ 16. In Spanish-speaking countries grandparents commonly live in retirement communities and rarely live with their children or grandchildren.

_____ 17. Most young children do not go to day-care centers in Spanish-speaking countries.

SCORE ☐

TOTAL SCORE ☐ /35

2 Un viaje al extranjero

SEGUNDO PASO

Maximum Score: 30

Grammar and Vocabulary

A. Isabel is looking over the calendar for September. Today is Wednesday, September 12. Write the Spanish words and expressions that correspond to the dates given below. (10 points)

domingo	lunes	martes	miércoles	jueves	viernes	sábado
2	3	4	5	6	7	8
9	10	11	12 ★	13	14	15

1. martes, el 11 _____
2. lunes, el 3 hasta sábado, el 8 _____
3. martes, el 11 por la noche _____
4. lunes, el 10 _____
5. miércoles, el 12 _____

SCORE [ ]

B. Pablo had a pool party last weekend. Complete his description of the party with the correct preterite forms of the verbs in parentheses. (9 points)

La fiesta fue excelente. Yo **6.** _____ (preparar) mucha comida rica. Ángela

7. _____ (bailar) con Roque, y Elena y Lourdes **8.** _____

(nadar) en la piscina. Todos nosotros **9.** _____ (escuchar) música y después

10. _____ (jugar) al voleibol en la piscina. Y mis padres

11. _____ (sacar) unas fotos muy divertidas de todos los invitados.

SCORE [ ]

Quiz 2-2A

C. Andrés is leaving for his exchange program next week, and his whole family has been helping him get ready. Write his explanations about where people went, using the correct preterite form of **ir** and the cues given. (5 points)

12. yo/librería

_____

13. mamá y yo/almacén

_____

14. mi hermano/agencia de viajes

_____

15. mis padres/banco

_____

16. mi hermano y yo/tienda de ropa

_____

SCORE [____]

D. Complete the conversation between Catalina and Olivia with the correct present tense forms of **querer** and **poder**. (6 points)

CATALINA   Olivia, ¿**17.** _____ (querer) ir al cine conmigo esta tarde?

OLIVIA   Gracias, pero no **18.** _____ (poder). Mi mamá **19.** _____ (querer) mi ayuda en casa esta tarde, y me toca preparar la cena esta noche. Por eso, yo **20.** _____ (querer) ir al supermercado esta tarde.

CATALINA   Entonces, ¿tú **21.** _____ (poder) ir al cine mañana?

OLIVIA   Creo que sí. ¿**22.** _____ (Poder) nosotras ver la nueva película de horror?

CATALINA   Sí, está bien.

SCORE [____]

TOTAL SCORE [____] /30

CAPÍTULO 2

CAPÍTULO 2

2 Un viaje al extranjero

■ SEGUNDO PASO

I. Listening

A. Listen to the short dialogues. During the pause, check **sí** if the action has been completed, or **no** if the action has not been completed. (10 points)

	sí	no
1. lavar la ropa		
2. hacer la maleta		
3. comprar cheques de viajero		
4. tener la tarjeta de embarque		
5. encontrar los guantes		

SCORE [ ]

II. Reading

B. Read the short dialogues and check **lógico** if the second person's question in each conversation fits the statement. Check **ilógico** if the question doesn't fit the statement. (10 points)

	lógico	ilógico
6. CARLOS Tengo que ir al banco. Necesito sacar dinero para el viaje. MARÍA ¿Quieres ayudarme?		
7. SANDRA Voy de viaje y hay mucho que hacer. Tengo que lavar la ropa, hacer la maleta y llamar a mi abuela. DEBRA ¿Qué tal si vamos al cine entonces?		
8. MANUEL Mañana tengo examen de química. Todavía no entiendo el capítulo. JENNIFER ¿Puedo ayudar? Yo lo entiendo bastante bien.		
9. SARA ¿Invitaste a Daniel a la fiesta? LISA No, todavía no.		
10. CARMEN No puedo hacer los problemas de matemáticas. Son muy difíciles. DAVID Ayúdame, por favor.		

SCORE [ ]

CAPÍTULO 2

Quiz 2-2B

III. Writing

C. Carmen is getting ready for a trip she's taking in two days. Look at the picture of her bedroom. Write three questions asking her what she has already done and two statements about what she still has to do. Use expressions from the word box. (10 points)

| hacer la maleta | comprar el boleto | lavar la ropa |
| limpiar el cuarto | planchar la ropa | |

11. ¿_____

_____?

12. ¿_____

_____?

13. ¿_____

_____?

14. _____

_____

15. _____

_____

SCORE

TOTAL SCORE /30

CAPÍTULO 2

Un viaje al extranjero

Quiz 2-3A

Maximum Score: 35

■ TERCER PASO

Grammar and Vocabulary

A. Write the corresponding word next to each definition. (10 points)

> el rascacielos   el edificio   el centro
> el océano   la montaña

1. La parte de la ciudad donde hay muchas tiendas y oficinas. _____

2. El lugar donde puedes esquiar en el invierno. _____

3. El lugar donde puedes nadar, bucear e ir de vela. _____

4. La palabra para lugares como los colegios, las oficinas, la biblioteca, etcétera.

   _____

5. Un edificio muy alto. _____

SCORE _____

B. Imelda is new in town. Explain to her where the places pictured are in relation to one another, using the expression in the box. Each expression will be used at least once. (9 points)

> lejos de   debajo de
> al lado de
> cerca de   encima de

6. La tienda está _____ del supermercado.

7. La librería queda _____ de la tienda.

8. El restaurante está _____ del cine.

9. El gimnasio queda _____ del supermercado.

10. El cine está _____ del gimnasio.

11. La librería está _____ del supermercado.

SCORE _____

CAPÍTULO 2

Quiz 2-3A

C. Write a sentence describing the weather in each scene. Explain whether it's hot, cold, or cool, and what the other conditions are in each place. (8 points)

Boston   **Boulder**   **Fairbanks**   **Houston**

12. _____

_____

13. _____

_____

14. _____

_____

15. _____

_____

SCORE ☐

D. Now imagine that you are in each of the places pictured in C. Explain what clothing you need in each place. Mention two items of clothing in each sentence. (8 points)

16. _____

_____

17. _____

_____

18. _____

_____

19. _____

_____

SCORE ☐

TOTAL SCORE ☐ /35

CAPÍTULO 2

CAPÍTULO 2

Un viaje al extranjero

▉ TERCER PASO

I. Listening

A. Look at the two pictures. Listen to these people talk about what they are taking on their trip and about the city they will visit. Write the letter of the picture that matches what the speaker says. You may use a picture more than once. (10 points)

a.   b.

1. _____   2. _____   3. _____   4. _____   5. _____

SCORE [   ]

II. Reading

B. Read the following paragraph about Sonia. Write **cierto** if the statement is true or **falso** if the statement is false. (10 points)

> Hola. Me llamo Sonia. Vivo con mi familia en una ciudad grande. En mi ciudad hay centros comerciales, restaurantes, teatros y museos. En el centro hay muchos edificios y rascacielos. Mi casa está lejos del centro pero está cerca del colegio. La casa está en el sur de la ciudad. Vivo muy cerca de la playa. Me encanta el mar. En el verano voy a la playa con mis amigos.

_____ **6.** Sonia vive en una ciudad pequeña.

_____ **7.** Sonia vive en una ciudad donde hay pocos rascacielos.

_____ **8.** El colegio de Sonia está lejos del centro de la ciudad.

_____ **9.** Sonia vive lejos de la playa.

_____ **10.** A Sonia le encanta el mar.

SCORE [   ]

CAPÍTULO 2

Quiz 2-3B

III. Writing

C. Look at the following picture of the city and write five sentences to describe it. Your description should include its size, what the weather is like now, where different people and places are, and what people are wearing. (10 points)

11. _____

12. _____

13. _____

14. _____

15. _____

IV. Culture

D. You're in Madrid for vacation. The weather forecaster just said it's 32 degrees Celsius outside. Describe what the weather is like and how you will dress. (5 points)

16. _____

_____

_____

SCORE [   ]

TOTAL SCORE [/35]

CUMULATIVE SCORE FOR QUIZZES 1–3 [/100]

Holt Spanish 2 ¡Ven conmigo!, Chapter 2

2 Un viaje al extranjero

I. Listening

Maximum Score: 20 points

A. Look at the pictures. Listen to the speaker describe each scene. Indicate whether the speaker is describing scene **a**, scene **b** or scene **c** and mark your answers in the spaces provided. You can use each picture more than once. (10 points)

a.

b.

c.

1. _____

2. _____

3. _____

4. _____

5. _____

SCORE _____

Chapter 2 Test

B. Listen to the short dialogues. If the response indicates that the speaker understood, check **a) lógico**. If the response does not make sense, check **b) ilógico**. (10 points)

	a) lógico	b) ilógico
6.		
7.		
8.		
9.		
10.		

SCORE [   ]

II. Reading

Maximum Score: 36 points

C. Read the following paragraph about Marisol and her brother Pedro. Write **a) cierto** if the statement is true or **b) falso** if the statement is false. (16 points)

> Marisol y Pedro viven con sus padres en una ciudad grande. En esta ciudad hay muchos rascacielos, museos, parques y centros comerciales. A Marisol le gusta ir al centro comercial. A Pedro no le gusta para nada ir al centro comercial. Él prefiere ir al gimnasio para jugar al baloncesto con sus amigos. Viven lejos del centro pero muy cerca del colegio. Su tío vive en una casa cerca de la playa. A Marisol y a Pedro les gusta ir a visitar a su tío cuando hace calor porque pueden ir a la playa. A ambos les gusta nadar. Marisol nada muy bien.

_____ 11. Marisol y Pedro viven en la playa.

_____ 12. A Pedro le encanta ir de compras.

_____ 13. Cuando hace calor van a la playa.

_____ 14. A Pedro le gusta jugar al baloncesto con sus amigos.

_____ 15. Sus padres tienen una casa cerca del océano.

_____ 16. Sus padres viven cerca del centro.

_____ 17. A Marisol y a Pedro no les gusta para nada visitar a su tío.

_____ 18. Marisol y Pedro viven en una ciudad grande.

SCORE [   ]

D. Read the following letter about Cristóbal's travel plans. Determine whether the statements that follow are **a) true** or **b) false**. (10 points)

> Hola. Me llamo Cristóbal. La próxima semana voy a Madrid. Estoy muy emocionado. Ya tengo mi pasaporte y el boleto de avión. Fui al banco con mi papá ayer. Compré los cheques de viajero. Todavía hay un millón de detalles. Pues, todavía necesito hacer la maleta. Tengo que comprar ropa. Mañana quiero ir al centro comercial con mi tío. A él le gusta ir de compras y me va a ayudar a buscar ropa nueva.

_____ 19. Cristóbal fue a Madrid ayer.

_____ 20. Cristóbal ya hizo la maleta.

_____ 21. Ya fue al centro comercial.

_____ 22. Cristóbal todavía tiene que comprar el boleto de avión.

_____ 23. Cristóbal va a ir al centro comercial mañana.

SCORE ☐

E. Read the following comic strip and then answer the questions that follow. (10 points)

CALVIN AND HOBBES. © Watterson. Distributed by Universal Press Syndicate. Reprinted with Permission. All Rights Reserved.

_____ 24. Judging from the context of the comic strip, what is an **avión**?
  a. an animal
  b. an airplane
  c. a shirt
  d. a type of candy

_____ 25. What kind of item does Calvin have?
  a. puzzle
  b. model
  c. board game
  d. snack

Chapter 2 Test

_____ 26. Which is a logical response to Calvin's request for help?
   a. Tengo frío.
   b. ¿Qué quieres que haga?
   c. No hace falta.
   d. ¿Puedes ayudarme?

_____ 27. What does Hobbes recommend that he and Calvin do first?
   a. have a snack
   b. ask for help
   c. take out an insurance policy
   d. read the instructions

_____ 28. Which of the following phrases best describes Calvin?
   a. doesn't like to share
   b. doesn't like to follow instructions
   c. doesn't like to play with Hobbes
   d. doesn't like to build models

SCORE [   ]

III. Culture

Maximum Score: 14 points

F. Read the statements below. Based on the information in your textbook, determine whether the statements are **a)** true or **b)** false. (10 points)

_____ 29. In Spanish-speaking countries, it's not unusual for grandparents to live at home to take care of grandchildren.

_____ 30. If you're in Madrid, and the weather forecast calls for a high of 15 degrees Celsius, it's going to be a very cold day.

_____ 31. In Spanish-speaking households, grown children typically move away from home as soon as they finish high school.

_____ 32. Zero degrees Celsius corresponds to zero degrees Fahrenheit.

_____ 33. In Spanish-speaking countries, children rarely see their grandparents because they often move away to retirement communities.

SCORE [   ]

G. Name two characteristics of a typical Spanish-speaking family. (4 points)

34. _____

_____

SCORE [   ]

CAPÍTULO 2

Chapter 2 Test

IV. Writing

Maximum Score: 30 points

H. Read the following situations. Write a sentence in Spanish to indicate how you feel in each one. (15 points)

35. Vas a ir a España la próxima semana.

_____

_____

_____

36. Tienes examen mañana.

_____

_____

_____

37. Tu mejor amigo o amiga va a otra ciudad a vivir.

_____

_____

_____

38. Hace mal tiempo. No tienes nada que hacer.

_____

_____

_____

39. Hoy jugaste al fútbol con tus amigos, fuiste al centro comercial a comprar ropa y fuiste al cine.

_____

_____

_____

SCORE [   ]

Chapter 2 Test

I. Read each situation. Write a question in Spanish offering or asking for help in each situation. (15 points)

40. You need to pack your suitcase.

_____

_____

_____

41. Your friend has lost his Spanish book.

_____

_____

_____

42. Your dad has misplaced his airline ticket.

_____

_____

_____

43. You need to buy refreshments for the party.

_____

_____

_____

44. Your grandmother is carrying a lot of presents.

_____

_____

_____

SCORE [   ]

TOTAL SCORE [   ] /100

CAPÍTULO 2 Chapter Test Score Sheet

I. Listening

Maximum Score: 20 points

A. (10 points)

1. a b c
2. a b c
3. a b c
4. a b c
5. a b c

SCORE [ ]

B. (10 points)

6. a b
7. a b
8. a b
9. a b
10. a b

SCORE [ ]

II. Reading

Maximum Score: 36 points

C. (16 points)

11. a b
12. a b
13. a b
14. a b
15. a b
16. a b
17. a b
18. a b

SCORE [ ]

D. (10 points)

19. a b
20. a b
21. a b
22. a b
23. a b

SCORE [ ]

E. (10 points)

24. a b c d
25. a b c d
26. a b c d
27. a b c d
28. a b c d

SCORE [ ]

III. Culture

Maximum Score: 14 points

F. (10 points)

29. a b
30. a b
31. a b
32. a b
33. a b

SCORE [ ]

G. (4 points)

34. _____
_____
_____
_____
_____

SCORE [ ]

CAPÍTULO 2

IV. Writing

Maximum Score: 30 points

H. (15 points)

35. _____

_____

36. _____

_____

37. _____

_____

38. _____

_____

39. _____

SCORE [   ]

I. (15 points)

40. _____

_____

41. _____

_____

42. _____

_____

43. _____

_____

44. _____

_____

SCORE [   ]

TOTAL SCORE [   ] /100

CAPÍTULO 2

Quiz 2-1B Primer paso

I. Listening

1. GUILLERMO Hola, Paco. ¿Cómo te va?
   CARLOS No sé qué me pasa. Creo que estoy enfermo.
   GUILLERMO ¿Por qué no vas al doctor?
2. GUILLERMO Buenos días, Mari. ¿Qué tal? Si estás aburrida, ¿por qué no vas al centro comercial con nosotros?
   MARI Gracias, pero mañana tengo examen de matemáticas. Tal vez otro día.
3. GUILLERMO Mañana voy a la playa con mis amigos. ¿Qué tenemos que traer?
   CARLOS ¿Qué tal si estudiamos para el examen?
4. GUILLERMO No encuentro mi libro y tengo que comprar otro. Mi mamá está enfadada conmigo.
   CARLOS ¿Qué tal si vas al cine conmigo?

Quiz 2-2B Segundo paso

I. Listening

1. SARITA ¿Ya lavaste la ropa?
   CARLA Sí. No tenía ropa limpia así que la lavé ayer.
2. SARITA ¿Ya hiciste la maleta?
   CARLA Todavía no. Voy a hacerla esta noche.
3. SARITA ¿Ya compraste cheques de viajero?
   CARLA Por supuesto. Compré cheques de viajero la semana pasada.
4. SARITA ¿Ya tienes la tarjeta de embarque?
   CARLA Todavía no.
5. SARITA ¿Ya encontraste tus guantes?
   CARLA Sí. Los encontré debajo de mi cama.

Quiz 2-3B Tercer paso

I. Listening

1. ENRIQUE En el centro de esta ciudad hay rascacielos y muchos edificios. Me encantan las ciudades grandes.
2. JUANITA Esta ciudad está cerca del océano. Hay varias playas muy bonitas, pero la que me gusta más es la que tiene muelle donde puedo dar un paseo.
3. ALEJANDRO ¿Me vas a acompañar? ¡Qué bueno! Entonces debes llevar traje de baño, camisetas, pantalones cortos y sandalias. Siempre hace fresco allí.
4. MARTA Para ir a esta ciudad tengo que llevar un abrigo, pantalones, botas, guantes y suéteres. Siempre hace mucho frío allí.
5. JOSÉ LUIS Es verano. Cuando haga la maleta voy a poner mi traje de baño, mis lentes de sol y el bloqueador. Dicen que está muy bonito el tiempo ahora que es verano.

C A P Í T U L O   2

ANSWERS Quiz 2-1A

A. (7 points: 1 point per item)
1. estoy
2. están
3. están
4. está
5. estamos
6. estar
7. está

B. (10 points: 2 points per item)
8. nos sentimos nerviosos
9. me siento feliz
10. se siente cansada
11. se sienten preocupados
12. te sientes emocionada

C. (10 points: 2 points per item)
13. está deprimido/de mal humor
14. está emocionada/de buen humor
15. estamos tranquilos
16. están de buen humor/emocionados
17. está de mal humor/deprimida

D. (8 points: 1 point per item)
18. a
19. g
20. c
21. e
22. d
23. h
24. f
25. b

ANSWERS Quiz 2-1B

I. Listening

A. (8 points: 2 points per item)
1. lógico
2. lógico
3. ilógico
4. ilógico

II. Reading

B. (10 points: 2 points per item)
5. a
6. d
7. b
8. e
9. c

III. Writing

C. (12 points: 2 points per item)
Answers will vary. Possible answers:
10. Marta se siente enferma.
11. Andrés se siente cansado.
12. José y Laura están aburridos.
13. Alejo y Carla están contentos.
14. Tú estás enfadada.
15. Nosotros estamos ocupados.

IV. Culture

D. (5 points: 2.5 points per item)
16. falso
17. cierto

CAPÍTULO 2

ANSWERS Quiz 2-2A

A. (10 points: 2 points per item)
1. ayer
2. la semana pasada
3. anoche
4. anteayer
5. hoy

B. (9 points: 1.5 points per item)
6. preparé
7. bailó
8. nadaron
9. escuchamos
10. jugamos
11. sacaron

C. (5 points: 1 point per item)
12. Fui a la librería.
13. Mamá y yo fuimos al almacén.
14. Mi hermano fue a la agencia de viajes.
15. Mis padres fueron al banco.
16. Mi hermano y yo fuimos a la tienda de ropa.

D. (6 points: 1 point per item)
17. quieres
18. puedo
19. quiere
20. quiero
21. puedes
22. Podemos

ANSWERS Quiz 2-2B

I. Listening

A. (10 points: 2 points per item)
1. sí
2. no
3. sí
4. no
5. sí

II. Reading

B. (10 points: 2 points per item)
6. ilógico
7. ilógico
8. lógico
9. lógico
10. ilógico

III. Writing

C. (10 points: 2 points per item)
Answers will vary. Possible answers:
11. ¿Ya compraste el boleto?
12. ¿Ya limpiaste el cuarto?
13. ¿Ya lavaste la ropa?
14. Todavía tienes que planchar la ropa.
15. Todavía tienes que hacer la maleta.

CAPÍTULO 2

CAPÍTULO 2

ANSWERS Quiz 2-3A

A. (10 points: 2 points per item)
1. el centro
2. la montaña
3. el océano
4. el edificio
5. el rascacielos

B. (9 points: 1.5 points per item)
6. lejos de
7. debajo de
8. al lado de/cerca de
9. encima de
10. al lado de/cerca de
11. lejos de

C. (8 points: 2 points per item)
Answers may vary. Possible answers:
12. En Boston, está lloviendo y hace frío.
13. En Boulder, hace sol y fresco.
14. En Fairbanks, hace mucho frío y está nevando.
15. En Houston, hace mucho calor y sol.

D. (8 points: 2 points per item)
Answers will vary. Possible answers:
16. Necesito un impermeable y unas botas.
17. Necesito una chaqueta y pantalones largos.
18. Necesito un abrigo y una bufanda.
19. Necesito pantalones cortos y una camiseta.

ANSWERS Quiz 2-3B

I. Listening

A. (10 points: 2 points per item)
1. b
2. a
3. a
4. b
5. a

II. Reading

B. (10 points: 2 points per item)
6. falso
7. falso
8. cierto
9. falso
10. cierto

III. Writing

C. (10 points: 2 points per item)
Answers will vary. Possible answers:
11. La ciudad es muy grande y hay muchos rascacielos.
12. Hoy hace viento y hace frío.
13. Esta tarde muchas personas están en el centro.
14. Todos los edificios y tiendas están cerca.
15. Las personas llevan abrigos, sombreros, bufandas y botas porque hace frío.

IV. Culture

D. (5 points)
Answers will vary. Possible answer:
16. If the weather forecaster says it's 32 degrees Celsius, it is pretty warm. I'd wear shorts and a T-shirt.

I. Listening

A. 1.   ALICIA   No quiero ir porque no me gusta el tiempo. Me parece que llueve todos los días.
   2. ERNESTO   No sé cómo la gente puede vivir aquí. En el verano hace mucho calor. No lo aguanto.
   3.   YVETTE   Me chocan las ciudades grandes. Hay muchos rascacielos, edificios y mucha gente. No puedo vivir aquí.
   4. JOSÉ LUIS   ¡Vaya día tan bonito en esta ciudad! Hace un frío terrible hoy, pero nieva mucho y me encanta.
   5.   OLIVIA   Estamos cerca del océano. ¿Por qué no vamos a la playa?

B. 6. JOSÉ LUIS   Tengo mucha hambre; quiero ir a comer.
       OLIVIA   ¿Por qué no duermes un rato?
   7.   ALICIA   ¡Qué día tan bonito! Hace mucho sol.
     ERNESTO   Tienes razón. Podemos montar en bicicleta. ¿Qué tal si vamos al parque?
   8.   OLIVIA   ¿Ya limpiaste tu cuarto?
      FELIPE   Todavía no. Es que voy al cine todos los días con mis amigos.
   9.   ALICIA   ¡Hombre! Hace un calor terrible. Me gustaría ir a nadar.
      OLIVIA   Tienes que llevar un abrigo, entonces.
 10. JOSÉ LUIS   El avión sale en tres horas. ¿Ya hiciste la maleta?
     ERNESTO   No, la voy a hacer más tarde.

CAPÍTULO 2

Answers to Chapter 2 Test

I. Listening Maximum Score: 20 points

A. (10 points: 2 points per item)
1. b
2. a
3. b
4. c
5. a

B. (10 points: 2 points per item)
6. b
7. a
8. b
9. b
10. a

II. Reading Maximum Score: 36 points

C. (16 points: 2 points per item)
11. b
12. b
13. a
14. a
15. b
16. b
17. b
18. a

D. (10 points: 2 points per item)
19. b
20. b
21. b
22. b
23. a

E. (10 points: 2 points per item)
24. b
25. b
26. b
27. d
28. b

III. Culture Maximum Score: 14 points

F. (10 points: 2 points per item)
29. a
30. b
31. b
32. b
33. b

G. (4 points)
34. Two characteristics of a typical Spanish-speaking family are that three or more generations may live together in the same house, and that young working adults live at home with their parents until they get married.

IV. Writing Maximum Score: 30 points

H. (15 points: 3 points per item)
Answers will vary. Possible answers:
35. Estoy muy emocionado/a.
36. Estoy muy nervioso/a.
37. Me siento muy triste.
38. Estoy aburrido/a.
39. Me siento cansado/a.

I. (15 points: 3 points per item)
Answers will vary. Possible answers:
40. ¿Me ayudas a hacer la maleta?
41. ¿Te puedo ayudar a encontrar tu libro?
42. ¿Te ayudo a encontrar tu boleto de avión?
43. ¿Quieres ir conmigo a comprar bebidas para la fiesta?
44. ¿Te puedo ayudar con los regalos?

Holt Spanish 2 ¡Ven conmigo!, Chapter 2

CAPÍTULO **3**

La vida cotidiana

■ PRIMER PASO

Maximum Score: 30

Grammar and Vocabulary

A. What does Pamela need to buy at the drugstore before leaving on her trip to Mexico? Write the Spanish words for the items pictured below. (6 points)

1. _____ 2. _____ 3. _____

 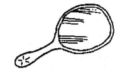 

4. _____ 5. _____ 6. _____

SCORE [   ]

B. Complete Juan Felipe's description of the morning routine at his house with the Spanish equivalents of the verbs. Choose from the verbs in the box, and use each verb only once. Remember to use the correct reflexive pronoun. (14 points)

afeitarse cepillarse los dientes ducharse despertarse
levantarse secarse el pelo mirarse en el espejo

Durante la semana, mi hermano y yo **7.** _____ temprano, a las seis
(wake up)

y media. Me levanto inmediatamente, pero mi hermano es perezoso y no

8. _____ hasta las siete. Voy al baño para
(gets up)

9. _____ . Después **10.** _____ y
(shower) *(I shave)*

11. _____ . Casi siempre mis hermanas necesitan usar el baño a la
(brush my teeth)

misma hora, y ellas pasan horas allí. **12.** _____ , se
(They dry their hair)

maquillan, **13.** _____ ... ¡Qué frustrante!
(they look at themselves in the mirror)

SCORE [   ]

CAPÍTULO 3

Quiz 3-1A

C. What time does everyone get dressed at Marisela's house? Complete what she says with the correct forms of **vestirse**. Remember to use the correct reflexive pronoun. (5 points)

Yo 14. _____ a las ocho. Mi hermano 15. _____ después de desayunar. Mamá y Papá 16. _____ más temprano, a las siete. Los fines de semana, mi hermano y yo no 17. _____ hasta las once o las doce. ¿A qué hora 18. _____ tú los fines de semana?

SCORE _____

D. How are things done at Blanca's house? Complete her description by forming adverbs from the adjectives in parentheses. (5 points)

19. Mis hermanas se levantan _____ después de despertarse. (inmediato)

20. Pero yo prefiero levantarme y vestirme _____ . (lento)

21. _____ , desayunamos todos juntos. (Típico)

22. Mamá _____ prepara el café y papá hace el pan tostado. (general)

23. Papá casi siempre desayuna _____ porque tiene que estar en el trabajo a las nueve. (rápido)

SCORE _____

TOTAL SCORE _____ /30

CAPÍTULO 3

CAPÍTULO 3

La vida cotidiana

PRIMER PASO

Maximum Score: 30

I. Listening

A. Listen to the following people describe their daily routine. Based on what they say, respond to the following statements with **cierto** or **falso.** (8 points)

_____ 1. Paco normalmente se levanta a las siete de la mañana.

_____ 2. Paco no tiene un puesto profesional.

_____ 3. Por lo general, Arturo se despierta temprano.

_____ 4. Arturo siempre gasta mucho tiempo en vestirse.   SCORE [   ]

II. Reading

B. Read the following description of Carolina's father's daily routine. Then read the statements that follow and indicate if Carolina's father does these activities **siempre**, **a veces**, or **nunca**. (12 points)

> Mi papá se levanta a las siete y cuarto de la mañana todos los días. Normalmente se baña por la noche, pero los martes y jueves se baña por la mañana porque no trabaja hasta las nueve y media. No le gusta afeitarse para nada. Todas las mañanas se viste rápidamente. Por lo general se pone un traje con una corbata, pero los viernes siempre se pone blue-jeans. Cuando regresa a casa siempre sigue la misma rutina. Descansa un poco, lee el periódico y luego cena con la familia. Nunca se acuesta antes de las once de la noche porque le gusta leer antes de dormirse.

_____ 5. Se pone un traje con corbata.

_____ 6. Se baña por la noche.

_____ 7. Gasta mucho tiempo en vestirse.

_____ 8. Lee el periódico y cena con la familia.

_____ 9. Se levanta a las siete y cuarto.

_____ 10. Se acuesta después de las once.   SCORE [   ]

CAPÍTULO 3

Quiz 3-1 B

III. Writing

C. Imagine you are Francisco. Write five sentences in Spanish describing your daily routine. (10 points)

11. _____

_____

_____

12. _____

_____

_____

13. _____

_____

_____

14. _____

_____

_____

15. _____

_____

_____

SCORE [ ]

TOTAL SCORE [ ] /30

CAPÍTULO 3

La vida cotidiana

■ SEGUNDO PASO

Grammar and Vocabulary

A. Before Belisa and her friends can go out this afternoon, they all need to do some chores at home. Complete the statements about what everyone has to do with the missing words from the box. Use each word only once. (8 points)

| regar | el cuarto de baño | ordenar | el polvo |
| barrer | tender | el césped | quitar |

¡Pobre Belisa! Ella necesita **1.** _____ su cuarto y **2.** _____ su cama.

Y Gonzalo tiene que sacudir **3.** _____ de los muebles en la sala y

4. _____ el piso también. Leonor debe **5.** _____ la mesa y

6. _____ el jardín. ¿Y Miguel? Pues, él tiene que limpiar **7.** _____ .

Después, tiene que cortar **8.** _____ .

SCORE _____

B. Juan Luis and his sister Teresa are disagreeing about who is supposed to do what chores today. Complete what they say with **me toca**, **te toca**, or **le toca**. (7 points)

TERESA Juan Luis, ¿qué haces? A ti **9.** _____ barrer el suelo hoy, ¿no?

JUAN LUIS No, no es así. Yo barro el suelo los martes y los jueves. **10.** _____ a ti, hermana.

TERESA No, hoy a mí **11.** _____ quitar la mesa.

JUAN LUIS Entonces, ¿a quién **12.** _____ barrer el suelo? ¿Tal vez a Sonia?

TERESA No, hoy a Sonia **13.** _____ sacar la basura.

JUAN LUIS Pues, no es justo. No voy a barrer el suelo, porque ya tengo que hacer mucho. Hoy a mí **14.** _____ regar el jardín y también lavar los platos.

TERESA Habla con mamá, entonces, porque yo no voy a barrer el suelo tampoco. A mí también **15.** _____ hacer muchos quehaceres.

SCORE _____

Quiz 3-2A

C. Answer your pesky little brother's questions about when you're going to do your chores using the cues in parentheses. Remember to use direct object pronouns in your answers. (10 points)

16. ¿Cuándo vas a pasar la aspiradora? (el sábado)

_____

17. ¿Cuándo vas a lavar los platos? (después de cenar)

_____

18. ¿Cuándo vas a limpiar tu cuarto? (el lunes)

_____

19. ¿Cuándo vas a regar las flores? (el domingo)

_____

20. ¿Cuándo vas a tender las camas? (ahora mismo)

_____

SCORE [   ]

D. The Villanueva children are staying with their grandparents, who are very strict about chores. Look at the chart showing who did what chores today, then answer the grandmother's questions. Use the information in the chart and direct object pronouns in your answers. (10 points)

barrer el piso en la sala	Marta y Felipe
limpiar las ventanas	Toño
preparar el desayuno	Felipe
ordenar los cuartos	Marta, Felipe y Toño
cortar el césped	Marta

21. ¿Quiénes barrieron el piso en la sala? _____

22. ¿Quién limpió las ventanas? _____

23. ¿Quién preparó el desayuno? _____

24. ¿Quiénes ordenaron los cuartos? _____

25. ¿Quién cortó el césped? _____

SCORE [   ]

TOTAL SCORE [   ] /35

Holt Spanish 2 ¡Ven conmigo!, Chapter 3

CAPÍTULO **3**

La vida cotidiana

■ SEGUNDO PASO

I. Listening

A. Listen to the short dialogues between Mario and Yvette. Indicate whether they're **a) talking about a responsibility** or **b) complaining about one**. (10 points)

1. a   b   3. a   b   5. a   b

2. a   b   4. a   b

SCORE ☐

II. Reading

B. Pablo is always complaining about having to do chores! Match each of the following complaints to the chore his mother wants him to do. (10 points)

a. Pablo, ¿ya regaste el jardín?
b. Hijo, ¿ya limpiaste el cuarto de baño?
c. ¿Ya ordenaste tu cuarto?
d. Pablo, ¿ya pasaste la aspiradora en la sala?
e. ¿Ya quitaste la mesa?

_____ 6. ¡Ay, mamá, no es justo! Yo tendí las camas ayer. Roberto también duerme allí. Pero él nunca tiene que hacerlo porque sólo tiene seis años. ¡No es justo!

_____ 7. ¡Ay, qué pesado! ¿Por qué come tanto esta familia? Hay demasiados platos y vasos. Además ya lo hice miles de veces. ¿No puede hacerlo Silvia?

_____ 8. ¡Ay, mamá, siempre me toca a mí! De verdad, no es necesario porque mañana va a llover. Además no debemos usar tanta agua. ¿No es cierto? ¿Por qué no le toca a Alejo? Le encanta estar en el patio.

_____ 9. ¡Ay, estoy harto de hacer los quehaceres! Trabajo muchísimo más que Silvia. Nunca le toca a ella hacerlo. Además papá está durmiendo en el sofá.

_____ 10. ¡Ay, mamá! ¿Otra vez? Siempre me toca a mí. Cuando Roberto se ducha hay agua por todos lados y siempre deja su toalla en el piso. ¿Por qué no le toca a él?

SCORE ☐

C A P Í T U L O 3

Quiz 3-2B

III. Writing

C. Look at the picture of the Barrientos house. Write five sentences saying whose turn it is to do what chore today. If the chore is already done, write a sentence saying who did it. Use expressions from the word box. (10 points)

le toca...	tiene que...
necesita...	ya...

11. _____

12. _____

13. _____

14. _____

15. _____

SCORE [   ]

IV. Culture

D. Based on the information in your textbook, indicate whether each of the following sentences is **cierto** or **falso**. (5 points)

_____ **16.** In Spain, men typically do just as much housework as women.

_____ **17.** The average Spanish housewife spends only 30 minutes a day doing household chores.

SCORE [   ]

TOTAL SCORE [/35]

Holt Spanish 2 ¡Ven conmigo!, Chapter 3

CAPÍTULO 3

Nombre _____ Clase _____ Fecha _____

La vida cotidiana

■ TERCER PASO

Grammar and Vocabulary

A. Read what different people are interested in, then say what they do in their free time. Use each activity from the list once, and remember to use the correct form of the verb. (12 points)

> hacer monopatín
> usar la computadora
> coleccionar estampillas
> jugar en un equipo de voleibol
> bucear y nadar
> tocar con la banda
> reunirse con amigos
> trabajar en mecánica

1. Nieves y yo estamos locos por la música. _____

2. A Felipe le encanta pasar tiempo con sus amigos. _____

3. A Isa y a Manuel les interesan los carros. _____

4. A Carla le encanta recibir cartas de sus amigos en otros países. _____

5. Sara quiere ser programadora de computadoras en el futuro. _____

6. A David le fascina ir muy rápido. _____

7. En sus ratos libres, Fabiola siempre va al lago o a la playa. _____

8. A mis amigos Marcos y Lisa les encanta el voleibol. _____

SCORE [   ]

B. Ramón and Jimena have some hobbies and pastimes in common, as well as some different ones. Read the description, then write the name(s) of the person who has each hobby or pastime below. (8 points)

> Ramón y Jimena tienen muchos pasatiempos. A Ramón le gustan todos los deportes, especialmente el monopatín. En el verano, todos los sábados se reúne con sus amigos en el parque para hacer monopatín. En el invierno, va al lago mucho para patinar. Jimena prefiere los videojuegos o jugar a las cartas con sus amigos. A Ramón le interesan las películas latinoamericanas y europeas. Le gustaría ser director de cine algún día. A los dos amigos les encanta coleccionar estampillas y monedas de muchos países. Jimena toca el piano, y está loca por la música clásica. Toca con la banda de su escuela, y le encanta asistir a conciertos todos los fines de semana.

9. band _____

10. playing cards _____

11. skating _____

Quiz 3-3A

12. collecting stamps and coins _____

13. skateboarding _____

14. classical music _____

15. films and filmmaking _____

16. videogames _____

SCORE [   ]

C. Your friend Chris is going to interview Alicia, the exchange student, for the school paper. Help Chris out by completing his interview questions with the Spanish equivalents for the English expressions. (5 points)

17. Alicia, ¿_____ estudias inglés?
     (how long have)

18. ¿_____ los deportes?
     (Are you interested in)

19. ¿Cuáles son tus _____ favoritos?
     (pastimes)

20. ¿Y cuándo _____ a tocar la guitarra?
     (did you begin)

21. También _____ el monopatín, ¿verdad?
     (you're crazy about)

SCORE [   ]

D. Susana did a poll of her classmates' hobbies. Look at the poll, then write a sentence explaining how long each person or group has been doing that hobby. (10 points)

Susana	coleccionar monedas	3 años
Raquel	hacer monopatín	7 meses
Jaime y Susana	tocar con la banda	2 años
Esteban	practicar el buceo	1 año
Miguel	jugar videojuegos	4 años

22. Susana/coleccionar monedas _____

23. Raquel/hacer monopatín _____

24. Jaime y Susana/tocar con la banda _____

25. Esteban/practicar el buceo _____

26. Miguel/jugar videojuegos _____

SCORE [   ]

TOTAL SCORE [   ] /35

Holt Spanish 2 ¡Ven conmigo!, Chapter 3

CAPÍTULO 3

CAPÍTULO **3**

La vida cotidiana

■ TERCER PASO

I. Listening

A. Listen as Berta describes her pastimes and hobbies to her new friends. Write the letter of the picture below that best matches Berta's description. (10 points)

a

b

c

d

e

1. _____ 2. _____ 3. _____ 4. _____ 5. _____

SCORE _____

II. Reading

B. Read what Carmen likes to do in her spare time. Write **cierto** if the statement is true or **falso** if the statement is false. (10 points)

> Hola. Me llamo Carmen. En mis ratos libres me gusta leer. Algún día me gustaría leer la novela *Don Quijote*. Cuando hace buen tiempo me gusta acampar. A veces me reúno con mis amigos a jugar a las cartas. A mis amigos no les gusta jugar conmigo porque yo siempre les gano. Mi pasatiempo favorito es pasear en bicicleta por el parque.

_____ 6. Carmen ya leyó *Don Quijote*.

_____ 7. A Carmen le gusta acampar.

_____ 8. Carmen nunca gana cuando juega a las cartas con sus amigos.

_____ 9. Carmen se reúne con sus amigos a veces.

_____ 10. A Carmen le gusta pasear en bicicleta.

SCORE _____

CAPÍTULO 3

Quiz 3-3B

III. Writing

C. Imagine it's the year 2015. Write a sentence saying how long each of the following people has been doing what they're doing. (10 points)

11. Steven Spielberg, director de cine desde 1974.

12. Isabel Allende, escritora desde 1967.

13. Marisa Baene, golfista desde 1991.

14. Carlos Fuentes, escritor desde 1954.

15. Tiger Woods, jugador de golf profesional desde 1996.

11. _____

_____

12. _____

_____

13. _____

_____

14. _____

_____

15. _____

_____

SCORE _____

IV. Culture

D. Your friend Miguel is visiting you from Madrid, Spain. You want to do everything you can to make him feel at home. List two things you would plan to do to entertain him during his visit and explain why he might like to do these things. (5 points)

16. _____

_____

17. _____

_____

SCORE _____

TOTAL SCORE _____ /35

CUMULATIVE SCORE FOR QUIZZES 1–3 _____ /100

Holt Spanish 2 ¡Ven conmigo!, Chapter 3

CAPÍTULO 3

CAPÍTULO

3

La vida cotidiana

I. Listening

Maximum Score: 30 points

A. Look at the pictures. Listen to Guillermo describe some of the things he and his family do in their daily routine. Write the letter of the picture that matches each description. (15 points)

a

b

c

d

e

1. _____   2. _____   3. _____   4. _____   5. _____

SCORE _____

B. Listen as Sonia tells about what chores she and her family do at home. Write the letter of the picture that illustrates the chore Sonia is talking about. (15 points)

a

b

c

d

e

6. _____   9. _____

7. _____   10. _____

8. _____

SCORE _____

CAPÍTULO 3

Chapter 3 Test

II. Reading

C. Read what Pablo has written in his journal about the chores he has to do at home. Then indicate on the chart when Pablo does his different chores by marking an X in the correct column. (15 points)

> Me llamo Pablo. En mi casa todos tenemos quehaceres. Esta semana tengo que lavar los platos y quitar la mesa. Estoy harto de lavar platos. No es uno de mis quehaceres favoritos. Me toca lavarlos todos los días. No es justo. La próxima semana me toca barrer el garaje y sacar la basura. Además todas las mañanas tiendo mi cama y le ayudo a mi mamá a preparar el desayuno. Mi mamá normalmente prepara la comida todos los días.

chores	a) this week	b) next week	c) every day
11. sweep the garage floor			
12. clear the table			
13. help prepare breakfast			
14. make the bed			
15. take out the garbage			

SCORE ☐

D. Calvin's having a hard time with his new hobby. Read the following comic strip and then
answer the questions that follow. (15 points)

CALVIN AND HOBBES. © Watterson. Distributed by Universal Press Syndicate. Reprinted with Permission. All Rights Reserved.

_____ **16.** En sus ratos libres, ¿qué hace Calvin?
    a. coleccionar estampillas
    b. jugar a las cartas
    c. pintar
    d. armar *(put together)* modelos

_____ **17.** ¿Cómo es el avión de Calvin?
    a. bonito
    b. feo
    c. grande
    d. alto

_____ **18.** ¿Por qué se queja *(complain)* Calvin?
    a. Está harto de hacer los quehaceres.
    b. No es justo. Su avión no es como el avión en la caja.
    c. Ya compró un piloto de dos centímetros.
    d. Le toca pintar el modelo.

_____ **19.** ¿Qué sugiere *(suggest)* Hobbes para arreglar el avión?
    a. comprar uno nuevo
    b. leer las instrucciones
    c. ponerlo en la basura
    d. pintarlo

_____ **20.** ¿Cómo es Calvin?
    a. horrible
    b. impaciente
    c. paciente
    d. alto

se ve *looks*
arreglar *to fix*
se parece *appears*
la caja *box*
las cejas *eyebrows*
puesto *placed*

SCORE _____

C A P Í T U L O   3

Chapter 3 Test

III. Culture

E. Gloria is planning on going to South America. Help her with questions she has about activities and chores in Spanish-speaking countries. Based on the information in your textbook, determine whether the statements are **a) cierto** or **b) falso**. (6 points)

_____ 21. Most women in Spain spend about four hours a week doing household chores.

_____ 22. Teens in Latin America typically prefer to get together with friends in groups.

SCORE [   ]

F. Imagine that you are in a study abroad program in a Spanish-speaking country. Write a postcard in English to a friend at home describing four things teenagers in Spanish-speaking countries like to do in their free-time. (4 points)

23.

mmmmmmm
mmmmmmm
mmmmmm
mmmm

ESTADOS UNIDOS/U.S.A.

SCORE [   ]

Nombre _____ Clase _____ Fecha _____

IV. Writing

Maximum Score: 30 points

G. Look at the following drawing of the Aguilar house. Write five sentences describing what chores each person has to do. (15 points)

CAPÍTULO 3

Chapter 3 Test

24. _____
    _____

25. _____
    _____

26. _____
    _____

27. _____
    _____

28. _____
    _____

SCORE [   ]

H. Your school is taking a poll on students' hobbies and pastimes. You just received a question-naire with the following questions. Answer them in Spanish. (15 points)

29. ¿Qué haces en tus ratos libres? _____
    _____

30. ¿Cuál es tu pasatiempo favorito en el verano? _____
    _____

31. ¿Qué te gusta coleccionar? _____
    _____

32. ¿Qué te gusta hacer con tus amigos? _____
    _____

33. ¿Qué haces en tus ratos libres cuando llueve? _____
    _____

SCORE [   ]

TOTAL SCORE [/100]

Nombre _____ Clase _____ Fecha _____

I. Listening
Maximum Score: 30 points

A. (15 points)

1. a b c d e
2. a b c d e
3. a b c d e
4. a b c d e
5. a b c d e

SCORE [   ]

B. (15 points)

6. a b c d e
7. a b c d e
8. a b c d e
9. a b c d e
10. a b c d e

SCORE [   ]

II. Reading
Maximum Score: 30 points

C. (15 points)

11. a b c
12. a b c
13. a b c
14. a b c
15. a b c

SCORE [   ]

D. (15 points)

16. a b c d
17. a b c d
18. a b c d
19. a b c d
20. a b c d

SCORE [   ]

III. Culture
Maximum Score: 10 points

E. (6 points)

21. a b
22. a b

SCORE [   ]

F. (4 points)

23. _____

_____

_____

CAPÍTULO 3

SCORE [   ]

IV. Writing

Maximum Score: 30 points

G. (15 points)

24. _____

_____

25. _____

_____

26. _____

_____

27. _____

_____

28. _____

_____

SCORE [   ]

H. (15 points)

29. _____

_____

30. _____

_____

31. _____

_____

32. _____

_____

33. _____

_____

SCORE [   ]

TOTAL SCORE [/100]

CAPÍTULO 3

Quiz 3-1B Primer paso

I. Listening

A.   **PACO**   Me llamo Paco. Normalmente me levanto a las siete de la mañana. Siempre me baño y siempre me lavo el pelo. Tiene que estar limpio. Siempre me gasto mucho tiempo en peinarme porque me importa mucho el pelo. También me gasto mucho tiempo en vestirme. Tengo un puesto profesional y es importante vestirme bien.

    ARTURO   Soy Arturo. Por lo general me despierto tarde, como a las diez de la mañana. Siempre me baño. A veces me lavo el pelo si tengo tiempo. Muchas veces no me peino. A veces me afeito pero si no tengo tiempo no me preocupo por eso. Después me lavo los dientes y me visto. Nunca gasto mucho tiempo en vestirme. Es que trabajo afuera y no me importa mucho cómo me vea.

Quiz 3-2B Segundo paso

I. Listening

A. 1.   **MARIO**   ¿A quién le toca poner la mesa?
      YVETTE   Esta semana le toca a Chato.
  2.   **YVETTE**   ¿Quién va a regar el jardín? ¿Tú vas a regarlo?
      MARIO   No. Estoy harto de regar el jardín. Siempre me toca a mí.
  3.   **YVETTE**   La sala no está ordenada. ¿Vas a ordenarla?
      MARIO   No es justo. ¡Yo ya lo hice mil veces!
  4.   **MARIO**   Hay muchos platos sucios. ¿Por qué no los lavas?
      YVETTE   Le toca a Pedro lavar los platos.
  5.   **YVETTE**   ¿Tienes que sacar la basura?
      MARIO   Ya lo hice mil veces. ¿Por qué no lo haces tú?

Quiz 3-3B Tercer paso

I. Listening

A. 1.   En mis ratos libres, me gusta coleccionar estampillas. Tengo muchas estampillas de España y Puerto Rico. Empecé a coleccionar estampillas a los cinco años.
  2.   Estoy loca por las bicicletas. Mi pasatiempo favorito es pasear en bicicleta. Hace tres años que paseo en bicicleta una o dos horas al día. ¡Es maravilloso!
  3.   Me interesa ir a los museos. Me fascina reunirme con amigos y visitar juntos los museos. ¡Nos divertimos mucho!
  4.   A los seis años me enseñó su colección de tiras cómicas. A esa edad empecé a coleccionarlas. Ahora tengo una colección grande de tiras cómicas.
  5.   También la literatura me fascina. Cuando no tengo nada que hacer, me encanta leer novelas. Voy a la biblioteca y paso muchas horas leyéndolas.

Answers to Quizzes 3-1A, 3-1B

ANSWERS Quiz 3-1A

A. (6 points: 1 point per item)
1. cepillo de dientes
2. pasta de dientes
3. champú
4. despertador
5. espejo
6. peine

B. (14 points: 2 points per item)
7. nos despertamos
8. se levanta
9. ducharme
10. me afeito
11. me cepillo los dientes
12. Se secan el pelo
13. se miran en el espejo

C. (5 points: 1 point per item)
14. me visto
15. se viste
16. se visten
17. nos vestimos
18. te vistes

D. (5 points: 1 point per item)
19. inmediatamente
20. lentamente
21. Típicamente
22. generalmente
23. rápidamente

ANSWERS Quiz 3-1B

I. Listening

A. (8 points: 2 points per item)
1. cierto
2. falso
3. falso
4. falso

II. Reading

B. (12 points: 2 points per item)
5. a veces
6. a veces
7. nunca
8. siempre
9. siempre
10. siempre

III. Writing

C. (10 points: 2 points per item)
Answers will vary. Possible answers:
11. Me levanto a las seis y media de la mañana.
12. Luego me baño.
13. Entonces, me lavo los dientes.
14. Después tomo el desayuno con mi familia.
15. Me acuesto a las diez de la noche.

Holt Spanish 2 ¡Ven conmigo!, Chapter 3

ANSWERS Quiz 3-2A

A. (8 points: 1 point per item)
1. ordenar
2. tender
3. el polvo
4. barrer
5. quitar
6. regar
7. el cuarto de baño
8. el césped

B. (7 points: 1 point per item)
9. te toca
10. Te toca
11. me toca
12. le toca
13. le toca
14. me toca
15. me toca

C. (10 points: 2 points per item)
16. La voy a pasar el sábado./Voy a pasarla el sábado.
17. Los voy a lavar después de cenar./Voy a lavarlos después de cenar.
18. Lo voy a limpiar el lunes./Voy a limpiarlo el lunes.
19. Las voy a regar el domingo./Voy a regarlas el domingo.
20. Las voy a tender ahora mismo./Voy a tenderlas ahora mismo.

D. (10 points: 2 points per item)
21. Lo barrieron Marta y Felipe.
22. Las limpió Toño.
23. Lo preparó Felipe.
24. Los ordenaron Marta, Felipe y Toño.
25. Lo cortó Marta.

ANSWERS Quiz 3-2B

I. Listening

A. (10 points: 2 points per item)
1. a
2. b
3. b
4. a
5. b

II. Reading

B. (10 points: 2 points per item)
6. c
7. e
8. a
9. d
10. b

III. Writing

C. (10 points: 2 points per item)
Answers will vary. Possible answers:
11. Miguel ya hizo la cama.
12. A Mariana le toca ordenar la sala.
13. A papá le toca lavar los platos.
14. Mamá tiene que cortar el césped.
15. Angélica tiene que ordenar su cuarto.

IV. Culture

D. (5 points: 2.5 points per item)
16. falso   17. falso

C A P Í T U L O   3

ANSWERS Quiz 3-3A

A. (12 points: 1.5 points per item)
1. Nosotros/as tocamos con la banda.
2. Él se reúne con amigos.
3. Ellos trabajan en mecánica.
4. Ella colecciona estampillas.
5. Ella usa la computadora.
6. Él hace monopatín.
7. Ella bucea y nada.
8. Ellos juegan en un equipo de voleibol.

B. (8 points: 1 point per item)
9. Jimena
10. Jimena
11. Ramón
12. Jimena and Ramón
13. Ramón
14. Jimena
15. Ramón
16. Jimena

C. (5 points: 1 point per item)
17. cuánto tiempo hace que
18. Te interesan
19. pasatiempos
20. empezaste/comenzaste
21. estás loca por

D. (10 points: 2 points per item)
22. Hace 3 años que Susana colecciona monedas.
23. Hace 7 meses que Raquel hace monopatín.
24. Hace 2 años que Jaime y Susana tocan con la banda.
25. Hace 1 año que Esteban practica el buceo.
26. Hace 4 años que Miguel juega videojuegos.

ANSWERS Quiz 3-3B

I. Listening
A. (10 points: 2 points per item)
1. d
2. a
3. c
4. b
5. e

II. Reading
B. (10 points: 2 points per item)
6. falso
7. cierto
8. falso
9. cierto
10. cierto

III. Writing
C. (10 points: 2 points per item)
11. Hace 41 años que Steven Spielberg es director de películas.
12. Hace 26 años que Jennifer López es actriz.
13. Hace 23 años que Arantxa Sánchez Vicario juega al tenis.
14. Hace 61 años que Carlos Fuentes escribe libros.
15. Hace 19 años que Tiger Woods juega al golf profesional.

IV. Culture
D. (5 points: 2.5 points per item)
Answers will vary. Possible answers:
16. I'd plan a get together at my house with a group of friends to talk and hang out.
17. I'd plan a trip to the park to meet with some friends to talk or listen to music.

Scripts for Chapter 3 Test

I. Listening

A.
1. ¡Qué lata levantarme temprano! ¿Por qué uno tiene que despertarse todos los días a las siete de la mañana? ¡Me gustaría acostarme otra vez!
2. ¡Qué lata con el cuarto de baño! ¡Mis hermanas gastan mucho tiempo allí! ¡Ellas se lavan la cara con tanto cuidado!
3. Después de bañarme, me visto para ir a la escuela y antes de salir me pongo los zapatos.
4. A mi hermana no le gusta tener que ir al dentista. Por eso, se lava los dientes tres o cuatro veces al día.
5. Yo me acuesto muy temprano, como a las ocho. Me gusta dormir mucho. Mi hermana mayor se acuesta más tarde, como a las diez. Ella tiene que estudiar mucho.

B.
6. Hay muchos quehaceres en mi casa y todos son responsables de varios esta semana. A mi hermano Héctor le toca pasar la aspiradora.
7. A mí me toca cortar el césped. Tú sabes que estoy harta de cortar el césped. Es muy difícil. A mi hermana Sandra le toca cortarlo el sábado.
8. También me toca regar las plantas después de cortar el césped.
9. A mi mamá le toca darle de comer al gato. Le fascinan los gatos.
10. Mi papá siempre saca la basura, pero a veces mi hermana Daniela lo hace. Y por fin me parece que mi hermano Roberto va a lavar el coche.

CAPÍTULO 3

I. Listening Maximum Score: 30 points

A. (15 points: 3 points per item)   **B.** (15 points: 3 points per item)
1. c
2. a
3. e
4. d
5. b

6. c
7. a
8. e
9. d
10. b

II. Reading Maximum Score: 30 points

C. (15 points: 3 points per item)   **D.** (15 points: 3 points per item)
11. b
12. a
13. c
14. c
15. b

16. d
17. b
18. b
19. d
20. b

III. Culture Maximum Score: 10 points

E. (6 points: 3 points per item)   **F.** (4 points)
21. b
22. a

23. Young people in Spanish-speaking countries like to get together at parks, cafés, and private homes to listen to music or talk.

IV. Writing Maximum Score: 30 points

G. (15 points: 3 points per item)
Answers may vary. Possible answers:
24. A Abuelita María le toca pasar la aspiradora.
25. Marcos tiene que hacer la tarea para su clase de matemáticas.
26. A Antonio le toca preparar la comida.
27. A papá le toca darle de comer al gato.
28. A Silvia le toca poner la mesa.

H. (15 points: 3 points per item)
Answers will vary. Possible answers:
29. En mis ratos libres me gusta correr por el parque.
30. En el verano mi pasatiempo favorito es nadar en la piscina.
31. Me gusta coleccionar discos viejos.
32. Me encanta reunirme con mis amigos en un café.
33. Cuando llueve me gusta leer novelas.

CAPÍTULO 3

CAPÍTULO 4

¡Adelante con los estudios!

Quiz 4-1A

■ PRIMER PASO

Maximum Score: 35

Grammar and Vocabulary

A. Paulina is interviewing Lisa, a new student, for the school paper. Complete their conversation with the missing expressions from the box. (7 points)

mi opinión	crees que	para mí	tu opinión
creo que	me parece	qué te parece	

PAULINA Hola, Lisa, y gracias por la entrevista. Lisa, explícame...

¿1. _____ nuestro colegio?

LISA El colegio 2. _____ estupendo, de verdad. Los estudiantes son inteligentes y amables.

PAULINA ¿Y las clases? En 3. _____ , son más o menos fáciles las clases aquí?

LISA Pues, 4. _____ las clases aquí son más difíciles. Y también

5. _____ los profesores son más estrictos. Pero en

6. _____ , eso es bueno.

PAULINA ¿De veras? ¿Y por qué 7. _____ es bueno tener profesores estrictos?

LISA Porque así nosotros aprendemos más.

SCORE [   ]

B. This year you're an assistant in the school counselor's office. Complete the poster below about good study habits with the missing words. (12 points)

> Para 8. _____ buenas notas y ser buen estudiante, hay que...
>
> • 9. _____ las instrucciones de los profesores
> • tomar buenos 10. _____
> • 11. _____ la tarea
> • aprender 12. _____ la materia
> • 13. _____ muchas preguntas
> • 14. _____ toda la materia antes de los exámenes
>
> ¡Y recuerda que es necesario 15. _____ errores para aprender!

SCORE [   ]

CAPÍTULO 4

Quiz 4-1 A

C. Two teachers are discussing some students. Complete what they say with the the correct present-tense form of the missing verbs. Use each verb only once. (12 points)

aprobar	escribir	dejar	navegar	prestar	perder	olvidar	preocuparse

—¡Pobre Elizabeth! Es una chica muy desorganizada. Ella **16.** _____ la tarea o los

libros en casa. Por eso, muchas veces llega tarde y **17.** _____ parte de la lección.

En la clase de computación, **18.** _____ por la Red o **19.** _____

cartas por correo electrónico en vez de trabajar.

—¡Qué curioso! Ella también es mi estudiante y nunca tengo problemas con ella. Creo que sigue

muy bien las instrucciones y casi nunca **20.** _____ sus libros o su tarea en casa.

Pero yo sí **21.** _____ por otros dos estudiantes. Tengo problemas con ellos

porque no me escuchan y no **22.** _____ atención en clase. Casi nunca

23. _____ los exámenes; la semana pasada sacaron muy malas notas.

SCORE _____

D. Raimundo is starting high school this year, and is nervous about doing well. Answer his questions by telling him what he should and shouldn't do. Use **deberías** and the cues in parentheses. (4 points)

24. ¿Debo estudiar todas las noches? (sí)

_____

25. ¿Debo hacer la tarea con mis amigos por correo electrónico? (no)

_____

26. ¿Debo preocuparme cuando cometo errores? (no)

_____

27. ¿Debo hacer muchas preguntas en clase? (sí)

_____

SCORE _____

TOTAL SCORE _____ /35

CAPÍTULO 4

¡Adelante con los estudios!

Quiz 4-1 B

■ PRIMER PASO

Maximum Score: 35

I. Listening

A. You will hear a series of conversations between Yuriria and her classmates about school. For each one, indicate if Yuriria and her friend are **a) stating a fact** or **b) expressing an opinion about something**. (10 points)

1. _____   4. _____

2. _____   5. _____

3. _____

SCORE _____

II. Reading

B. The following is a passage from Miguel's journal. After you have read about his experiences at school, write **cierto** if the statement is true or **falso** if the statement is false. (10 points)

> Hace seis meses que estudio en este colegio. Los profesores son muy simpáticos y amables. El profesor Gutiérrez me dice que para sacar buenas notas hay que estudiar mucho y prestar atención en clase. Ayer no entregué la tarea de matemáticas porque pasé dos horas navegando por la Red y escribiendo cartas a mis amigos por correo electrónico. Tengo que hacer la tarea esta noche y entregarla mañana.

_____ 6. A Miguel le parece que los profesores son simpáticos.

_____ 7. El profesor dice que es importante estudiar mucho.

_____ 8. A Miguel no le gustan las computadoras.

_____ 9. Miguel debe prestar atención para sacar buenas notas.

_____ 10. Miguel nunca navega por la Red.

SCORE _____

Quiz 4-1 B

III. Writing

C. Beatriz is not doing very well in school. She has spoken to many people, but could use your advice, too. Answer her questions using the vocabulary in parentheses. (12 points)

MODELO   ¿Qué hago para sacar mejores notas en la clase de español? *(aprender de memoria el vocabulario)*
— **Me parece que debes aprender de memoria el vocabulario.**

11. En tu opinión, ¿cómo puedo hacer mejor la tarea de química? *(seguir las instrucciones)*

_____

12. ¿Qué debo hacer para aprobar el examen de matemáticas? *(repasar los apuntes)*

_____

13. ¿Qué hago en la clase de historia? Siempre estoy aburrida en esa clase. *(prestar atención)*

_____

14. Olvidé mi tarea de inglés en casa. ¿Se la copio a alguien? *(suspender la clase)*

_____

15. ¿Cómo puedo participar en clase mejor? *(hacer preguntas)*

_____

16. ¿Qué puedo hacer para ser una mejor estudiante? *(aprobar los exámenes)*

_____

SCORE [ ]

IV. Culture

D. Jennifer and her family are moving to Mexico. Help her with questions she has about the educational system in Mexico. Write **cierto** if the statement is true and **falso** if the statement is false. (3 points)

_____ 17. In Mexico, students graduate from high school in three years and never return to school.

_____ 18. College-bound students in Mexico attend an **escuela preparatoria**.

SCORE [ ]

TOTAL SCORE [/35]

CAPÍTULO 4

¡Adelante con los estudios!

■ SEGUNDO PASO

Maximum Score: 30

Grammar and Vocabulary

A. Describe each person or group pictured using the correct forms of **ser** and the most logical adjective. Use each adjective only once. (8 points)

responsable	generoso	exigente	aplicado
creativo	torpe	entusiasta	flojo

1. El sargento

_____

2. Los muchachos

_____

3. Leo y Nuria

_____

4. María Elena

_____

5. Antonio

_____

6. Carlos

_____

7. Los estudiantes

_____

8. Alicia

_____

SCORE _____

Quiz 4-2A

CAPÍTULO 4

B. Lucila and David are in the cafeteria talking about classmates and teachers. Complete their conversation with the correct forms of **ser** and **estar**. (15 points)

LUCILA   David, ¿quién **9.** _____ esa chica delgada y morena allí? ¿La chica que

10. _____ al lado de Sofía?

DAVID   Se llama Yasmín. Ella y Sofía **11.** _____ primas. **12.** _____ de

México, pero este año ella **13.** _____ aquí para aprender inglés.

LUCILA   ¿Y quién es el chico alto que **14.** _____ hablando con ellas?

DAVID   ¿No lo conoces? Es Roberto, el hermano de Sofía. **15.** _____ un chico muy

simpático. Él y yo **16.** _____ en la misma clase de álgebra. Roberto siempre

me ayuda con la tarea.

LUCILA   ¿Y qué te parece la clase de álgebra? ¿Te gusta la profesora?

DAVID   Pues, sí. Ella **17.** _____ exigente, pero justa. Hoy ella **18.** _____

enferma, y por eso tenemos clase con el profesor Miller.

SCORE _____

C. Esteban's family recently moved to a new town. Complete his sentences about who his family members know, and what things they know about, with the correct forms of **conocer**. Remember to include the personal **a** if necessary. (7 points)

19. Mi hermana Blanca y yo _____ un café bueno cerca del colegio.

20. Mamá ya _____ las familias que viven al lado.

21. Papá _____ el sistema de metro.

22. Papá y mamá _____ bien el centro, pero yo no.

23. Yo _____ todos los estudiantes de mi clase de inglés.

24. Ahora quiero _____ los estudiantes en mis otras clases.

25. Y tú, ¿ya _____ todos tus nuevos compañeros de clase?

SCORE _____

TOTAL SCORE _____ /30

CAPÍTULO 4

¡Adelante con los estudios!

SEGUNDO PASO

I. Listening

A. Listen to each of the following dialogues. For each one decide if the conversation is about
a) **knowing a person**, b) **knowing a fact**, or c) **being familiar with a place**. (10 points)

1. _____ 2. _____ 3. _____ 4. _____ 5. _____   SCORE [   ]

II. Reading

B. Andrés writes a letter to his grandfather about school. Read his letter, then answer the questions that follow. (10 points)

Querido abuelo,

¿Cómo estás? Te escribo acerca de mi colegio. Me gusta mucho más este colegio que la escuela primaria. Los profesores son mejores que los profesores de la primaria. También, el colegio es más interesante que la primaria. Aprendo mucho y los profesores son muy buenos. Conozco a otro alumno que se llama Luis Quintanilla. Creo que ahora él es mi mejor amigo. Es más alto y más delgado que yo. Luis es un estudiante muy aplicado.

Hoy entregué muchas tareas y ahora estoy cansado. Espero que nos veamos pronto.

Muchos cariños, Andrés

6. What comparison does Luis make between the teachers he has now and his previous teachers?

_____

7. How does he compare the school he has attended before to the one he goes to now?

_____

8. Who is he acquainted with in school?

_____

9. How does he describe this person?

_____

10. How does he describe how he's feeling?

_____

SCORE [   ]

CAPÍTULO 4

Quiz 4-2B

III. Writing

C. Write a sentence comparing the people in each picture. Use a different adjective, adverb, or verb in each comparison. (10 points)

Claudia y Cindy

Miguel y Kim

Simón y Elena

11. **Claudia y Cindy** _____

_____

_____

12. **Miguel y Kim** _____

_____

_____

13. **Claudia y Miguel** _____

_____

_____

14. **Kim y Simón** _____

_____

_____

15. **Simón y Elena** _____

_____

_____

SCORE [   ]

TOTAL SCORE [   ] /30

CAPÍTULO 4

4 ¡Adelante con los estudios!

CAPÍTULO 4

■ TERCER PASO

Quiz 4-3A

Maximum Score: 35

Grammar and Vocabulary

A. Elisa had a busy afternoon yesterday. Complete the description of her day with the correct preterite forms of the verbs in the box. Use each verb only once. (12 points)

hacer	caminar	ir	merendar	hacer	platicar	tomar	mirar

Primero, Elisa llamó por teléfono a su amiga Mariana. Ellas **1.** _____ un rato

sobre las clases y las familias y por fin **2.** _____ planes para ir al centro esa tarde.

A las dos, Elisa **3.** _____ el metro al centro. Ella **4.** _____ al Café

Imperial para reunirse con Mariana. Las dos chicas **5.** _____ algo en el café,

pasearon por el centro y **6.** _____ las vitrinas de las tiendas. A las cuatro, Mariana

7. _____ a una cita con el dentista. Elisa decidió (*decided*) ver una película. Había

mucha gente allí y Elisa **8.** _____ cola por casi veinte minutos.

SCORE _____

B. Rubén and Javier are making plans. Read their conversations, then indicate if the statements that follow are **a) cierto** or **b) falso**. (7 points)

RUBÉN   Oye, Javier... pienso ir al centro esta tarde. Tengo ganas de comprar unos discos compactos. ¿Quieres venir?

JAVIER   Sí, me encantaría. Quiero ir de compras también. En las vitrinas del Almacén La Perla hay una chaqueta que me gusta mucho.

RUBÉN   Si quieres, paso por ti a las cuatro o las cuatro y media.

JAVIER   No, mejor nos reunimos en el centro, porque tengo una cita con el médico a las tres y media.

RUBÉN   Bien. Entonces voy a tomar el metro, y nos vemos allí.

JAVIER   De acuerdo, entonces quedamos en vernos en la estación de metro, a las cuatro y media. ¿Quieres ir a merendar algo antes de ir de compras?

RUBÉN   Sí, buena idea. Hasta esta tarde, entonces.

_____ **9.** Javier doesn't like window shopping.

_____ **10.** Rubén offers to come by and pick Javier up.

_____ **11.** Javier prefers to get together outside the school building.

_____ **12.** After going out with his friend, Javier has a doctor's appointment.

_____ **13.** Rubén is going to take the metro downtown.

_____ **14.** The two friends agree to meet in the café.

_____ **15.** Rubén prefers to get something to eat after going shopping.

SCORE _____

Quiz 4-3A

C. Marta and some friends are organizing an excursion downtown. She's checking with Lucía to make sure everyone has been called and no one has been left out. Write Lucía's answers to Marta's questions. Use the correct direct object pronoun and the cues in parentheses in your answers. (8 points)

16. Lucía, ¿cuándo vas a llamar a Alberto? (ahora mismo)

_____

17. ¿Quién va a invitar a Tomás y Héctor? (Berta)

_____

18. Y me vas a llamar esta tarde, ¿verdad? (sí, a las cuatro)

_____

19. ¿Ya te llamó Jaime? (sí, anoche)

_____

SCORE ☐

D. Marta and her friends had a great time on their excursion, and now her mom is asking her about it. Write Marta's answers to her mom's questions. Use the correct direct object pronouns and the cues in parentheses. (8 points)

20. ¿Quién recomendó la película? (la hermana de Lucía)

_____

21. ¿Quiénes compraron los boletos de cine? (Tomás y Jaime)

_____

22. ¿Quiénes pagaron la cuenta en el café? (todos nosotros)

_____

23. ¿A qué hora tomaste el metro para regresar a casa? (a las seis)

_____

SCORE ☐

TOTAL SCORE ☐ /35

4 ¡Adelante con los estudios!

■ TERCER PASO

I. Listening

A. Listen as Marcela describes some things she likes to do in her free time. Write the letter of the picture that matches her description. (10 points)

| a | b | c | d | e |

1. _____   2. _____   3. _____   4. _____   5. _____   SCORE [   ]

II. Reading

B. Ernesto and Gonzalo are writing notes to each other about the weekend plans. Read their notes. Then answer the questions that follow in English. (10 points)

ERNESTO	Pienso reunirme con unos amigos este sábado. ¿Quieres venir?
GONZALO	Sí. ¿Quiénes van a ir?
ERNESTO	Pues, seguro que va mi amiga Jessica. ¿Ya la conoces?
GONZALO	No, no la conozco todavía. ¿Cómo es ella?
ERNESTO	Ella es muy simpática. ¿Te gustaría también hacer planes para ir al cine?
GONZALO	Sí, me encantaría. Yo puedo ir a comprar los boletos hoy porque no me gusta hacer cola. ¿Compro tres boletos para la película?
ERNESTO	Está bien. Si quieres nos vemos el sábado a las siete en el café. Allí merendamos y después vamos al cine.
GONZALO	Tengo que tomar el metro para llegar al café. ¿Por qué no mejor nos vemos a las siete y media?
ERNESTO	Sí. Yo te hablo el sábado por la mañana. ¿Estás de acuerdo?
GONZALO	De acuerdo. Entonces quedamos en eso. Chao.

  6. What are Gonzalo and Ernesto planning for this weekend?

_____

_____

Quiz 4-3B

7. Who does Gonzalo say he doesn't know?

   _____

8. How does Gonzalo plan on getting to the meeting place?

   _____

9. Why does Gonzalo want to buy the tickets today?

   _____

10. When and where are they getting together?

   _____

SCORE ☐

III. Writing

C. Imagine that a friend is coming to visit you next weekend. Write a short letter to your friend explaining what plans you have for the weekend. Be sure to let your friend know that you need to take some time to study and go to an appointment. You should write at least five sentences. (15 points)

Querido/a _____

11. _____

   _____

12. _____

   _____

13. _____

   _____

14. _____

   _____

15. _____

   _____

SCORE ☐

TOTAL SCORE ☐ /35

CUMULATIVE SCORE FOR QUIZZES 1–3 ☐ /100

¡Adelante con los estudios!

Chapter 4 Test

I. Listening

Maximum Score: 30 points

A. Look at the pictures. Then listen as Clara tells about some people she knows. Based on her descriptions, indicate which person she's talking about. (15 points)

a   b   c   d   e

1. _____   4. _____

2. _____   5. _____

3. _____

SCORE [ ]

B. Jaime's teacher has asked him to stay after class to discuss why he is not doing well. Listen to their conversation. Then read the statements on your test paper. Write **a) if the statement is true** and **b) if the statement is false**. (15 points)

_____ 6. Diego es menos aplicado que Jaime.

_____ 7. La profesora es más exigente que Diego.

_____ 8. Jaime no entrega la tarea a tiempo.

_____ 9. La profesora no conoce a nadie más aplicado que Jaime.

_____ 10. Jaime quiere reunirse con Diego para estudiar.

SCORE [ ]

Holt Spanish 2 ¡Ven conmigo!, Chapter 4   Testing Program **91**

Chapter 4 Test

CAPÍTULO 4

II. Reading

Maximum Score: 30 points

C. Juan sent an e-mail to a pen pal in Spain about his experience at his new school. Write **a)** if the statement is true and **b)** if the statement is false. (18 points)

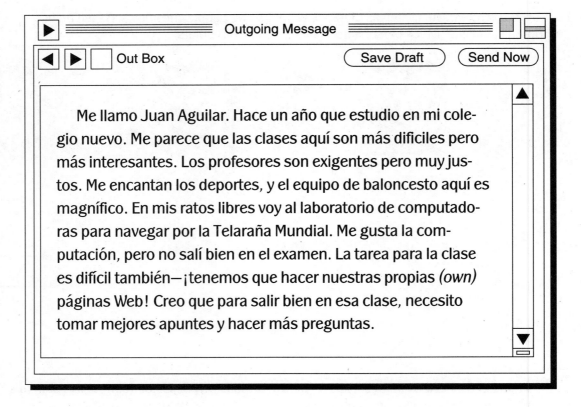

Outgoing Message

Out Box — Save Draft — Send Now

Me llamo Juan Aguilar. Hace un año que estudio en mi colegio nuevo. Me parece que las clases aquí son más dificiles pero más interesantes. Los profesores son exigentes pero muy justos. Me encantan los deportes, y el equipo de baloncesto aquí es magnífico. En mis ratos libres voy al laboratorio de computadoras para navegar por la Telaraña Mundial. Me gusta la computación, pero no salí bien en el examen. La tarea para la clase es difícil también—¡tenemos que hacer nuestras propias *(own)* páginas Web! Creo que para salir bien en esa clase, necesito tomar mejores apuntes y hacer más preguntas.

_____ 11. Juan llegó a su nuevo colegio el año pasado.

_____ 12. A Juan le parece que las clases en este colegio son más interesantes.

_____ 13. El equipo de baloncesto aquí es peor que el equipo del viejo colegio de Juan.

_____ 14. Juan salió muy bien en el examen de computación.

_____ 15. A Juan le gusta la clase de computación.

_____ 16. Para Juan es fácil hacer una página Web.

SCORE _____

Chapter 4 Test

D. Read the following article on study habits. Then read the questions that follow and select the best answer for each one. (12 points)

¿ *Cómo puedo ser mejor estudiante* ?

Ser mejor estudiante es el resultado de muchas cosas.

➡ ¿Dónde y a qué horas estudias? ¿En casa o en la biblioteca?
Necesitas concentrarte bien cuando estudias.

➡ ¿Haces preguntas en clase?
Cuando no entiendes las explicaciones en clase, debes hacer una pregunta.

➡ Cuando estudias o estás en clase, ¿sabes lo que es importante y lo que no es importante?
Analiza la información y decide cuáles son las ideas principales.

➡ ¿Sabes cómo estudiar mejor?
Debes hablar con tus profesores. Ellos pueden ayudarte.

_____ **17.** Cuando estudias, ¿qué es importante hacer?
   a. Hacer una pregunta.
   b. Concentrarme bien.
   c. Hablar con los profesores.

_____ **18.** Clara dice: "No entiendo lo que dice el profesor. ¿Qué hago?"
   a. Clara necesita asistir a clase.
   b. Clara debe estudiar en la biblioteca.
   c. Clara debe hacerle una pregunta al profesor.

_____ **19.** ¿Por qué es importante analizar la información de una clase?
   a. Para decidir cuáles son las ideas más importantes.
   b. Para concentrarte bien.
   c. Para poder hablar con los profesores.

_____ **20.** ¿Qué debes hacer para estudiar mejor?
   a. Hablar con los profesores.
   b. Hablar mucho en clase.
   c. Hablar por teléfono cuando estudias.

SCORE

CAPÍTULO 4

Chapter 4 Test

III. Culture

Maximum Score: 8 points

E. According to what you read in your textbook, read the following statements and write **a)** if the statement is true or **b)** is the statement is false. (6 points)

_____ **21.** Many schools in Latin America offer two daily schedules, one in the morning and one in the afternoon.

_____ **22.** Fewer young people attend universities in Latin America than in the U. S. because of high tuition costs.

SCORE _____

F. Based on the information in your textbook, what are three types of education a student in Mexico could pursue after finishing **secundaria**? (2 points)

23. _____

_____

_____

_____

_____

_____

_____

_____

_____

_____

_____

_____

_____

_____

_____

_____

_____

_____

SCORE _____

Chapter 4 Test

IV. Writing

Maximum Score: 32 points

G. You and a friend agree to do something this weekend. Write a dialogue describing your plans. In your dialogue, you should discuss what you would like to do, when you will pick your friend up or where you will meet, when you would like to go for a snack, and if you will get together with other friends later. (16 points)

24.　　TÚ　_____

_____

25.　AMIGO　_____

_____

26.　　TÚ　_____

_____

27.　AMIGO　_____

_____

28.　　TÚ　_____

_____

29.　AMIGO　_____

_____

30.　　TÚ　_____

_____

31.　AMIGO　_____

_____

SCORE _____

Chapter Test

H. You just received a letter from your cousin who is going to be in high school next year and wants to ask you some questions. Answer your cousin in Spanish. (16 points)

32. ¿Crees que las clases en la secundaria son más fáciles o más difíciles que en la primaria? ¿Por qué?

_____

_____

_____

_____

33. ¿En tu opinión es bueno o malo sacar una nota de 70 en un examen? ¿Por qué?

_____

_____

_____

_____

34. ¿Qué debería hacer un estudiante para salir bien en la clase de español?

_____

_____

_____

_____

35. ¿Cómo son tus profesores de la escuela? ¿Te caen bien?

_____

_____

_____

_____

_____

SCORE [   ]

TOTAL SCORE [   ] /100

CAPÍTULO 4 Chapter Test Score Sheet

I. Listening

Maximum Score: 30 points

A. (15 points)

1. a b c d e
2. a b c d e
3. a b c d e
4. a b c d e
5. a b c d e

SCORE [   ]

B. (15 points)

6. a b
7. a b
8. a b
9. a b
10. a b

SCORE [   ]

II. Reading

Maximum Score: 30 points

C. (18 points)

11. a b
12. a b
13. a b
14. a b
15. a b
16. a b

SCORE [   ]

D. (12 points)

17. a b c
18. a b c
19. a b c
20. a b c

SCORE [   ]

III. Culture

Maximum Score: 8 points

E. (6 points)

21. a b
22. a b

F. (2 points)

23. _____

_____

_____

SCORE [   ]

CAPÍTULO 4

IV. Writing

Maximum Score: 32 points

G. (16 points)

24.   TÚ _____

25. AMIGO _____

26.   TÚ _____

27. AMIGO _____

28.   TÚ _____

29. AMIGO _____

30.   TÚ _____

31. AMIGO _____

SCORE _____

H. (16 points)

32. _____

_____

_____

_____

33. _____

_____

_____

_____

34. _____

_____

_____

_____

35. _____

_____

_____

_____

TOTAL SCORE _____ /100

Quiz 4-1B Primer paso

I. Listening

1. YURIRIA ¿Cómo te fue en la escuela hoy?
   JULIANA No muy bien. En la clase de francés siempre cometo muchos errores en la tarea.
2. YURIRIA El profesor de literatura es excelente. ¿Qué te parece ese profesor?
   SUNANDA Me gusta mucho porque me encanta leer; siempre presto atención.
3. YURIRIA En mi opinión Mauricio es un alumno malo. Nunca entrega las tareas.
   RODRIGO Tienes razón. Creo que Mauricio es muy flojo. Él va a suspender el examen de geometría. Y lo malo es que es tan inteligente.
4. YURIRIA Este año la clase de dibujo me parece muy fácil. ¿En tu opinión es fácil o difícil, Alberto?
   ALBERTO Muy fácil, Yuriria. Sólo hay que seguir las instrucciones del profesor.
5. YURIRIA ¿Quién enseña la clase de español este semestre?
   TOMÁS Es el profesor Martínez. Siempre enseña la clase de español.

Quiz 4-2B Segundo paso

I. Listening

1. MIGUEL Oye, Martín, ¿quién enseña tu curso de español este semestre?
   MARTÍN No sé, Tomás. Creo que es el profesor Garza pero no estoy seguro.
2. ANA Hay un restaurante por aquí cerca que se llama **La Fonda Daniel**. ¿Lo conoces?
   LUIS Claro que lo conozco. La comida que sirven está muy rica.
3. ROSA ¿A qué hora comienza la clase de historia este semestre?
   DOLORES De verdad no sé. Pregúntale a Hortensia. Creo que ella sabe.
4. LUIS Mi prima Margarita es muy buena gente.
   TOMÁS Sí, ya la conozco. Es muy generosa también.
5. MIGUEL ¿Cuánto tiempo hace que vives en esta ciudad, Mari?
   MARI Hace 10 años.
   MIGUEL Pues, la conoces muy bien, entonces.
   MARI Claro que sí.

Quiz 4-3B Tercer paso

I. Listening

MARCELA 1. Siempre hay muchos coches en la ciudad. Prefiero tomar el metro para ir al centro porque es muy difícil tener que estacionar allí.
2. Cuando vamos al centro comercial, nos encanta mirar las vitrinas. Me parece que es más divertido ir cuando no hay gente.
3. Todos los viernes voy a reunirme con mis amigos en el café. Si queremos, hacemos planes para ir a merendar después.
4. Platico con mis amigos en el descanso. Pero cuando regreso a clase soy muy aplicada y siempre presto atención.
5. Siempre tengo que hacer cola para comprar los boletos. También les compro boletos a mis amigos.

CAPÍTULO 4

ANSWERS Quiz 4-1A

A. (7 points: 1 point per item)
1. qué te parece
2. me parece
3. tu opinión
4. para mí/creo que
5. creo que/para mí
6. mi opinión
7. crees que

B. (12 points: 1.5 points per item)
8. sacar
9. seguir
10. apuntes
11. entregar/hacer
12. de memoria
13. hacer
14. repasar
15. cometer

C. (12 points: 1.5 points per item)
16. deja/olvida
17. pierde
18. navega
19. escribe
20. deja/olvida
21. me preocupo
22. prestan
23. aprueban

D. (4 points: 1 point per item)
24. Sí, deberías estudiar todas las noches.
25. No, no deberías hacer la tarea con tus amigos por correo electrónico.
26. No, no deberías preocuparte.
27. Sí, deberías hacer muchas preguntas en clase.

ANSWERS Quiz 4-1B

I. Listening

A. (10 points: 2 points each item)
1. a
2. b
3. b
4. b
5. a

II. Reading

B. (10 points: 2 points each item)
6. cierto
7. cierto
8. falso
9. cierto
10. falso

III. Writing

C. (12 points: 2 points each item)
Answers will vary. Possible answers:
11. Debes seguir las instrucciones del profesor.
12. Siempre debes repasar tus apuntes en casa.
13. Siempre hay que prestar atención en clase.
14. No debes copiar la tarea porque puedes suspender la clase.
15. Es importante hacer muchas preguntas.
16. Debes estudiar mucho para aprobar todos los exámenes.

IV. Culture

D. (3 points: 1.5 points each item)
17. falso
18. cierto

ANSWERS Quiz 4-2A

A. (8 points: 1 point per item)
1. El sargento es exigente.
2. Los muchachos son entusiastas.
3. Leo y Nuria son flojos.
4. María Elena es creativa.
5. Antonio es aplicado.
6. Carlos es torpe.
7. Los estudiantes son generosos.
8. Alicia es responsable.

B. (15 points: 1.5 points per item)
9. es
10. está
11. son
12. Es
13. está
14. está
15. Es
16. estamos
17. es
18. está

C. (7 points: 1 point per item)
19. conocemos
20. conoce a
21. conoce
22. conocen
23. conozco a
24. conocer a
25. conoces a

ANSWERS Quiz 4-2B

I. Listening
A. (10 points: 2 points each item)
1. b
2. c
3. b
4. a
5. c

II. Reading
B. (10 points: 2 points each item)
6. The teachers he has now are better than his previous teachers.
7. The school he goes to now is more interesting than his previous school.
8. He knows a schoolmate named Luis Quintanilla.
9. Luis is taller and thinner than Andrés./Luis is a very good student.
10. Andrés says he is tired.

III. Writing
C. (10 points: 2 points each item)
Answers will vary. Possible answers:
11. Claudia hace más preguntas que Cindy.
12. Miguel toma mejores apuntes que Kim.
13. Claudia es tan aplicada como Miguel.
14. Simón está tan distraído como Kim.
15. Simón es más torpe que Elena.

ANSWERS Quiz 4-3A

A. (12 points: 1.5 points per item)
1. platicaron
2. hicieron
3. tomó
4. caminó, fue
5. merendaron
6. miraron
7. fue, caminó
8. hizo

B. (7 points: 1 point per item)
9. b
10. a
11. b
12. b
13. a
14. b
15. b

C. (8 points: 2 points per item)
16. Lo voy a llamar/Voy a llamarlo ahora mismo.
17. Berta los va a invitar/va a invitarlos.
18. Sí, te voy a llamar/voy a llamarte a las cuatro.
19. Sí, Jaime me llamó anoche.

D. (8 points: 2 points per item)
20. La hermana de Lucía la recomendó.
21. Tomás y Jaime los compraron.
22. Todos nosotros la pagamos.
23. Lo tomé a las seis.

ANSWERS Quiz 4-3B

I. Listening

A. (10 points: 2 points each item)
1. d
2. b
3. c
4. a
5. e

II. Reading

B. (10 points: 2 points each item)
6. They are planning to go out Saturday night to dinner and to the movies.
7. He doesn't know Jessica.
8. He plans on taking the metro.
9. He doesn't want to wait in line.
10. They are getting together at 7:30 p.m. at the café.

III. Writing

C. (15 points: 3 points each item)
11. Este fin de semana pienso hacer muchas cosas.
12. El viernes por la tarde, tengo una cita con el médico.
13. Pero el sábado podemos reunirnos con mis amigos en el centro.
14. Podemos merendar en mi café favorito, mirar las vitrinas o ver una película.
15. Tengo que estudiar por la tarde el domingo.

Scripts for Chapter 4 Test

I. Listening

A. CLARA   1. Nunca mira por donde camina. Es la persona más torpe del mundo. Algún día va a chocar con una pared.

            2. ¡Pero tú no los conoces! Siempre se ponen enfadados cuando regreso tarde a casa. No sé por qué tienen que ser tan estrictos.

            3. Siempre está en la biblioteca. Le encantan los libros o no sé qué. Es muy aplicado.

            4. En los partidos de fútbol siempre gritan y animan a la gente. Son muy entusiastas. No sería partido sin ellos.

            5. Me regaló una cajita de chocolates. Es muy generosa. Me gusta mucho ir a visitarla.

B.

JAIME	Buenas tardes, profesora.
SEÑORA GÓMEZ	Quiero preguntarte algo. ¿Qué te parece la clase? En tú opinión, ¿crees que vas a salir bien?
JAIME	Creo que no. Me parece que soy muy distraído. A veces no puedo prestar atención.
SEÑORA GÓMEZ	Hay que entregar la tarea a tiempo. En mi clase no hay por qué entregarla tarde.
JAIME	Sí, claro. Pero a veces pienso que no sigo las instrucciones bien porque me es difícil hacerla. También a veces la pierdo. Soy un poco torpe, ¿sabe?
SEÑORA GÓMEZ	Tienes que preguntar en clase. ¿De acuerdo? Conozco a un estudiante muy aplicado que puede ayudarte. Él se llama Diego Martínez.
JAIME	Sí, por favor, ¿me podría dar su número de teléfono?
SEÑORA GÓMEZ	Te lo doy mañana. Quiero decirte que Diego es más exigente que yo. Vas a tener que estudiar mucho.
JAIME	Gracias, profesora. Se lo agradezco mucho. Puedo hacer planes para reunirme con él esta semana.

CAPÍTULO 4

I. Listening Maximum Score: 30 points

A. (15 points: 3 points per item)
1. c
2. b
3. d
4. e
5. a

B. (15 points: 3 points per item)
6. b
7. b
8. a
9. b
10. a

II. Reading Maximum Score: 30 points

C. (18 points: 3 points per item)
11. a
12. a
13. b
14. b
15. a
16. b

D. (12 points: 3 points per item)
17. b
18. c
19. a
20. a

III. Culture Maximum Score: 8 points

E. (6 points: 3 points per item)
21. a
22. b

F. (2 points: 2 points per item)
Answers will vary. Possible answer:
23. Students going to college attend an **escuela preparatoria.** There are **escuelas de comercio** for business and vocational students. Students who want to have a career in eletronics go to an **escuela técnica.**

IV. Writing Maximum Score: 32 points

G. (16 points: 4 points per item)
Answers will vary. Possible answers:
24. Este sábado pienso ir a ver una película. ¿Quieres venir conmigo?
25. Sí, me encantaría. ¿Cuándo quieres ir?
26. Me gustaría ir por la tarde, a las cinco. Si quieres, paso por ti antes.
27. No, mejor nos vemos en el cine, a las cinco menos cuarto. ¿Está bien?
28. Sí, de acuerdo. ¿Quieres ir a merendar algo después?
29. Sí. ¿Por qué no vamos a la pizzería?
30. Muy bien. Puedo llamar a Pedro y a Ana también.
31. Está bien. Podemos reunirnos con ellos en la pizzería.

H. (16 points: 4 points per item)
Answers will vary. Possible answers:
32. Pienso que las clases en la secundaria son más difíciles. Tengo más tarea y los profesores son más exigentes.
33. En mi opinión, es malo sacar una nota de 70. Es una "C." Si sacas un 70, deberías estudiar más y hacer muchas preguntas en clase.
34. El estudiante debería entregar la tarea todos los días y aprender de memoria todas las palabras nuevas.
35. Mis profesores son exigentes. Mi profesor de matemáticas es un poco aburrido. Mi profesor de inglés me cae muy bien. Es inteligente y creativo.

CAPÍTULO **5**

¡Ponte en forma!

■ PRIMER PASO

Grammar and Vocabulary

A. Match each thing, activity, or place on the left with the sport or action most logically associated with it on the right. (8 points)

_____ 1. el lago   **a.** estirarse

_____ 2. las montañas   **b.** las artes marciales

_____ 3. las botas y las mochilas   **c.** el atletismo

_____ 4. la pista de correr   **d.** hacer abdominales

_____ 5. la yoga   **e.** el senderismo

_____ 6. el karate   **f.** escalar

_____ 7. el calor   **g.** sudar

_____ 8. el estómago   **h.** el remo

SCORE _____

B. During the hiking club's weekend trip, some people slept in tents and others in cabins. Explain where everyone slept using the correct preterite forms of **dormir**. (5 points)

9. Los guías _____ cerca del lago.

10. ¿Tú _____ en una tienda?

11. Paula _____ en la cabaña pequeña.

12. Yo _____ en la cabaña grande.

13. ¡Todos nosotros _____ muy mal!

SCORE _____

CAPÍTULO 5

C. Everyone in Armando's family went out and did something fun this weekend. Complete his description of where everyone went using the correct preterite forms of **dar**. (5 points)

El sábado por la mañana, Roberto y yo **14.** _____ un paseo en bicicleta por el parque. Por la tarde, mi hermana **15.** _____ un paseo por el centro con sus amigas. Abuelo y papá **16.** _____ un paseo con nuestro perro. El domingo, me levanté temprano y **17.** _____ una caminata por el campo con el grupo de senderismo. ¿Y qué hiciste tú este fin de semana? ¿**18.** _____ una caminata también?

SCORE _____

D. At the health club where you work, you and your coworkers are required to participate in sports and club activities every day. Explain what all of you did last weekend, using the preterite forms of the verbs in parentheses. (12 points)

19. Yo _____ con los clientes una vez. Chela _____ con los clientes tres veces. Leo y Ben _____ con los clientes dos veces. (comer)

20. Chela _____ en dos clases de aeróbicos. Yo _____ en una clase de tenis. Y Leo y Ben _____ en tres clases de remo. (inscribirse)

21. Yo _____ tres millas. Leo y Ben _____ dos millas, y Chela _____ cuatro millas. (correr)

22. Leo y Ben _____ a tres clases de artes marciales. Yo _____ a una clase de yoga. Y Chela _____ a dos clases de natación. (asistir)

SCORE _____

TOTAL SCORE _____ /30

CAPÍTULO

5 ¡Ponte en forma!

■ PRIMER PASO

I. Listening

A. Listen to the following dialogues. Based on what you hear, indicate if the people are talking about **a) something they did recently to stay fit** or **b) something that they usually do to stay fit**. (10 points)

1. a b
2. a b
3. a b
4. a b
5. a b

SCORE ☐

II. Reading

B. Read Rodrigo's article in a magazine about the fitness routine he followed for six months to get in shape. Then read the statements that follow and write **cierto** if the statement is true and **falso** if it's false. (10 points)

> Para estar en plena forma seguí una dieta sana. Dormí ocho horas al día y comí sanamente: comí verduras frescas y fruta todos los días. Comí poca carne. Bebí mucha agua y pocos refrescos. Hice ejercicio también: levanté pesas, hice abdominales y nadé en la piscina todos los días. Es preciso comer bien, dormir lo suficiente y hacer ejercicio para estar en forma.

_____ 6. Rodrigo siguió una dieta balanceada.

_____ 7. Comió carne a veces.

_____ 8. Tomó refrescos todos los días.

_____ 9. Rodrigo no hizo ejercicio nunca.

_____ 10. Nadó en la piscina.

SCORE ☐

C A P Í T U L O 5

Quiz 5-1 B

III. Writing

C. It's time for the sports try-outs at your school. In order to sign you up, the coach needs some information regarding your physical condition and the sports you practiced last year. Answer the coach's questions. (10 points)

11. ¿Sigues una dieta sana y balanceada? Nombra *(name)* tres cosas que comiste la semana pasada.

_____

_____

_____

12. ¿En qué deporte quieres participar este año?

_____

_____

_____

13. ¿Qué haces para estar en plena forma?

_____

_____

_____

14. Por lo general, ¿cuántas horas duermes? ¿Cuántas horas dormiste anoche?

_____

_____

_____

15. ¿Hiciste ejercicio el año pasado además de los deportes que practicaste?

_____

_____

_____

SCORE [ ]

TOTAL SCORE [ ] /30

Holt Spanish 2 ¡Ven conmigo!, Chapter 5

CAPÍTULO 5

¡Ponte en forma!

■ SEGUNDO PASO

Grammar and Vocabulary

A. Agustín is studying for a health test. Help him by writing each term next to its corresponding definition. (5 points)

relajarse	el estrés	entrenarse
hacer régimen	las grasas	

1. Seguir una dieta y comer cosas sanas y bajas en calorías: _____

2. Lo opuesto de sentirse nervioso: _____

3. El acto de practicar mucho para un partido o competencia deportiva:

   _____

4. Lo que las personas sienten cuando tienen mucho trabajo y no duermen lo suficiente:

   _____

5. Grupo de comida muy alto en calorías: _____

SCORE _____

B. The new trainer at the sports club has a strict plan for you. Write what she tells you to do, using informal commands. (15 points)

CLUB DEPORTIVO OLÍMPICO

Plan de entrenamiento

- **6.** _____ (Hacer) 50 abdominales todas las mañanas.
- **7.** _____ (Correr) dos millas, tres veces a la semana.
- **8.** _____ (Respirar) profundamente después de correr.
- **9.** _____ (Comer) bien y **10.** _____ (evitar) la grasa.
- **11.** _____ (Ir) al gimnasio todos los días.
- **12.** _____ (Saltar) la cuerda 100 veces todos los días.
- **13.** _____ (Tener) cuidado al levantar pesas.
- **14.** _____ (Decir) "adiós" a los dulces.
- **15.** _____ (Salir) a caminar todas las tardes.

SCORE _____

CAPÍTULO 5

Quiz 5-2A

C. Someone with a lot of health problems wrote a letter to the advice column of your local paper. Read the letter, then complete the response with the correct negative informal commands. Use the verbs in parentheses. (15 points)

> *Querida Dra. Salud,*
>
> *No sé qué hacer. ¡Soy un desastre! Me gustaría ponerme en forma, pero es difícil.*
>
> *Quiero perder peso, pero sigo comiendo mucho. Sé que necesito seguir una dieta y*
>
> *hacer ejercicio, pero cuando comienzo a hacerlo, lo dejo casi en seguida. Prefiero*
>
> *quedarme en casa, viendo la televisión y comiendo papitas. Y otro problema—no*
>
> *puedo dejar de fumar. ¡Ayúdame!*
>
> *Fernando el flojo*

Querido Fernando,

Primero, no 16. _____ (decir) que eres un desastre, y no 17. _____ (ser) pesimista. Aquí tengo unos consejos para ti:

• No 18. _____ (jugar) con la salud, pues es la cosa más importante.

• No 19. _____ (fumar) más. Fumar es muy malo para la salud.

• No le 20. _____ (añadir) sal a la comida.

• No 21. _____ (comer) muchos dulces ni 22. _____ (comprar) comida muy grasosa. Si tus amigos quieren ir a comer pizza o helado, no 23. _____ (ir) con ellos.

• Después de clases, no 24. _____ (estar) en casa viendo la tele. ¡Ve al parque a caminar!

¡No 25. _____ (buscar) más excusas! Ya sabes lo que necesitas hacer. ¡Sigue mis consejos y pronto te vas a sentir mejor!

SCORE [ ]

TOTAL SCORE [ ] /35

CAPÍTULO 5

CAPÍTULO

5

¡Ponte en forma!

■ SEGUNDO PASO

I. Listening

A. Listen to a radio broadcast on staying fit. Then read the statements that follow and write
a) if the statement makes sense or **b) if the statement doesn't make sense**. (10 points)

_____ 1. Hay que ser flojo.

_____ 2. No comas hamburguesas con papas fritas.

_____ 3. Es importante no ver mucha televisión.

_____ 4. No es importante desarollar un plan de salud.

_____ 5. Haz ejercicio.

SCORE _____

II. Reading

B. Read the following excerpt from a health magazine. Then read the statements that follow and
write **cierto** if the statement is true or **falso** if it's false. (12 points)

POR UNA BUENA SALUD ....

¿Sabes que los animales como los gatos mantienen una buena salud porque sus instintos los llevan a hacer cosas sanas? Ellos toman agua pura para tener una mejor digestión. También duermen lo suficiente. Cuando se levantan de su siesta se estiran. A ellos les fascina estirarse para mover sus músculos. Ya despiertos, corren. Son animales muy ágiles.

¿Qué deberías hacer tú por la salud? Es fácil: sigue el ejemplo de los gatos. Duerme lo suficiente, toma agua, estira los músculos y haz ejercicio a diario.

_____ 6. El artículo habla sobre la salud de los perros.

_____ 7. El agua pura es buena para la digestión.

_____ 8. Les fascina estirarse a los gatos.

_____ 9. El artículo dice que no debemos tomar mucha agua.

_____ 10. Según el artículo, nunca hay que hacer ejercicio.

_____ 11. Los gatos duermen lo suficiente.

SCORE _____

CAPÍTULO 5

Quiz 5-2B

III. Writing

C. Imagine you are an assistant coach at your school. A new student tells you about his or her eating and exercise habits. You must tell the student what to do and what not to do in order to get in shape according to the clues provided. (10 points)

12. ESTUDIANTE Me encantan las hamburguesas o el pollo frito con papas fritas.

    TÚ _____

13. ESTUDIANTE Soy muy flojo/a y no quiero hacer ejercicio. Prefiero mirar la televisión.

    TÚ _____

14. ESTUDIANTE Aunque aumento de peso, nunca quiero seguir una dieta.

    TÚ _____

15. ESTUDIANTE Nunca tengo cuidado cuando levanto pesas en el gimnasio.

    TÚ _____

16. ESTUDIANTE En mi opinión, la comida no sabe bien si no le añado mucha sal.

    TÚ _____

SCORE [   ]

IV. Culture

D. Read the statements about eating habits in a Spanish-speaking country and write **a) cierto** if the statement is true or **b) falso** if it's false. (3 points)

_____ 17. It's common for teenagers in Spanish-speaking countries to have a **merienda** in the afternoon.

_____ 18. **Arepas** and **parva** are popular snacks in Venezuela and Columbia.

SCORE [   ]

TOTAL SCORE [   ] /35

¡Ponte en forma!

Quiz 5-3A

Maximum Score: 35

■ TERCER PASO

Grammar and Vocabulary

A. Write the Spanish word for the parts of the body numbered below. Remember to include the definite article. (12 points)

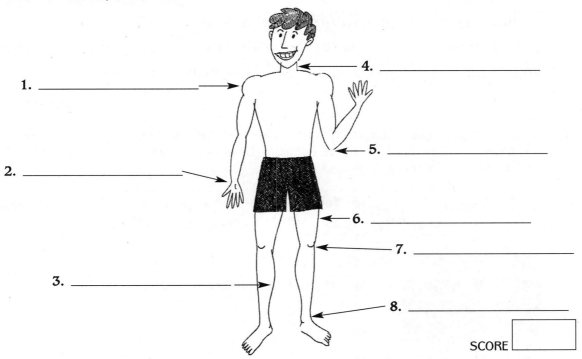

1. _____
2. _____
3. _____
4. _____
5. _____
6. _____
7. _____
8. _____

SCORE [   ]

B. A lot of people at school have gotten the flu recently. Explain what people couldn't do this weekend because they had to rest in bed instead. Use the correct preterite form of **poder**. (9 points)

9. Elisa no _____ hacer yoga.

10. Javier y Mimi no _____ levantar pesas en el gimnasio.

11. Nosotros no _____ entrenarnos para el partido.

12. Florencia no _____ asistir a su clase de natación.

13. Yo no _____ jugar al tenis.

14. ¿Y tú? No _____ correr en el parque, ¿verdad?

SCORE [   ]

CAPÍTULO 5

Quiz 5-3A

C. Martina and some friends had some problems during their recent bike trip. Complete her description of the trip with the correct preterite forms of the verbs in parentheses. (6 points)

Este fin de semana un grupo de amigos y yo fuimos a pasear en bicicleta. ¡Qué desastre!

Primero, Sebastián no pudo venir porque **15.** _____ (enfermarse) la noche anterior.

Luego, Gregorio **16.** _____ (olvidarse) de llevar una chaqueta. Por eso,

17. _____ (quejarse) mucho del frío y lo pasó muy mal. Después, al subir una colina (*hill*), Tere y yo **18.** _____ (cansarse) y no pudimos seguir. Luego, a las doce, decidimos comer—¡pero yo no comí nada, porque no **19.** _____ (acordarse) de poner mi almuerzo en la mochila! Parece que la única persona que lo pasó bien fue Marta. Ella

20. _____ (divertirse) mucho porque le encanta pasear en bicicleta.

SCORE _____

D. Complete the sentences about the injuries or aches of the people pictured below. Use the correct form of one of the verbs in the box with the corresponding body part. Use each verb and part of the body only once. (8 points)

| lastimarse | hacerse daño en | el hombro | la muñeca |
| la rodilla | tener calambre en | el tobillo | torcerse |

Miguel y Elena

21. Miguel y Elena fueron a la pista de correr y _____ .

Antonia

22. Antonia fue al gimnasio y _____ .

Roberto

23. Roberto fue al lago para practicar el remo esta mañana. Ahora

_____ .

Samuel

24. Samuel jugó al fútbol esta mañana y _____ .

SCORE _____ TOTAL SCORE _____ /35

CAPÍTULO

5 ¡Ponte en forma!

■ TERCER PASO

Maximum Score: 35

I. Listening

A. Listen to the conversation between Sarita and her friend Octavio. They are both making excuses for not doing several activities. Then read the statements and write **a) if the statement is true** or **b) if the statement is false**. (12 points)

_____ 1. Octavio y Sarita no pudieron ir al partido de baloncesto.

_____ 2. Los amigos de Sarita siempre se quejan cuando juegan juntos.

_____ 3. A Sarita sólo le gustan las competencias de la escuela porque son más fáciles.

_____ 4. Octavio y Sarita van a inscribirse en un gimnasio.

_____ 5. Sarita opina que Alejandro, Leonor, María Eugenia y los hermanos Menchú sólo tienen excusas.

_____ 6. Octavio se queja porque se hizo daño en la pierna.

SCORE [   ]

II. Reading

B. Everyone seems to have a reason for not exercising or following good advice about staying fit. Match each question or piece of advice on the left with the corresponding response on the right. (10 points)

_____ 7. Oye, ¿por qué no te inscribes en el nuevo gimnasio?

_____ 8. Debes estirarte un poco antes de correr, ¿sabes?

_____ 9. Fuimos al parque ayer después de clases para correr. ¿Por qué no fuiste con nosotros?

_____ 10. Para estar en forma, haz ejercicio tres o cuatro veces por semana.

_____ 11. Para el bienestar es importante tener buenos hábitos en cuanto a la comida.

a. Quería ir pero no pude. Me torcí el tobillo anteayer, y todavía me duele.

b. Me gustaría, pero es que mis padres no me dieron permiso. Piensan que es demasiado caro inscribirse.

c. Sí, pero es que no me gustan las ensaladas y la fruta. Y la comida salada es la que más me gusta.

d. Es que no me gusta estirarme. Cuando lo hago, me duelen las piernas.

e. ¿Tres o cuatro veces por semana? Pues... es que no tengo mucho tiempo libre para hacer ejercicio, ¿sabes?

SCORE [   ]

CAPÍTULO 5

Quiz 5-3B

III. Writing

C. Your friends want to find out why you and your brother and sister were unable to do certain activities. Based on the pictures below, write an explanation in Spanish for not doing each activity pictured. (10 points)

12. Yo _____

_____

13. Mis hermanos y yo _____

_____

14. Mis hermanos _____

_____

15. Nosotros _____

_____

16. Mi hermano _____

_____

SCORE [   ]

IV. Culture

D. Read the statements below. Based on what you read in your textbook, write **cierto** if the statement is true or **falso** if the statement is false. (3 points)

_____ **17.** Un antojito es comida rápida que se come cuando uno tiene prisa o cuando uno anda de excursión.

SCORE [   ]

_____ **18.** Los antojitos son menos nutritivos que los "junk foods" de los Estados Unidos.

TOTAL SCORE [/35]

CUMULATIVE SCORE FOR QUIZZES 1—3 [/100]

CAPÍTULO

5 ¡Ponte en forma!

I. Listening

Maximum Score: 30 points

A. Listen to Jorge talk on the phone about his experience last week. Then read the statements below and write **a) if the statement is logical** or **b) if the statement is not logical**. (15 points)

_____ 1. Jorge y sus amigos son muy irresponsables.

_____ 2. Los amigos de Jorge ganaron la competencia.

_____ 3. Jorge es un deportista que practica la natación.

_____ 4. Jorge y sus dos amigos salieron a comer después de la competencia.

_____ 5. A Jorge le interesa estar en plena forma.

SCORE _____

B. Listen to the conversation between Alejandro and Óscar. Then read the statements and write **a) if the statement is true** or **b) if the statement is false**. (15 points)

_____ 6. Óscar come muchas verduras y frutas.

_____ 7. Óscar prefiere comer comidas con mucha sal y grasa.

_____ 8. Alejandro quiere bajar de peso.

_____ 9. A Óscar le encanta hacer ejercicio.

_____ 10. Alejandro piensa que Óscar debe inscribirse en un gimnasio.

SCORE _____

CAPÍTULO 5

Chapter 5 Test

II. Reading

C. Lola wants to be healthy and get in shape, so she writes to the medical advice column in her paper. Read her description of her daily activities and write **a)** if the statement is advice the doctor might give her or **b)** if it is not what the doctor might advise. (15 points)

> Querido Dr. Sano,
> Quiero mantenerme en forma, pero es muy difícil. Tengo muchas actividades en el colegio este año y no tengo tiempo para hacer ejercicio. Me encanta la comida grasosa como las hamburguesas y las papas fritas. No me gustan las ensaladas. Como mucha carne pero poca fruta. No me gusta tomar agua. Estoy muy ocupada y las actividades, los amigos y el colegio me causan mucho estrés. ¿Qué hago?
> Gracias,
> Lola

_____ 11. Evita el estrés.

_____ 12. No comas frutas ni verduras.

_____ 13. Para el almuerzo, come pollo frito, tacos, pizza o perros calientes.

_____ 14. Salta a la cuerda por media hora.

_____ 15. Toma más agua.

SCORE [   ]

D. Read the following magazine excerpt about how to get in shape. Choose the appropriate response for each item based on what you read. (15 points)

Hay mil maneras de hacerlo. Aquí hay algunos consejos. Come cosas sanas; frutas, verduras y agua dan mucha energía a tu cuerpo. Come comidas con mucha vitamina C, la cual ayuda a quemar la grasa, o la vitamina B, que carga el cuerpo de energía. También es importante la variedad, o sea comer un poco de todo. Si te da hambre entre comidas, escoge comidas sanas, sin grasa y sin sal. Además de lo que comes, es preciso que te muevas. ¡Mueve los músculos! Uno de los ejercicios más completo es caminar. Pero si te gustan los deportes, escoge uno y practícalo. El ciclismo, la natación, el atletismo y los ejercicios aeróbicos son excelentes para mover el cuerpo. No te olvides de estirarte antes de hacer ejercicio. Empieza a energizarte, es cuestión de ahora o nunca.

_____ **16.** Es preciso comer comidas sanas todos los días como _____.
  a. frutas, verduras y hamburguesas
  b. frutas y verduras
  c. agua y vitaminas
  d. dulces y muchos refrescos

_____ **17.** La vitamina C _____.
  a. le da energía al cuerpo
  b. te ayuda a caminar
  c. ayuda a quemar la grasa
  d. mueve tus músculos

_____ **18.** Si te da hambre entre comidas _____.
  a. come dulces
  b. come más por la mañana
  c. mueve los músculos
  d. escoge comida sin grasa y sin sal

_____ **19.** Para mantener una vida sana es preciso que _____.
  a. te muevas
  b. te duermas tarde
  c. te tuerzas el tobillo
  d. tomes muchos refrescos

_____ **20.** Si te gustan los deportes, _____.
  a. duerme lo suficiente
  b. ve un programa deportivo en la televisión
  c. escoge uno y practícalo
  d. debes caminar

SCORE [   ]

CAPÍTULO 5

Chapter 5 Test

III. Culture

E. Based on what you read in the textbook on culture in Spanish-speaking countries, read the following statements and determine whether each one is **a)** true or **b)** false. (6 points)

_____ 21. Some terms for snacks in Spanish are **garnachas**, **antojitos** and **bocadillos**.

_____ 22. In Spanish-speaking countries, students take advantage of government-sponsored sports activities.

SCORE [   ]

F. Based on what you read in the textbook, write a sentence in English describing the policy some schools have in Spanish-speaking countries about vending machines selling refreshments or sandwiches. (4 points)

23. _____

_____

SCORE [   ]

IV. Writing

G. You are an interviewer for a well-known fitness magazine. Write the Spanish questions you would ask to find out the following information. (10 points)

24. why it's important to practice sports

_____

25. what a person should do to lead a healthy life

_____

26. what advice to give to someone who wants to lose weight

_____

27. what a person should do to avoid stress

_____

28. why it's important to stretch before exercising

_____

SCORE [   ]

CAPÍTULO 5

Chapter 5 Test

H. Griselda was taking some risks with her health by not exercising, not eating right, not drinking enough water, and not avoiding stress. Write a short note in which you mention three things she didn't do. Then give her two pieces of advice to improve her health. Write five sentences. (10 points)

29. _____

_____

_____

30. _____

_____

_____

31. _____

_____

_____

32. _____

_____

_____

33. _____

_____

_____

SCORE [ ]

CAPÍTULO 5

Chapter 5 Test

I. Your friends want to find out why you and some other people were unable to attend certain events. Write the Spanish phrase or phrases you would use to make the following explanations. (10 points)

34. I was going to attend the class but I wasn't able.

_____

_____

_____

35. My teacher didn't give Rosa permission to miss class.

_____

_____

_____

36. I wanted to go but I had a stomachache.

_____

_____

_____

37. Well, it's just that we don't like to play basketball.

_____

_____

_____

38. They like to swim but they say the water is too cold.

_____

_____

_____

SCORE [   ]

TOTAL SCORE [   ] /100

CAPÍTULO 5 Chapter Test Score Sheet

I. Listening
Maximum Score: 30 points

A. (15 points)

1. a b
2. a b
3. a b
4. a b
5. a b

SCORE [   ]

B. (15 points)

6. a b
7. a b
8. a b
9. a b
10. a b

SCORE [   ]

II. Reading
Maximum Score: 30 points

C. (15 points)

11. a b
12. a b
13. a b
14. a b
15. a b

SCORE [   ]

D. (15 points)

16. a b c d
17. a b c d
18. a b c d
19. a b c d
20. a b c d

SCORE [   ]

III. Culture
Maximum Score: 10 points

E. (6 points)

21. a b
22. a b

SCORE [   ]

F. (4 points)

23. _____

_____

_____

SCORE [   ]

C A P Í T U L O 5

IV. Writing

Maximum Score: 30 points

G. (10 points)

24. _____

_____

25. _____

_____

26. _____

_____

27. _____

_____

28. _____

_____

SCORE [   ]

H. (10 points)

29. _____

_____

30. _____

_____

31. _____

_____

32. _____

_____

33. _____

_____

SCORE [   ]

I. (10 points)

34. _____

35. _____

36. _____

37. _____

38. _____

SCORE [   ]

TOTAL SCORE [   ] /100

CAPÍTULO 5

Holt Spanish 2 ¡Ven conmigo!, Chapter 5

Quiz 5-1B Primer paso

I. Listening

1.   JOSÉ   Hola, Linda. ¿Cómo estás?
    LINDA   Ay, estoy muy cansada porque corrí cinco millas esta mañana.
2.   LINDA   Oye, Marco, ¿con qué frecuencia asistes a tu clase de ejercicios aeróbicos?
    MARCO   Bueno, la clase es a las dos de la tarde los lunes, martes y miércoles. Siempre trato de asistir.
3.   LINDA   Oye, María, ¡es tarde! ¿Adónde fuiste hoy?
    MARÍA   Bueno, hoy fui al centro y me inscribí en un gimnasio.
4.   JOSÉ   ¿Cuántos abdominales tienes que hacer para estar en forma?
    GUILLERMO   Bueno yo, por ejemplo, hago cincuenta. Es muy difícil pero es necesario.
5.   JOSÉ   Marcos, me parece que estás muy cansado hoy. Dime, ¿duermes lo suficiente?
    MARCOS   Bueno, anoche dormí ocho horas.

Quiz 5-2B Segundo paso

I. Listening

PEDRO   Buenos días, estimado radioyente. Te habla Pedro Ruiz con un mensaje de salud. ¿Subiste de peso durante las vacaciones? Te quiero decir que para estar en plena forma no hay que perderse la oportunidad que te ofrece **Gimnasio mundial**. Desarrolla un plan de salud. Ven a visitarnos hoy mismo y habla con nosotros. Deja de ver televisión y ponte a hacer ejercicios. No te comas esa hamburguesa con papas fritas. ¡Levántate ahora mismo! Te estamos esperando. Llámanos ahora al cuatro dieciséis, sesenta y ocho cincuenta.

Quiz 5-3B Tercer paso

I. Listening

SARITA   Hola Octavio. ¿No te acordaste de venir al partido de baloncesto?
OCTAVIO   No me olvidé. Iba a asistir pero no pude.
SARITA   ¿Qué te pasó? ¿Te cansaste?
OCTAVIO   No me cansé. Bueno, es que me lastimé jugando al tenis.
SARITA   ¿Cómo te lastimaste? ¿Te torciste algo?
OCTAVIO   No. Me hice daño en la pantorrilla. Ahora no puedo correr. ¿Qué tal jugaron ustedes? ¿Se divirtieron?
SARITA   ¡Jugamos muy mal! Alejandro se quejó mucho porque jugamos mal. Leonor se aburrió. María Eugenia no vino porque se enfermó. A los hermanos Menchú no les dieron permiso. Etcétera, etcétera, etcétera. Ya me cansé de problemas y de excusas.
OCTAVIO   Yo también. No hacemos nada bien. ¿Por qué no nos inscribimos en un gimnasio? Allí podemos levantar pesas para la competencia de atletismo de la escuela.
SARITA   No, gracias. Prefiero no participar en la competencia. Pero sí me inscribo en un gimnasio.

C A P Í T U L O   5

CAPÍTULO 5

ANSWERS Quiz 5-1A

A. (8 points: 1 point per item)
1. h
2. f
3. e
4. c
5. a
6. b
7. g
8. d

B. (5 points: 1 point per item)
9. durmieron
10. dormiste
11. durmió
12. dormí
13. dormimos

C. (5 points: 1 point per item)
14. dimos
15. dio
16. dieron
17. di
18. Diste

D. (12 points: 1 point per item)
19. comí, comió, comieron
20. se inscribió, me inscribí, se inscribieron
21. corrí, corrieron, corrió
22. asistieron, asistí, asistió

ANSWERS Quiz 5-1B

I. Listening

A. (10 points: 2 points per item)
1. a
2. b
3. a
4. b
5. a

II. Reading

B. (10 points: 2 points per item)
6. cierto
7. cierto
8. falso
9. falso
10. cierto

III. Writing

C. (10 points: 2 points per item)
Answers will vary. Possible answers:
11. Sí, comí muchas verduras y frutas frescas.
12. Me gustaría practicar el atletismo.
13. Para estar en plena forma hago ejercicio.
14. Por lo general, duermo ocho horas. Anoche dormí siete horas.
15. Sí, asistí a una clase de ejercicios aeróbicos.

Answers to Quizzes 5-2A, 5-2B

ANSWERS Quiz 5-2A

A. (5 points: 1 point per item)
1. hacer régimen
2. relajarse
3. entrenarse
4. el estrés
5. las grasas

B. (15 points: 1.5 points per item)
6. Haz
7. Corre
8. Respira
9. Come
10. evita
11. Ve
12. Salta
13. Ten
14. Di
15. Sal

C. (15 points: 1.5 points per item)
16. digas
17. seas
18. juegues
19. fumes
20. añadas
21. comas
22. compres
23. vayas
24. estés
25. busques

ANSWERS Quiz 5-2B

I. Listening

A. (10 points: 2 points per item)
1. b
2. a
3. a
4. b
5. a

II. Reading

B. (12 points: 2 points per item)
6. falso
7. cierto
8. cierto
9. falso
10. falso
11. cierto

III. Writing

C. (10 points: 2 points per item)
Answers will vary. Possible answers:
12. No comas comida con grasa.
13. No seas flojo/a, haz ejercicio.
14. Haz régimen.
15. Ten cuidado al levantar pesas.
16. No añadas sal a la comida.

IV. Culture

D. (3 points: 1.5 points per item)
17. cierto
18. cierto

CAPÍTULO 5

ANSWERS Quiz 5-3A

A. (12 points: 1.5 points per item)
1. el hombro
2. la muñeca
3. la pantorrilla
4. el cuello
5. el codo
6. el muslo
7. la rodilla
8. el tobillo

B. (9 points: 1.5 points per item)
9. pudo
10. pudieron
11. pudimos
12. pudo
13. pude
14. pudiste

C. (6 points: 1 point per item)
15. se enfermó
16. se olvidó
17. se quejó
18. nos cansamos
19. me acordé
20. se divirtió

D. (8 points: 2 points per item)
Answers may vary. Possible answers:
21. se torcieron el tobillo.
22. se hizo daño en la muñeca.
23. tiene calambre en el hombro.
24. se lastimó la rodilla.

ANSWERS Quiz 5-3B

I. Listening

A. (12 points: 2 points per item)
1. b
2. a
3. b
4. a
5. a
6. a

II. Reading

B. (10 points: 2 points per item)
7. b
8. d
9. a
10. e
11. c

III. Writing

C. (10 points: 2 points per item)
Answers will vary. Possible answers:
12. Yo quería nadar, pero no pude porque me enfermé.
13. Mis hermanos y yo queríamos correr en la competencia, pero no pudimos entrenarnos lo suficiente.
14. Mis hermanos iban a patinar el sábado, pero el viernes se lastimaron jugando al fútbol.
15. Nosotros íbamos a asistir al baile, pero no pudimos. Llegaron unos tíos para visitarnos.
16. Mi hermano quería pasear en bicicleta, pero mis padres no le dieron permiso.

IV. Culture

D. (3 points: 1.5 points per item)
17. cierto
18. falso

I. Listening

A. La semana pasada corrí en la competencia de atletismo. [...] Mis amigos también se inscribieron en la competencia. Lo que pasó fue que los tres corrimos muy bien pero no ganamos. En fin, después de la competencia, salimos a comer. [...] Ya lo sé. Necesitamos estirarnos más para competir mejor en la siguiente competencia. A veces es preciso levantar pesas también para estar fuerte. Tienes razón. [...] Bueno, aunque no ganamos, nos divertimos mucho y mantenemos muy bien nuestra salud.

B.

ALEJANDRO	¡Ay Óscar! Quiero bajar de peso, pero cada vez que hago régimen aumento de peso.
ÓSCAR	Alejandro, ¿qué dieta llevas? ¿Qué comes?
ALEJANDRO	Como muchas verduras y frutas.
ÓSCAR	Hmm. ¿Estás seguro que no le añades sal ni grasa a la comida? ¿Tomas suficiente agua? Para ponerte en forma es preciso hacer ejercicios. ¿Por qué no te inscribes en un gimnasio?
ALEJANDRO	¡Sí, tienes razón! Sabes Óscar, no me gusta hacer ejercicios. Es que me canso y me hace daño. También sudo mucho y después tengo calambres en el hombro y en las rodillas.
ÓSCAR	¡Cuánto te quejas! Si de veras quieres hacer algo por tu salud, tienes que dedicarte.
ALEJANDRO	Sí pero...
ÓSCAR	Mira, Alejandro. ¡Evita la sal y la grasa! ¡Inscríbete en un gimnasio! ¡Levanta pesas! ¡Haz abdominales! ¡Salta a la cuerda! Es por tu bienestar.

Answers to Chapter 5 Test

I. Listening Maximum Score: 30 points

A. (15 points: 3 points per item)
1. b
2. b
3. b
4. a
5. a

B. (15 points: 3 points per item)
6. b
7. b
8. a
9. a
10. b

II. Reading Maximum Score: 30 points

C. (15 points: 3 points per item)
11. a
12. b
13. b
14. a
15. a

D. (15 points: 3 points per item)
16. b
17. c
18. d
19. a
20. c

III. Culture Maximum Score: 10 points

E. (6 points: 3 points per item)
21. a
22. a

F. (4 points)
Answers will vary. Possible answer:
23. Vending machines that sell refreshments and sandwiches are prohibited in some schools.

IV. Writing Maximum Score: 30 points

G. (10 points: 2 points per item)
24. ¿Por qué es importante practicar deportes?
25. ¿Qué debes hacer para llevar una vida sana?
26. ¿Qué debe hacer a una persona que quiere bajar de peso?
27. ¿Qué debes hacer para evitar el estrés?
28. ¿Por qué es importante estirarse antes de hacer ejercicio?

H. (10 points: 2 points per item)
Answers may vary. Possible answers:
29. Griselda, la semana pasada no dormiste lo suficiente y no comiste bien.
30. No hiciste ejercicio.
31. No evitaste el estrés y no te relajaste nunca.
32. Esta semana, dedica una hora todos los días al ejercicio.
33. Respira profundamente cuando estás nerviosa y descansa más.

I. (10 points: 2 points per item)
Answers may vary. Possible answers:
34. Iba a asistir a la clase pero no pude.
35. Mi profesor/a no le dio permiso a Rosa de perder la clase.
36. Quería ir pero tuve dolor de estómago.
37. Bueno, es que no nos gusta jugar al baloncesto.
38. Les gusta nadar pero el agua está muy fría.

CAPÍTULO 6 De visita en la ciudad

■ PRIMER PASO

Grammar and Vocabulary

A. Ben and his family are going to a wedding in the city next weekend. Complete what Ben's sister tells him about their trip with the correct missing words. (12 points)

guía	lancha	autobuses	turistas
conductores	edificios	iglesia	boda

Ben, ya sabes que el próximo fin de semana, vamos a la **1.** _____ de tu prima

Lucila. ¡Te va a encantar la ciudad! Hay muchos **2.** _____ altos y modernos, y

las calles están llenas *(full)* de carros, taxis, motocicletas y **3.** _____ . Todos

los **4.** _____ van muy rápido. La boda de Lucila va a ser el sábado, en una

5. _____ muy bonita. Después, el domingo vamos al río para hacer una

excursión en **6.** _____ . Más tarde, vamos con un grupo de

7. _____ a visitar los monumentos de la ciudad. El

8. _____ nos va a explicar todo, y creo que va a ser muy interesante.

SCORE [_____]

B. Raimundo works at the Tourist Office. Complete the conversation between him and a tourist with the correct missing Spanish expressions. (6 points)

por supuesto	disculpe	Me podría decir	
no estoy seguro	no tengo ni idea		sabe

TURISTA   Señor, **9.** _____ . ¿**10.** _____
                             excuse me   *(Could you tell me)*
    dónde está el Museo de Antropología?

RAIMUNDO   Sí, **11.** _____ . Está en la Plaza Colón, al lado del Banco
                                   (of course)
    de la República.

TURISTA   ¿Y **12.** _____ usted cuánto cuestan las entradas?
                           (do you know)

RAIMUNDO   Pues, **13.** _____ . Creo que cuestan 800 pesos.
                           (I'm not sure)

TURISTA   ¿Y hay descuento para estudiantes?

RAIMUNDO   Lo siento, pero **14.** _____ .   SCORE [_____]
                       (I have no idea)

CAPÍTULO 6

Quiz 6-1A

C. Margarita and her classmates are getting ready for a field trip, but they still have some questions about details. Complete Margarita's explanation of what everyone needs to find out with the correct forms of **saber**. (5 points)

15. La profesora no _____ dónde vamos a almorzar.

16. Daniela y Roberto no _____ a qué hora sale el autobús.

17. Yo no _____ si quiero visitar el museo o el zoológico primero.

18. Ricardo y yo no _____ cuánto dinero necesitamos llevar.

19. ¿Y tú? ¿_____ si todos los estudiantes van o no?

SCORE [ ]

D. Miriam has a summer job as a bilingual tour guide. Complete what she says about her work with the correct form of **saber** or **conocer**. Include the personal **a** if it's required. (12 points)

¡Me encanta trabajar de guía! Ya 20. _____ mucho sobre la historia de nuestra

ciudad. Todos los días leo libros y hablo con otros guías, porque quiero 21. _____

mucho más. También ya 22. _____ bien el centro, especialmente la parte vieja. El

mejor guía del grupo es Ricardo, porque él 23. _____ más información que nadie.

Cuando nosotros no 24. _____ algo, siempre le hacemos preguntas. Hace ocho

años que él trabaja aquí, y por eso 25. _____ muchas personas importantes de la

ciudad. Por ejemplo, él 26. _____ muchos músicos, y por eso siempre

27. _____ dónde y cuándo hay los mejores conciertos.

SCORE [ ]

TOTAL SCORE [/35]

CAPÍTULO 6

■ PRIMER PASO

Maximum Score: 35

I. Listening

A. Mariano has to meet his friend Ana at the museum. He needs to ask for directions in order to get there. Listen to the conversation he has with Mrs. García. Then read the statements below and write **a) if the statement is true** or **b) if the statement is false**. (10 points)

_____ 1. Mariano conoce bien la ciudad.

_____ 2. Mariano no conoce a la señora.

_____ 3. La señora no sabe cuánto cuesta la entrada al museo.

_____ 4. La parada del autobús está muy lejos.

_____ 5. El museo está en la calle del Río San Antonio.

SCORE [   ]

II. Reading

B. The Tourist Office of Villanueva has recently begun giving tours. Answer the questions about the tours based on the information in the flyer. (10 points)

_____ 6. People taking the tour _____.
   a. are given maps by the Tourist Office
   b. are accompanied by guides from the Tourist Office
   c. are taken to the zoo and botanical gardens

_____ 7. The tour goes to _____.
   a. the museum, theater, and other buildings in the downtown area
   b. the church and the historical district
   c. both **a** and **b**

_____ 8. The tour is conducted _____.
   a. on foot
   b. in cars
   c. on buses and boats

_____ 9. The tour leaves from _____.
   a. the bus stop
   b. the Tourist Office
   c. the parking lot

¡Conozca su ciudad!

La Oficina de Turismo le ofrece visitas a nuestra hermosa ciudad.

Las visitas incluyen:
• Paseos por el centro y las zonas históricas con guías de la Oficina de Turismo
• Visitas a la iglesia San Martín y los edificios históricos del centro
• Entradas al Museo de Arte y al Teatro Nacional
• Recorrido en autobuses climatizados con choferes expertos
• Excursión en lancha por el Río Pintado
• Comida en el restaurante Casa Lucho

Salidas:
• Todos los martes a las 9:00 h., desde la parada de autobuses
• Encontrarse al lado del semáforo, esquina Calles Principal y Carranza
• Hay estacionamiento detrás de Turismo

Para más información, llamar al 652-76-78.

CAPÍTULO 6

Quiz 6-1 B

_____ 10. People going on the tour can park _____.
- a. behind the Tourist Office
- b. next to the traffic light
- c. at Casa Lucho restaurant

SCORE [   ]

III. Writing

C. Ask the people in parentheses the following questions by writing the questions in Spanish. (10 points)

MODELO Do you know how to speak German? (your Spanish teacher)
(Escribes) **¿Sabe usted hablar alemán?**

11. Do you know my sisters? (a classmate)

_____

12. Do you know where the bus stop is? (two people in the street)

_____

13. Do you know the science teacher? (Eva and Juan)

_____

14. Do you know how to play a musical instrument? (your best friend)

_____

15. Do you know where to get off the bus? (your neighbor's father)

_____

SCORE [   ]

IV. Culture

D. According to what you read in your textbook about culture in Texas, read the following statements and write **a)** if the statement is true or **b)** if it's false. (5 points)

_____ 16. **Tejano** is a dish prepared in restaurants in San Antonio.

_____ 17. San Antonio is an important center of Mexican American culture.

SCORE [   ]

TOTAL SCORE [/35]

Holt Spanish 2 ¡Ven conmigo!, Chapter 6

CAPÍTULO
6

De visita en la ciudad

■ SEGUNDO PASO

Grammar and Vocabulary

A. Raquel is in the city on business. Look at her schedule, then complete the sentences about her day. Write the correct missing expression in the first blank. In the second blank, write the correct preterite form of the verb in parentheses. (10 points)

```
8:00    wake-up call; e-mail office
8:45    breakfast w/ clients
10:30   meeting—Jefferson Building
12:30   lunch w/ Sandra
3:30    catch train home
```

Después	Para empezar	A continuación
Por último	Luego	

1. _____ , Raquel se despertó a las ocho y _____

   (escribir) unas cartas para mandar a la oficina.

2. _____ , a las nueve menos cuarto, ella _____

   (reunirse) con unos clientes para desayunar.

3. _____ , ella _____ (ir) al Edificio Jefferson para

   ver a otros clientes.

4. _____ , a las doce y media, Raquel y su amiga Sandra

   _____ (comer) juntas.

5. _____ , ella _____ (subirse) al tren a las tres y

   media.

SCORE [   ]

CAPÍTULO 6

Quiz 6-2A

B. Complete the description of Yolanda's upcoming train trip with the missing words. Use each word only once. (12 points)

maletero	andén	taquilla	estación
pasajeros	boletos	vía	ida y vuelta

Hoy Yolanda y Laura empiezan su viaje de Los Ángeles a San Antonio. La semana pasada,

Yolanda llamó para averiguar el precio de los **6.** _____ . El día antes del viaje,

ella fue a la **7.** _____ de tren con su amiga Laura. Las dos hicieron cola en la

8. _____ y por fin compraron los boletos. Yolanda compró uno de

9. _____ , porque piensa regresar a Nueva York en dos semanas. Esta mañana,

las chicas tomaron un taxi a la estación. Un **10.** _____ las ayudó con sus male-

tas y las chicas fueron al **11.** _____ para esperar el tren. Ahora mismo, el tren

llega en la **12.** _____ número 19. Hay muchos otros **13.** _____

subiéndose al tren. Yolanda y Laura están muy contentas, porque va a ser un viaje fabuloso.

SCORE [   ]

C. Emilio's family had a busy time during their tour of San Antonio. Complete his description of what people did with the correct preterite forms of the verbs in parentheses. (8 points)

Primero, Melinda y yo **14.** _____ (hacer) un recorrido por la Villita. Después,

nosotros **15.** _____ (visitar) el Álamo y más tarde, **16.** _____

(subirse) a una lancha. Mi prima Sonia **17.** _____ (decidir) ir primero al Insti-

tuto de Culturas Texanas. Luego, **18.** _____ (sacar) muchas fotos desde la Torre

de las Américas. Más tarde, ella **19.** _____ (ver) las flores y plantas del Jardín

Botánico. Mis tíos y mi primo Carlitos **20.** _____ (explorar) primero el Paseo del

Río y luego fueron al zoológico. ¡A Carlitos le **21.** _____ (encantar) el zoo!

SCORE [   ]

TOTAL SCORE [   ] /30

6 De visita en la ciudad

Maximum Score: 30

■ SEGUNDO PASO

I. Listening

A. Isidoro and his cousin Mónica spent the day in Austin. When they returned to San Antonio, Mónica's mother asked them about their trip. Listen to their conversation. Then read the statements below and arrange them in the correct order in which they occurred by writing the correct letter. One statement refers to an event that didn't happen. Leave it out of your list. (10 points)

_____ 1. Isidoro y Mónica visitaron el Capitolio.

_____ 2. Montaron en bicicleta en el parque.

_____ 3. Isidoro y Mónica compraron un boleto de ida y vuelta por catorce dólares.

_____ 4. Ellos no se subieron a una lancha en el parque.

_____ 5. Comieron unas fajitas en un restaurante.

SCORE [   ]

II. Reading

B. Andrés lost his wallet yesterday. Turn the page and read the information he wrote to help him remember where he went. Then look at the pictures and arrange them in the order they occurred. (10 points)

a.

b.

c.

d.

e.

Quiz 6-2B

Primero cuando salí por la mañana a casa de mis abuelos me subí al autobús.

A continuación me bajé en la parada del Museo de las Culturas. Luego caminé

hasta llegar al restaurante donde trabajan mis abuelos. Allí comí algo. Por la

tarde hacía calor y me quité la chaqueta. Después caminamos mi abuela y yo

a su casa. Miramos un poco la televisión. Y por último, a la hora de

acostarme, me di cuenta de que no tenía la cartera. No sé dónde la dejé.

Creo que ya la perdí.

_____ 6.   _____ 7.   _____ 8.   _____ 9.   _____ 10.

SCORE _____

III. Writing

C. Imagine you were visiting San Antonio yesterday. Complete the sentences describing where you went and the order in which you visited those places. (10 points)

11. Primero _____

   _____

12. A continuación _____

   _____

13. Después _____

   _____

14. Luego _____

   _____

15. Por último _____

   _____

SCORE _____

TOTAL SCORE _____ /30

CAPÍTULO 6

CAPÍTULO

6 De visita en la ciudad

■ TERCER PASO

Grammar and Vocabulary

A. Imagine you're dining in a restaurant you've never been to before. What would you say in the following situations? Write a question or statement in Spanish. (10 points)

1. You want to know what the waiter recommends.

   _____

2. You wonder if the soup is spicy.

   _____

3. You would like to order a mineral water.

   _____

4. You want the waiter to bring you flan for dessert.

   _____

5. You would like the waiter to bring you the bill.

   _____

SCORE [   ]

B. Answer the questions about the diners and waiters at Mesón Rivas, based on the drawing. (6 points)

6. En este momento, ¿quiénes están pidiendo

   la cena? _____

   _____

7. ¿Quién le está dejando una propina a Luis?

   _____

   _____

8. ¿A quiénes les sirve el postre Jaime?

   _____

   _____

C A P Í T U L O 6

Quiz 6-3A

9. ¿Quién les trae la cena a Paco y su mamá?

   _____

10. ¿Quiénes son los meseros?

    _____

11. En total, ¿cuántas personas cenan esta noche en el restaurante?

    _____

    SCORE [　　　]

C. Gisela and some classmates are setting up the food at their school's International Dinner. Complete their conversation about who brought what foods with the correct preterite forms of **traer**. (7 points)

GISELA ¡Cuánta comida! ¿Quiénes **12.** _____ las empanadas? ¿Las

13. _____ tú, Estela?

ESTELA No, no las **14.** _____ . Yo **15.** _____ las tortillas.

GISELA ¿Y el flan? ¿Sabes quién lo **16.** _____ ?

BERNARDO Lo **17.** _____ Ana y yo. Y me parece que Nereida

18. _____ el arroz con pollo.

SCORE [　　　]

D. Rafael writes restaurant reviews for a local paper, and he just visited an awful restaurant. Complete his review with the correct preterite forms of **pedir** and **servir**. (12 points)

¡Qué restaurante tan horrible! Para cenar, yo **19.** _____ (pedir) el bistec,

pero el mesero me **20.** _____ (servir) una hamburguesa. Mi esposa

21. _____ (pedir) una ensalada de frutas... y los meseros le

22. _____ (servir) una ensalada de lechuga y tomate. Daniel y Fabián cenaron

con nosotros. De postre, ellos **23.** _____ (pedir) flan de piña, pero la mesera les

24. _____ (servir) helado de limón. Por último, nosotros

25. _____ (pedir) café, pero ellos nos **26.** _____ (servir) té.

SCORE [　　　]

TOTAL SCORE [　　　 /35]

CAPÍTULO

6 De visita en la ciudad

■ TERCER PASO

I. Listening

A. Andrea and Benito went to a restaurant last Saturday. The waitress was new and didn't get anybody's order right. Listen to their conversation. Then read the questions below and write **a)** if the statement is true or **b)** if the statement is false. (10 points)

_____ 1. La mesera le sirvió sopa y una ensalada a Benito.

_____ 2. Andrea y Benito no dejaron una propina.

_____ 3. La mesera no le trajo sus enchiladas a Andrea.

_____ 4. Benito y Andrea se fueron a otro restaurante.

_____ 5. Benito pidió las enchiladas de pollo.

SCORE [   ]

II. Reading

B. Read Felicia's letter to her parents. Choose the correct word from the word list, then write it in the space provided. If the word is a verb, conjugate it according to the subject. One word will not be used. (10 points)

| traer | servir | ofrecer | sabrosa | dejar | dulce | pedir |

Ayer fuimos a cenar a un restaurante muy lejos de la ciudad. Nosotros

6. _____ las bebidas y la comida. Primero el mesero 7. _____

el té helado y las limonadas. Luego él nos 8. _____ la especialidad de la

casa. Nos encantó la comida. Por último cuando terminamos de comer, pagamos la cuenta

y yo 9. _____ una propina. Recomiendo este restaurante. La comida es muy

10. _____ .

SCORE [   ]

CAPÍTULO 6

Quiz 6-3B

III. Writing

C. Imagine you and a friend went to a very popular restaurant last weekend. In Spanish, describe your meal, following the cues given. (10 points)

11. Explain what the waitperson recommended.

   _____

   _____

12. Describe what you ordered for an appetizer, main course, and to drink.

   _____

   _____

13. Describe the food the waitperson served you. Use at least two adjectives.

   _____

   _____

14. Explain what the waitperson brought for dessert.

   _____

   _____

15. Write why you liked or didn't like the food and restaurant.

   _____

   _____

SCORE _____

IV. Culture

D. Based on what you read about culture in your textbook, read the following statements and write **a)** if the statement is true or **b)** if it's false. (5 points)

_____ 16. **Te invito** is a phrase that means both *I'm inviting you* and *I'd like to pay your way*.

_____ 17. In some Spanish-speaking countries it's customary for someone having a birthday to treat his or her friends to dinner in a restaurant.

SCORE _____

TOTAL SCORE _____ /35

CUMULATIVE SCORE FOR QUIZZES 1–3 _____ /100

Holt Spanish 2 ¡Ven conmigo!, Chapter 6

De visita en la ciudad

I. Listening

Maximum Score: 30 points

A. Emma is taking a train to El Paso. Paco is working at the station. Listen to their conversation. Then read the statements and circle **a) if the statement is true** or **b) if the statement is false**. (15 points)

a   b   **1.** Emma necesita comprar un boleto de ida y vuelta.

a   b   **2.** Paco y Emma están en la taquilla.

a   b   **3.** Paco recomienda que Emma tome el autobús.

a   b   **4.** Emma no sabe dónde está su maleta.

a   b   **5.** El tren sale en treinta minutos.

SCORE [ ]

B. Eugenio has invited Yolanda to dinner. Listen to their conversation. Read the statements below and indicate if the statements are **a) true** or **b) false**. (15 points)

a   b   **6.** Eugenio recomendó la paella valenciana.

a   b   **7.** El mesero recomendó la sopa de tortilla.

a   b   **8.** El mesero trajo unas bebidas deliciosas.

a   b   **9.** Yolanda tiene que salir del restaurante para ir a la estación de tren.

a   b   **10.** Son las ocho en punto.

SCORE [ ]

Chapter 6 Test

II. Reading

C. Claudia and Manolo are having a great time as tourists in the city. Read their letter to their friend Miguel and choose the correct answer for each item. (12 points)

> ¡Hola Miguelito! El lunes llegamos aquí a la ciudad. Pasamos un día entero en el autobús y estamos muy cansados. Nos gustaría regresar en tren, pero ya compramos los boletos de ida y vuelta. Para empezar, el martes fuimos al jardín botánico. ¡Es bellísimo! Tú sabes cómo nos gustan las flores. Luego, fuimos a la torre para ver la ciudad. Después fuimos a cenar en un restaurante muy elegante. Comimos la especialidad de la casa y le dejamos una propina grande al mesero por atendernos muy bien. Por último, regresamos al hotel porque estábamos cansados de andar de turistas. Mañana pensamos ir a un río que está cerca del hotel y también a unas iglesias muy lindas. Mañana vamos a saber cómo llegar al río y a las iglesias. Besos y abrazos.
>
> Claudia y Manolo

_____ **11.** El viaje en autobús tomó _____.
   a. 1 hora
   b. 5 horas
   c. 1 día
   d. 5 días

_____ **12.** Primero, Claudia y Manolo fueron _____.
   a. al restaurante
   b. a la estación de tren
   c. al jardín botánico
   d. a la torre

_____ **13.** Ellos le dejaron una buena propina al mesero _____.
   a. por el buen servicio
   b. porque el restaurante era muy elegante
   c. porque eran turistas
   d. porque les sirvió la especialidad de la casa

_____ **14.** Mañana, ellos van a saber _____.
   a. el precio del hotel
   b. dónde pueden tomar el autobús
   c. dónde está el nuevo hotel
   d. cómo llegar al río y a las iglesias

SCORE _____

CAPÍTULO 6

Chapter 6 Test

D. Read the following description of Paulina's activities in the city. Choose the correct answer for each item based on what you read. (9 points)

> Paulina fue de viaje a la ciudad para encontrarse con su amigo Julio. Ella no conocía muy bien la ciudad. En la parada del autobús, Paulina le preguntó a una señora: "Disculpe, ¿sabe usted qué autobús va a La Torre?" La señora le respondió: "Sí, señorita. El autobús número 12." Paulina y la señora se subieron al autobús juntas y platicaron todo el recorrido. Cuando llegaron a La Torre, Paulina le dio las gracias a la señora y se bajó del autobús. En frente de la taquilla del cine La Torre, Julio esperaba a Paulina. Después de la película, ellos fueron a un restaurante. Comieron comida italiana y conversaron mucho. Julio le pidió la cuenta al mesero y la pagó. Paulina dejó la propina y ambos caminaron de regreso a la parada del autobús.

_____ **15.** Paulina fue de viaje a la ciudad _____.
 a. para platicar con la señora en el autobús
 b. para ver La Torre
 c. para conocer la ciudad
 d. para encontrarse con su amigo Julio

_____ **16.** Julio la esperó _____.
 a. en la taquilla de la estacíon de tren
 b. en el restaurante
 c. en frente de la taquilla del cine
 d. en la parada del autobús

_____ **17.** Julio y Paulina conversaron _____.
 a. en La Torre
 b. en el restaurante
 c. en el cine
 d. en el autobús

SCORE _____

CAPÍTULO 6

Chapter 6 Test

E. Guille wrote a note to Lucas about their plans for Saturday. Read his note, then decide if the statements are a) **cierto** or b) **falso**. (9 points)

> Oye Lucas—
> Lo vamos a pasar muy bien el sábado. ¿Por qué no nos reunimos en el centro a las dos? Para llegar, toma el autobús 18 y baja en la parada en frente de la plaza. Hay un letrero grande que dice "Plaza de las Américas" y vas a ver la torre al lado. ¿Qué te parece si nos encontramos en la taquilla del Cine Coloso?
> 　　　　¡Hasta el sábado!
> 　　　　Guille

_____ **18.** Lucas needs to get on Bus 18 at the stop by the plaza.

_____ **19.** To get off at the right stop, Lucas should look for the sign and the tower.

_____ **20.** The friends will meet at the ticket booth of the theater.

SCORE _____

III. Culture
Maximum Score: 10 points

F. Based on what you read in the chapter about Hispanic culture in Texas, decide if the following statements are a) **cierto** or b) **falso**. (6 points)

_____ **21.** **Tejano**, a kind of dance music with a polka beat, is popular in San Antonio.

_____ **22.** Public transportation is not highly developed in most Spanish-speaking countries.

SCORE _____

G. As you read in your textbook, there is quite a bit of Mexican influence in San Antonio, Texas. Based on what you read, describe two of these influences. Write your answer in English. (4 points)

23. _____

_____

_____

_____

SCORE _____

CAPÍTULO 6

Nombre _____ Clase _____ Fecha _____

IV. Writing

Maximum Score: 30 points

H. Imagine you are visiting San Antonio for the first time and you have the following brochure. Write five questions in Spanish in which you ask for information about the places mentioned. (10 points)

/ **El Mercado.** Un centro de actividad, lleno de gente, comida, productos, compras y restaurantes.

La Villita. Lugar de uno de los primeros poblados de San Antonio, muy cerca del Paseo del Río. Hoy, las casas de adobe sirven de galerías, restaurantes y tiendas.

Parque Histórico Nacional de las Misiones de San Antonio. Visitar las misiones es como volver a los tiempos coloniales cuando España gobernaba Texas hace más de 250 años. Empieza el recorrido con la misión de Concepción. Continúa con la misión de San José—la más grande de las misiones. Por último, visita las misiones de San Juan y Espada.

El Río San Antonio. Las aguas tranquilas y verdes de este río recorren la ciudad, uniendo museos, parques y rascacielos. En el centro, en el Paseo del Río, se encuentran tiendas, cafés y restaurantes. Boletas para ir en lancha están a la venta enfrente de la laguna. ✪

Illustration from front cover of brochure, *San Antonio...El arte de vacacionar...*, 1992, by the Oficina de Convenciones y Visitantes de San Antonio. "El Mercado," "San Antonio Missions National Historical Park," "San Antonio River," and "La Villita," translated into Spanish by Holt, Rinehart and Winston, Inc., from *San Antonio Visitor Map*, 1992. Reprinted by permission of **San Antonio Convention Center and Visitors Bureau.**

24. _____

_____

25. _____

_____

26. _____

_____

27. _____

_____

28. _____

_____

SCORE ▢

C A P Í T U L O 6

Chapter 6 Test

I. Fernando is an exchange student from Colombia. Answer his questions about your town in complete sentences. (10 points)

29. FERNANDO ¿Me podrías decir cuál es tu restaurante favorito?

   TÚ _____

30. FERNANDO ¿Qué te sirvió de comer el mesero o la mesera la última vez que fuiste allí?

   TÚ _____

31. FERNANDO Ya que soy turista, ¿qué puedo hacer para conocer esta ciudad?

   TÚ _____

32. FERNANDO ¿Sabes qué actividades interesantes hay este fin de semana?

   TÚ _____

33. FERNANDO ¡Tengo hambre! ¿Conoces un buen restaurante cerca de aquí?

   TÚ _____

SCORE [ ]

J. Imagine you misplaced a report you wrote and you need to trace your steps from the beginning of the day. Using the vocabulary from the word list, write five sentences describing what you did and where you went in the correct sequence. Use five different verbs. (10 points)

> A continuación   Por último   Luego   Después   Primero

34. _____

_____

35. _____

_____

36. _____

_____

37. _____

_____

38. _____

_____

SCORE [ ]

TOTAL SCORE [/100]

CAPÍTULO 6 Chapter Test Score Sheet

I. Listening

Maximum Score: 30 points

A. (15 points)   **B.** (15 points)

1. a b   6. a b

2. a b   7. a b

3. a b   8. a b

4. a b   9. a b

5. a b   10. a b

SCORE [   ]   SCORE [   ]

II. Reading

Maximum Score: 30 points

C. (12 points)   **D.** (9 points)   **E.** (9 points)

11. a b c d   15. a b c d   18. a b

12. a b c d   16. a b c d   19. a b

13. a b c d   17. a b c d   20. a b

14. a b c d

SCORE [   ]   SCORE [   ]   SCORE [   ]

III. Culture

Maximum Score: 10 points

F. (6 points)

21. a b

22. a b   SCORE [   ]

G. (4 points)

23. _____

_____

_____

_____

SCORE [   ]

CAPÍTULO 6

IV. Writing

Maximum Score: 30 points

H. (10 points)

24 _____

_____

25. _____

_____

26. _____

_____

27. _____

_____

28. _____

SCORE ⬚

I. (10 points)

29. _____
30. _____
31. _____
32. _____
33. _____

SCORE ⬚

J. (10 points)

34. _____

_____

35. _____

_____

36. _____

_____

37. _____

_____

38. _____

_____

SCORE ⬚

TOTAL SCORE ⬚ /100

Holt Spanish 2 ¡Ven conmigo!, Chapter 6

CAPÍTULO 6

Quiz 6-1B Primer paso

I. Listening

MARIANO Disculpe, señora. No conozco la ciudad. ¿Sabe usted cómo llego al museo?

SEÑORA Sí, claro. Sé que está en la calle del Río San Antonio. Pero está lejos de aquí. Debe subir a un autobús para llegar más rápido.

MARIANO ¿Me podría decir dónde está la parada? ¿Puedo ir caminando o está lejos?

SEÑORA La parada del autobús está cerca. ¿Conoce usted el edificio que tiene el letrero muy grande?

MARIANO Conozco uno que está al lado de una iglesia.

SEÑORA Sí, allí está la parada, donde está el semáforo. Suba al autobús y le pregunta al conductor dónde se baja. Seguramente él sabe dónde está el museo.

MARIANO Y, ¿sabe usted cuánto cuesta la entrada?

SEÑORA Lo siento, pero no tengo ni idea. Allí lo puede averiguar.

MARIANO Muchas gracias, señora. Es usted muy amable.

SEÑORA De nada. Adiós. ¡Que tenga mucha suerte!

Quiz 6-2B Segundo paso

I. Listening

MÓNICA Hola, mamá. Ya regresamos de Austin. Es una ciudad muy bonita.

SRA. CALLES Y, ¿cómo les fue? ¿Les gustaría regresar?

ISIDORO Primero fuimos a visitar el Capitolio.

MÓNICA No. Para empezar, llegamos tarde y fuimos a un restaurante a comer unas fajitas.

ISIDORO Sí. Después de todo eso fuimos al parque Zilker y montamos en bicicleta.

SRA. CALLES Y, ¿no subieron a una lancha?

MÓNICA No, porque no encontramos la taquilla para comprar los boletos.

SRA. CALLES Y, ¿cuánto les costó el boleto del autobús?

ISIDORO El boleto de ida y vuelta nos costó catorce dólares.

MÓNICA Y por último cenamos antes de regresar a casa.

Quiz 6-3B Tercer paso

I. Listening

BENITO Yo no pedí sopa, señorita. Yo sólo pedí ensalada. Y la ensalada que usted trajo está muy salada. No me la puedo comer.

MESERA Ay, disculpe. Ahora se la cambio. ¿Desea pedir otra cosa?

BENITO Sí. Una orden de nachos no muy picantes, por favor.

ANDREA ¿A mí me puede traer la comida? Todavía no me sirvió usted nada.

MESERA ¿Qué es lo que usted pidió de comer?

ANDREA Usted me recomendó las enchiladas de pollo.

MESERA Bueno, se las traigo y en unos minutos les traigo el flan.

ANDREA Creo que la mesera no sabe servir la comida. No me gusta este restaurante.

BENITO Ay, no seas así. No hace mucho tiempo que trabaja aquí. Déjala tranquila.

ANDREA Pues, en mi opinión yo prefiero ir a otro lado. ¡Vámonos!

BENITO ¡Qué va! No nos vamos a ir. Pronto nos va a servir la comida. Y también vamos a dejarle una buena propina.

C A P Í T U L O 6

ANSWERS Quiz 6-1A

A. (12 points: 1.5 points per item)
  1. boda
  2. edificios
  3. autobuses
  4. conductores
  5. iglesia
  6. lancha
  7. turistas
  8. guía

B. (6 points: 1 point per item)
  9. disculpe
  10. Me podría decir
  11. por supuesto
  12. sabe
  13. no estoy seguro
  14. no tengo ni idea

C. (5 points: 1 point per item)
  15. sabe
  16. saben
  17. sé
  18. sabemos
  19. Sabes

D. (12 points: 1.5 points per item)
  20. sé
  21. saber
  22. conozco
  23. sabe
  24. sabemos
  25. conoce a
  26. conoce a
  27. sabe

ANSWERS Quiz 6-1B

I. Listening

A. (10 points: 2 points per item)
  1. b
  2. a
  3. a
  4. b
  5. a

II. Reading

B. (10 points: 2 points per item)
  6. b
  7. c
  8. c
  9. a
  10. a

III. Writing

C. (10 points: 2 points per item)
  11. ¿Conoces a mis hermanas?
  12. ¿Saben ustedes dónde está la parada del autobús?
  13. ¿Conocen al/a la profesor/a de ciencias?
  14. ¿Sabes tocar un instrumento musical?
  15. ¿Sabe usted dónde bajarse del autobús?

IV. Culture

D. (5 points: 2.5 points per item)
  16. b
  17. a

Holt Spanish 2 ¡Ven conmigo!, Chapter 6

ANSWERS Quiz 6-2A

A. (10 points: 2 points per item)
1. Para empezar, escribió
2. A continuación, se reunió
3. Después, fue
4. Luego, comieron
5. Por último, se subió

B. (12 points: 1.5 points per item)
6. boletos
7. estación
8. taquilla
9. ida y vuelta
10. maletero
11. andén
12. vía
13. pasajeros

C. (8 points: 1 point per item)
14. hicimos
15. visitamos
16. nos subimos
17. decidió
18. sacó
19. vio
20. exploraron
21. encantó

ANSWERS Quiz 6-2B

I. Listening

A. (10 points: 2 points per item)
1. a
2. c
3. d
4. *(blank)*
5. b

II. Reading

B. (10 points: 2 points per item)
6. a
7. b
8. e
9. c
10. d

III. Writing

C. (10 points: 2 points per item)
Answers will vary. Possible answers:
11. Primero, fui al Álamo.
12. A continuación, me encontré con unos amigos en La Villita.
13. Después, nosotros caminamos por el Paseo del Río.
14. Más tarde, nos subimos a un autobús y fuimos a la Misión Concepción.
15. Por último, hicimos un recorrido por el distrito King Williams.

CAPÍTULO 6

ANSWERS Quiz 6-3A

A. (10 points: 2 points per item)
Answers will vary. Possible answers:
1. ¿Qué me recomienda?
2. ¿La sopa está muy picante?
3. Para mí, un agua mineral.
4. De postre, me trae un flan.
5. Me trae la cuenta, por favor.

B. (6 points: 1 point per item)
6. los Villar
7. el señor Ramos
8. a los Méndez
9. Tomás
10. Luis, Tomás y Jaime
11. siete personas

C. (7 points: 1 point per item)
12. trajeron
13. trajiste
14. traje
15. traje
16. trajo
17. trajimos
18. trajo

D. (12 points: 1.5 points per item)
19. pedí
20. sirvió
21. pidió
22. sirvieron
23. pidieron
24. sirvió
25. pedimos
26. sirvieron

ANSWERS Quiz 6-3B

I. Listening

A. (10 points: 2 points per item)
1. b
2. b
3. a
4. b
5. b

II. Reading

B. (10 points: 2 points per item)
6. pedimos
7. sirvió
8. trajo
9. dejé
10. sabrosa

III. Writing

C. (10 points: 2 points per item)
Answers will vary. Possible answer:
11. La mesera recomendó la sopa de pollo y los espaguetis.
12. Para cenar, pedí la sopa de pollo y el bistec. Para tomar, pedí agua mineral.
13. La mesera me sirvió una sopa riquísima. El bistec que me sirvió fue horrible.
14. De postre, ella me trajo helado de fresa.
15. No me gustó el restaurante, pero sí me gustó la mesera. Fue muy rápida.

IV. Culture

D. (5 points: 2.5 points per item)
16. a
17. a

I. Listening

A.   **PACO**   Buenas tardes, señorita. ¿En qué puedo servirle?

      EMMA   Primero necesito averiguar en dónde compro un boleto de ida y vuelta a El Paso. Hay mucha gente en el andén y no encuentro la taquilla.

      PACO   Ésta es la taquilla, señorita.

      EMMA   Entonces, a continuación necesito averiguar cuánto cuesta el boleto de ida y vuelta.

      PACO   Cuesta muchísimo, pero es un viaje muy interesante. ¿Ya conoce usted el recorrido en tren?

      EMMA   No lo conozco. Sé que es muy bonito porque pasa al lado del río. Desde el tren se ven las lanchas con los turistas. ¿Me podría decir a qué hora sale el tren?

      PACO   Sí, por supuesto. Sale en treinta minutos. El boleto cuesta veintidós dólares.

      EMMA   Muy bien. Déme por favor un boleto de ida y vuelta.

B.   **MESERO**   ¿Qué les ofrezco de tomar? ¿Ya saben qué van a pedir?

    EUGENIO   Para mí, un agua mineral y para ella una limonada.

    YOLANDA   ¿Qué nos recomienda? ¿Cuál es la especialidad de la casa?

    MESERO   Les recomiendo la sopa de tortilla para empezar y luego la paella valenciana que es para dos personas. De postre hoy tenemos un delicioso flan de coco y una rica torta de queso.

    EUGENIO   Por favor, nos trae la sopa de tortilla y la paella.

    YOLANDA   Sí, me parece muy bien. Gracias.

    MESERO   Ya vuelvo con sus bebidas. Con permiso.

    YOLANDA   Eugenio, ¿me podrías decir qué hora es?

    EUGENIO   Sí, por supuesto. Son las siete y media.

    YOLANDA   ¡Nos tenemos que ir! Se me olvidó algo muy importante. Tengo que recoger a mi amiga Estela. Ella llega de San Antonio en media hora a la estación de tren.

    EUGENIO   Pero Yolanda, ¡acabamos de ordenar! El mesero ya nos va a traer las bebidas.

    YOLANDA   Bueno, págale por las bebidas y explícale la situación. Después de todo no nos sirvió nada todavía.

    EUGENIO   Está bien. Y luego, ¡vámonos!

C A P Í T U L O 6

Answers to Chapter 6 Test

I. Listening Maximum Score: 30 points

A. (15 points: 3 points per item)
1. a
2. a
3. b
4. b
5. a

B. (15 points: 3 points per item)
6. b
7. a
8. b
9. a
10. b

II. Reading Maximum Score: 30 points

C. (12 points: 3 points per item)
11. c
12. c
13. a
14. d

D. (9 points: 3 points per item)
15. d
16. c
17. b

E. (9 points: 3 points per item)
18. b
19. a
20. a

III. Culture Maximum Score: 10 points

F. (6 points: 3 points per item)
21. a
22. b

G. (4 points)
23. Mexican influence is seen in the Missions and in traditions such as food and music.

IV. Writing Maximum Score: 30 points

H. (10 points: 2 points per item)
Answers will vary. Possible answers:
24. ¿Me podría decir a qué hora abren el Mercado?
25. Disculpe, ¿sabe cuánto cuestan los boletos para ir en lancha?
26. ¿Sabe usted si hay autobuses para ir a la Misión de San Juan?
27. ¿Qué restaurante del Mercado me recomienda usted?
28. ¿Sabe usted dónde están las galerías en La Villita?

I. (10 points: 2 points per item)
Answers will vary. Possible answers:
29. Por supuesto. Mi restaurante favorito se llama Casa Nápoli.
30. La última vez que fui, el mesero me sirvió una ensalada grande y una pizza.
31. Debes subirte a un autobús y hacer un recorrido por la ciudad.
32. Sí, este fin de semana hay un concierto en el parque al lado del río.
33. Sí, conozco un restaurante excelente. ¡Vamos!

J. (10 points: 2 points per item)
Answers will vary. Possible answers:
34. Primero, salí de casa para ir al colegio.
35. A continuación, me subí al autobús.
36. Después de llegar al colegio, fui a la cafetería para desayunar.
37. Luego, a las ocho en punto, mis amigos y yo asistimos a la primera clase.
38. Por último, después de clases, jugué al voleibol en el gimnasio.

CAPÍTULO 6

Midterm Exam Capítulos 1–6

I. Listening

Maximum Score: 30 points

A. Alicia and Marcos are writing captions for the photos in their yearbook. Marcos has some information on each student and is reading it to Alicia. As Marcos reads the captions, match each one with the appropriate photo. (5 points)

   a   b   c   d   e

1. _____   2. _____   3. _____   4. _____   5. _____

SCORE _____

B. Imagine that you are spending some time in a Spanish-speaking country and are frequently asked certain kinds of questions. Listen to some of the questions and select the most appropriate answer from the ones listed. (5 points)

_____ 6. **a.** Empecé a estudiar el año pasado.

        b. No tengo tiempo de estudiar ahora.

_____ 7. **a.** Mi pasatiempo favorito es jugar al tenis.

        b. ¿Tu pasatiempo favorito es coleccionar videojuegos?

_____ 8. **a.** Todos son muy independientes.

        b. Es bajo y tiene el pelo muy corto. Es muy guapo.

_____ 9. **a.** Siempre saco buenas notas en mi clase de álgebra.

        b. Saqué una A.

_____ 10. **a.** Sí, levanto pesas todos los días en el gimnasio.

        b. No, tengo mucha tarea.

SCORE _____

C. Rosana's friend Myrna wrote to her and asked her about how things were going with her and what things were like in her new school. As you listen to Rosana proofread her response letter, indicate whether the statements below are **a) cierto** or **b) falso**. (10 points)

_____ 11. Rosana doesn't like her school.

_____ 12. Rosana's school is located downtown.

_____ 13. There is a park very close to her school.

_____ **14.** Rosana doesn't have many friends yet.

_____ **15.** Rosana doesn't go out very often.

_____ **16.** Rosana does a lot to stay in shape.

_____ **17.** Rosana's classes are all going well.

_____ **18.** Rosana got a B on her last exams.

_____ **19.** Rosana is confident about her grades.

_____ **20.** Rosana went to the beach last weekend.

SCORE _____

D. Paco has written a letter to his school counselor. Listen to his letter and answer the questions that follow. Then listen to her response and answer the questions that follow. (10 points)

_____ **21.** Paco wrote this letter to _____.
a. get to know the counselor
b. explain a problem
c. get information about college

_____ **22.** Paco describes a situation with _____.
a. one of his classmates
b. his parents
c. one of his teachers

_____ **23.** Paco is most worried about _____.
a. possibly failing the class
b. not getting into college
c. not making any friends

_____ **24.** How did Paco do on the first test?
a. He failed the test.
b. He passed the test.
c. He arrived late and missed the test.

_____ **25.** What does Paco want the counselor to do?
a. Get him some information on possible colleges.
b. Move him to another class.
c. Talk to his teacher.

_____ **26.** What's the first thing Señora Santos tells Paco to do?
a. She tells him not to be nervous.
b. She asks him to come see her in her office.
c. She tells him to talk to his teacher.

_____ **27.** What did Señora Santos do to help solve the problem?
a. She asked Professor Martínez to go easier on Paco.
b. She set up a meeting between Paco, his teacher, and herself.
c. She recommended that Paco try harder.

_____ **28.** What is Professor Martínez's impression of Paco?
a. He doesn't have one.
b. He thinks he doesn't try hard enough.
c. He thinks he is a good student.

Holt Spanish 2 ¡Ven conmigo!, Midterm Exam

_____ 29. How does the professor think Paco will do in his class?
  a. He doesn't know.
  b. He thinks he will do poorly.
  c. He thinks he will do well.

_____ 30. When does Señora Santos expect to see Paco?
  a. After the next test.
  b. On Friday at 2 in the afternoon.
  c. On Thursday morning.

SCORE [   ]

II. Reading

Maximum Score: 30 points

E. Leti just won an award for best all-around student at your school, and is now being interviewed for the school paper. Read the questions, then choose the most logical answer for each. (10 points)

_____ 31. Leti, felicidades por el premio *(prize)*. ¿Cómo estás hoy?
  a. Pues, estoy un poco preocupada porque tengo un examen mañana.
  b. Estoy muy deprimida porque gané el premio.
  c. Este año, estoy en la clase de química con la profesora Sanz.

_____ 32. ¿Qué haces para sacar buenas notas y aprobar los exámenes?
  a. Juego en el equipo de voleibol y también toco la guitarra.
  b. Tomo buenos apuntes y hago muchas preguntas en clase.
  c. Duermo solamente cuatro horas todas las noches.

_____ 33. ¿Y qué haces los fines de semana?
  a. Normalmente me levanto a las seis de la mañana para ir al colegio.
  b. Le gusta mucho salir con sus amigos.
  c. Me encuentro con amigos en el centro.

_____ 34. ¿Te interesa la música?
  a. Sí, hace veinte años que toco el violín.
  b. Sí, en mis ratos libros me encanta navegar por la Red.
  c. Sí, este año estoy tomando clases de piano.

_____ 35. Leti, eres una atleta excelente. ¿Qué haces para mantenerte en forma?
  a. Ayer salí a correr y después preparé una ensalada.
  b. El año que viene, quiero jugar en los equipos de fútbol y tenis.
  c. No me gusta montar en bici porque es muy aburrido.

_____ 36. ¿Quién es mejor: el profesor de matemáticas o el profesor de inglés?
  a. Sí, conozco a los dos profesores. El profesor de inglés es muy buena gente.
  b. Creo que el profesor de matemáticas es más alto y delgado que el de inglés.
  c. Pienso que el profesor de matemáticas es más entusiasta e interesante que el profesor de inglés.

_____ 37. ¿Tienes que ayudar mucho en casa?
  a. Sí, ayer hice el pastel para la fiesta y compré los regalos.
  b. Sí, ayer hice las camas, saqué la basura y luego barrí el suelo.
  c. Sí, ayer me desperté tarde y me bañé en cinco minutos.

_____ 38. ¿Cómo empieza un día típico para ti?
  a. Bueno, después de despertarme y vestirme, desayuno con mi familia.
  b. Generalmente me acuesto tarde, después de leer un rato.
  c. No me gusta levantarme temprano los fines de semana.

_____ 39. Este año tengo problemas en la clase de geografía. ¿Qué me recomiendas?
  a. ¿Por qué no nos reunimos esta tarde para mirar las vitrinas?
  b. No sé. No conozco a la profesora de geografía. ¿Cómo es?
  c. Deberías repasar la materia todas las noches y prestar mucha atención en clase.

_____ 40. ¿Te gustaría comer en el restaurante mexicano con nosotros esta noche?
  a. Sí, hay que subir por la Avenida Ciprés. El restaurante está al lado de la estación de autobuses.
  b. Sí, me trae los espaguetis y una ensalada. Y de postre, quisiera el helado de fresa.
  c. Sí, me gustaría ir a ese restaurante porque todavía no lo conozco. ¿A qué hora vamos?

SCORE _____

F. First read the tourist flyer from San Antonio. Then read the sentences and decide which phrase best completes the idea, based on the reading. (5 points)

El Mercado. Un centro de actividad, lleno de gente, comida, productos, compras y restaurantes.

La Villita. Lugar de uno de los primeros poblados de San Antonio, muy cerca del Paseo del Río. Hoy, las casas de adobe sirven de galerías, restaurantes y tiendas.

Parque Histórico Nacional de las Misiones de San Antonio. Visitar las misiones es como volver a los tiempos coloniales cuando España gobernaba Texas hace más de 250 años. Empieza el recorrido con la misión de Concepción. Continúa con la misión de San José—la más grande de las misiones. Por último, visita las misiones de San Juan y Espada.

El Río San Antonio. Las aguas tranquilas y verdes de este río recorren la ciudad, uniendo museos, parques y rascacielos. En el centro, en el Paseo del Río, se encuentran tiendas, cafés y restaurantes. Boletos para ir en lancha están a la venta enfrente de la laguna. ❁

_____ 41. El Mercado de San Antonio _____.
  a. es el sitio perfecto para montar en bicicleta y saltar a la cuerda
  b. es un centro comercial y turístico
  c. es un lugar sin mucha actividad

_____ 42. De La Villita _____.
  a. puedes caminar al Paseo del Río
  b. tienes que tomar un autobús al Paseo del Río
  c. puedes ver las misiones

_____ 43. Las misiones _____.
  a. se construyeron *(were built)* hace 150 años
  b. son recuerdos del gobierno español en Texas
  c. ahora son restaurantes para los turistas

"El Mercado," "San Antonio Missions National Historical Park," "San Antonio River," and "La Villita," translated into Spanish by Holt, Rinehart and Winston, Inc., from *San Antonio Visitor Map,* 1992. Reprinted by permission of **San Antonio Convention Center and Visitors Bureau.**

_____ 44. En El Mercado de San Antonio _____.
  a. no se permite comer porque es un museo
  b. hay tres misiones
  c. puedes ir de compras y encontrarte con amigos

_____ 45. Deberías visitar El Río San Antonio _____.
  a. para subir la Torre y tener una vista de toda la ciudad
  b. para nadar
  c. para recorrer los parques, museos y lugares turísticos de la ciudad

SCORE _____

Nombre _____ Clase _____ Fecha _____

G. Read the interview and decide whether the following statements are **a)** true or **b)** false. Choose **c)** if there is not enough information. (5 points)

ESTRELLA Gracias, Luis Manuel, por la entrevista. Sabemos que estás muy ocupado con tu nueva película de acción. Pero, ¿qué haces para ponerte en forma?

LUIS MANUEL Pues, la verdad es que normalmente corro todos los días y levanto pesas. También nado por la tarde.

ESTRELLA ¿Qué te gusta hacer los fines de semana?

LUIS MANUEL Casi siempre trabajo los fines de semana, pero me gusta practicar el ciclismo. Cuando estoy cerca del océano, me gusta bucear. Hace tres años que practico el buceo. Me fascina.

ESTRELLA Y, con respecto a la comida, ¿sigues una dieta?

LUIS MANUEL Claro que sí. Como mucha fruta y verduras pero poca carne. Tengo que comer bien para tener la energía necesaria.

_____ **46.** Luis Manuel está ocupado con una nueva película de amor.

_____ **47.** Luis Manuel es atlético y practica varios deportes.

_____ **48.** Empezó a bucear porque lo hacía su hermana.

_____ **49.** A Luis Manuel no le importa la dieta.

_____ **50.** Luis Manuel no sabe nadar.

SCORE _____

H. Now read the interview again and decide how Luis Manuel would answer each question below. (5 points)

_____ **51.** Luis, ¿qué te gusta hacer en tus ratos libres?
   a. Bueno, me gusta leer y estudiar.
   b. Me encantan los deportes, así que estoy siempre en el gimnasio o el parque.
   c. Me gusta no hacer nada; prefiero relajarme y estar solo.

_____ **52.** ¿Qué tipo de película te gusta hacer?
   a. Prefiero las películas de acción como la que hago ahora.
   b. Me gustan más las películas dramáticas.
   c. Prefiero hacer programas de televisión.

_____ **53.** ¿Crees que es importante comer mucha carne?
   a. Sí, la carne es necesaria para la energía. Yo como bastante.
   b. Para nada. Yo nunca la como. ¡No comas carne!
   c. Creo que la carne no es mala para la salud, pero no deberías comer demasiado.

_____ **54.** ¿Qué planes tienes para este fin de semana?
   a. Bueno, tengo que trabajar como siempre, pero me encantaría bucear también.
   b. Pienso ir de compras y tomar el sol.
   c. No tengo planes. Voy a pasar el fin de semana en la biblioteca.

_____ **55.** ¿Por qué crees que estás en plena forma?
   a. Porque no como mucha carne, hago ejercicio y levanto pesas.
   b. Porque trabajo siempre.
   c. Porque me relajo mucho, duermo bastante
       y no hago demasiado ejercicio.

SCORE _____

I. Read the information about Barcelona. Then decide whether the people describing their trips went
   a) to Barcelona or **b)** somewhere else. (5 points)

Barcelona es una ciudad monumental. Es la capital de Cataluña, un centro importante de cultura, de arte y de historia. ¿Por qué no paseas por las calles del Barrio Gótico?

También puedes ver la famosa Catedral de la Sagrada Familia y el maravilloso Parque Güell. ¿Qué tal si vas a un café en las Ramblas o visitas el Museo Picasso?

Barcelona está cerca de las bellas playas de la Costa Brava. También, no está lejos de los excelentes centros de esquí en Andorra.

Con la Agencia de Viajes Hispantur, puedes visitar Barcelona por sólo 21,000 pesetas.

_____ **56.** Querido Raúl, me encantó esta ciudad. Es la capital de Castilla. Fui a esquiar y vi muchos museos.

_____ **57.** Querida Daniela, esta ciudad es magnífica. Fui a varios museos y aprendí mucho sobre la cultura e historia de Cataluña.

_____ **58.** Querida mamá, no te puedes imaginar lo bonita que es esta ciudad. Ya fui a la playa y tuve la oportunidad de esquiar en las montañas cerca de Francia.

_____ **59.** Querido Miguel, te gustaría mucho la arquitectura de esta ciudad. La catedral es enorme y muy interesante. En el Barrio Gótico se ven edificios históricos y muy hermosos.

_____ **60.** Querido papá, estoy muy bien. Ayer fui de compras y luego comí en un café. Mañana pienso hacer una excursión a Portugal en bicicleta.

SCORE _____

III. Culture

Maximum Score: 15 points

J. Marianne will be traveling to Spain and some Latin American countries. Using information you know, choose **a) sí** or **b) no** to answer her questions. (10 points)

_____ **61.** Is it always easy to spot a Spanish-speaking person?

_____ **62.** Does the term **americano** only refer to a resident of the United States?

_____ **63.** I have heard that in Spain dinner is served around 9 P.M. or later. Is that true?

_____ **64.** Are cafeterias and eating at school common in Spain?

_____ **65.** Is it true that fewer people in Latin America attend college because tuition is so expensive?

_____ **66.** Do students in Mexico attend different types of schools for certain careers?

_____ **67.** Do most women in Spanish-speaking countries spend more time doing household chores than men?

_____ **68.** Are temperatures measured in degrees Fahrenheit in Mexico?

_____ **69.** Is it common for extended families to live together in Latin America?

_____ **70.** Do teenagers spend a lot of free time doing group activities?

SCORE [____]

K. Write five ways in which the lives of young people in Spanish-speaking countries are different from those of young people in the United States. (5 points)

71. _____

_____

_____

_____

_____

SCORE [____]

IV. Writing

Maximum Score: 25 points

L. Read the problems your friends describe to you, then write some advice for each friend. (10 points)

72. No sé qué hacer. No me gusta la clase de historia. La profesora Rosales es tan aburrida. ¿Qué hago?

_____

_____

73. No tengo nada de energía. ¿Qué me recomiendas?

_____

_____

74. Siempre me toca hacer todos los quehaceres. A mi hermana nunca le toca hacer nada. ¿Qué puedo hacer?

_____

_____

75. Quiero ir a la fiesta de Mariana, pero tengo un examen el lunes. ¿Qué me sugieres?

_____

_____

SCORE [ ]

M. Describe five things that Camelia, Ana, and Tomás need to do to clean the house. (5 points)

76. _____

_____

_____

_____

_____

_____

_____

_____

_____

SCORE [ ]

N. You are a tourist in a big city. Using five different verbs, write five things you did and the order in which you did them. (10 points)

77. _____

_____

_____

_____

_____

_____

SCORE [ ]

TOTAL SCORE [ ] /100

Nombre _____ Clase _____ Fecha _____

Midterm Exam Score Sheet

Circle the letter that matches the most appropriate response.

I. Listening

Maximum Score: 30 points

A. (5 points)

1. a b c d e
2. a b c d e
3. a b c d e
4. a b c d e
5. a b c d e

SCORE [   ]

B. (5 points)

6. a b
7. a b
8. a b
9. a b
10. a b

SCORE [   ]

C. (10 points)

11. a b
12. a b
13. a b
14. a b
15. a b
16. a b
17. a b
18. a b
19. a b
20. a b

SCORE [   ]

D. (10 points)

21. a b c
22. a b c
23. a b c
24. a b c
25. a b c
26. a b c
27. a b c
28. a b c
29. a b c
30. a b c

SCORE [   ]

II. Reading

Maximum Score: 30 points

E. (10 points)

31. a b
32. a b
33. a b
34. a b
35. a b

36. a b c
37. a b c
38. a b c
39. a b c
40. a b c

SCORE [   ]

F. (5 points)

41. a b c
42. a b c
43. a b c
44. a b c
45. a b c

SCORE [   ]

G. (5 points)

46. a b c
47. a b c
48. a b c
49. a b c
50. a b c

SCORE [   ]

H. (5 points)

51. a b c
52. a b c
53. a b c

54. a b c
55. a b c

SCORE [   ]

I. (5 points)

56. a b
57. a b
58. a b

59. a b
60. a b

SCORE [   ]

Holt Spanish 2 ¡Ven conmigo!, Midterm Exam

III. Culture

Maximum Score: 15 points

J. (10 points)

61. a b   66. a b
62. a b   67. a b
63. a b   68. a b
64. a b   69. a b
65. a b   70. a b

SCORE [   ]

K. (5 points)

71. _____
    _____
    _____
    _____
    _____

SCORE [   ]

IV. Writing

Maximum Score: 25 points

L. (10 points)

72. _____
    _____

73. _____
    _____

74. _____
    _____

75. _____
    _____

SCORE [   ]

M. (5 points)

76. _____

_____

_____

_____

_____

_____

_____

_____

SCORE [ ]

N. (10 points)

77. _____

_____

_____

_____

_____

_____

_____

_____

_____

_____

_____

_____

_____

_____

SCORE [ ]

TOTAL SCORE [ ] /100

I. Listening

A.
1. Aquí se ve a Tomás, el deportista más famoso de la escuela. Le gusta el fútbol pero le encantan los otros deportes. Cuando juega con su equipo, siempre trata de ganar.
2. Mariana es buena deportista también. Pasa mucho tiempo en la pista corriendo. Corre una hora antes de la escuela y una hora después de la escuela. Ganó primer lugar en la competencia este año.
3. A Chepina le choca ir al cine porque cree que las películas son aburridas. Pero lo que sí le gusta es estar afuera. Monta en bicicleta todos los fines de semana.
4. ¿Reconoces a Isaac? Es muy chistoso. Le gustan los deportes pero le fascina el cine. Siempre cuando puede, va al cine a ver una película.
5. El famoso Sergio. Es muy aplicado. Siempre va a la biblioteca a estudiar. Le gusta mucho leer. Su novela favorita es **Cien años de soledad.**

B.
6. ¿Cuánto tiempo hace que estudias español?
7. ¿Cuál es tu pasatiempo favorito?
8. ¿Cómo son tus amigos en los Estados Unidos?
9. ¿Qué nota sacaste en el último examen de español?
10. ¿No vas a ir a la fiesta con nosotros?

C.

ROSANA   Querida Myrna, gracias por tu carta tan agradable. Yo estoy muy bien. ¿Cómo estás tú? Aquí estoy yo en mi nueva escuela y parece que todo va bien. Mi escuela es muy bonita. Está en el centro de la ciudad pero está en el parque. Me gusta mucho. Ya tengo muchos amigos también. Son muy divertidos y simpáticos. Todos los fines de semana salimos juntos. Por ejemplo, el sábado pasado fuimos al cine y luego a un café. El domingo nos reunimos todos para hacer ejercicios. Mi amigo Manuel practica las artes marciales y levanta pesas. Nos ayudó a estar en plena forma. Todas mis clases van muy bien también. Creo que voy a salir bien en todas. Saqué una A en dos de mis últimos exámenes así que no tienes que preocuparte tanto. Oye, ¿cuándo vas a visitarme? La semana que viene mis amigos y yo vamos a ir a la playa. Puedes venir si quieres. Bueno pues, ya tengo que irme. Escríbeme cuando puedas.

D.

PACO   Querida Señora Santos, Disculpe, pero ¿me podría ayudar con un problema que tengo con uno de mis profesores? Lo que pasa es que el profesor Martínez es muy estricto. El problema es que yo no entiendo bien la materia y me parece que él no quiere ayudar. El otro día traté de hacerle una pregunta y él no me contestó porque dijo que ya debería saber la respuesta. Un día, tuve un problema con mi carro y no pude llegar a clase a tiempo. Cuando entré en la sala, el profesor quedó muy enfadado. Tampoco me dejó explicar. ¿Qué puedo hacer? Soy nuevo en la escuela y no conozco a muchos estudiantes. Ya suspendí el primer examen y no puedo suspender el segundo si quiero aprobar la clase. ¿Podría usted hablar con él? Necesito ayuda y ahora tengo miedo de hablarle.

SRA. SANTOS   Estimado Francisco. Claro que te puedo ayudar. Estoy para servirte. Hay dos cosas que tienes que hacer. Primero, no estés nervioso. Conozco bien al profesor Martínez. Ya hablé con él y está listo para ayudarte. Segundo, ven a mi oficina a hablar conmigo y con él. Vamos a reunirnos nosotros tres para hablar del problema. El profesor Martínez dice que cree que eres un buen estudiante y que está seguro de que vas a salir bien en su clase. Entonces quedamos en vernos este viernes a las dos de la tarde. Pasa por aquí entonces. Nos vemos.

Answers to Midterm Exam

I. Listening Maximum Score: 30 points

A. (5 points: 1 point per item)
1. d
2. a
3. c
4. b
5. e

B. (5 points: 1 point per item)
6. a
7. a
8. a
9. b
10. b

C. (10 points: 1 point per item)
11. b
12. a
13. a
14. b
15. b
16. a
17. a
18. b
19. a
20. b

D. (10 points: 1 point per item)
21. b
22. c
23. a
24. a
25. c
26. a
27. b
28. c
29. c
30. b

II. Reading Maximum Score: 30 points

E. (10 points: 1 point per item)
31. a
32. b
33. c
34. c
35. a
36. c
37. b
38. a
39. c
40. c

F. (5 points: 1 point per item)
41. b
42. a
43. b
44. c
45. c

G. (5 points: 1 point per item)
46. b
47. a
48. c
49. b
50. b

H. (5 points: 1 point per item)
51. b
52. a
53. c
54. a
55. a

I. (5 points: 1 point per item)
56. b
57. a
58. a
59. a
60. b

III. Culture Maximum Score: 15 points

J. (10 points: 1 point per item)
61. b
62. b
63. a
64. b
65. b
66. a
67. a
68. b
69. a
70. a

K. (5 points: 1 point per item)
71. Answers will vary.

IV. Writing Maximum Score: 25 points

L. (10 points: 2.5 points per item) Answers will vary for items 72 to 75.
M. (5 points: 1 point per item) Answers will vary for item 76.
N. (10 points: 2 points per item) Answers will vary for item 77.

CAPÍTULO

7

¿Conoces bien tu pasado?

■ PRIMER PASO

Grammar and Vocabulary

A. Rogelio is interviewing his great-uncle Guillermo about growing up in Ponce. Complete what his great-uncle says with the correct imperfect forms of the verbs in parentheses. (11 points)

En aquel entonces, nosotros **1.** _____ (vivir) en Ponce, donde papá y mamá

2. _____ (tener) un pequeño restaurante. Ellos **3.** _____

(trabajar) día y noche. Por eso, después de clases mi hermana y yo **4.** _____

(ayudar) en el restaurante. Siempre me **5.** _____ (gustar) estar allí. Nuestros

vecinos *(neighbors)* y amigos **6.** _____ (venir) casi todos los días a pasar el

rato y comer algo. ¡Mamá **7.** _____ (saber) preparar los mejores platos de toda

la ciudad! Ella y yo **8.** _____ (cocinar) juntos a veces, y a veces yo

9. _____ (lavar) los platos. Mi hermana **10.** _____ (preferir)

hablar con la gente, y por eso generalmente ella y papá **11.** _____ (servir) la

comida.

SCORE _____

B. Luisa is talking about where everyone used to go on summer vacation when they were little. Complete what she says with the correct imperfect form of **ir**. (5 points)

12. Mi amigo Manuel _____ a las montañas para visitar a sus tíos.

13. Mi hermana Gloria y yo _____ a San Juan para ver a nuestros abuelos.

14. Fernando y sus hermanos _____ a la playa, a la casa de sus primos.

15. A veces, en agosto yo _____ a la casa de mi amiga Laura en Ponce.

16. ¿Y tú? Típicamente _____ a Santo Domingo durante el mes de julio, ¿verdad?

SCORE _____

C. When he was little, Luis watched a lot of television with his family. Complete his statements about the programs everyone usually watched, using the correct imperfect form of **ver**. (5 points)

17. Mamá típicamente _____ películas de amor.

18. Papa y tío Lucho siempre _____ partidos de fútbol los domingos.

19. Martina y yo _____ los dibujos animados *(cartoons)* los sábados por la mañana.

Quiz 7-1A

20. Y yo _____ muchos programas sobre animales también.

21. ¿Y tú? Cuando eras joven, ¿ _____ televisión con tu familia?

SCORE ☐

D. Explain what everyone generally did in the park when they were little, based on the drawing. Use the correct imperfect form of one of the verbs listed. Each verb will be used once. (14 points)

| hacer travesuras | soñar con | construir | trepar a los árboles | |
| asustarse | contar chistes | compartir | pelear |

MODELO   **Antonia trepaba a los árboles.**

22. Patricio _____ .

23. David _____ .

24. Mis amigos y yo _____ .

25. Sergio y Diego _____ .

26. Chela _____ .

27. Nelson _____ .

28. César y Dani _____ .

SCORE ☐

TOTAL SCORE ☐ /35

CAPÍTULO 7

Nombre _____ Clase _____ Fecha _____

CAPÍTULO 7

¿Conoces bien tu pasado?

■ PRIMER PASO

Maximum Score: 35

I. Listening

A. Martín is showing some old family pictures to his friend Pedro. Write the letter of the picture that best matches Martín's description. (12 points)

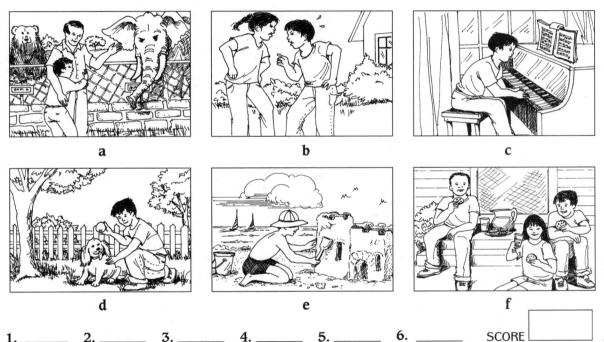

| a | b | c |
| d | e | f |

1. _____ 2. _____ 3. _____ 4. _____ 5. _____ 6. _____   SCORE [   ]

II. Reading

B. Rosa has written statements about herself and her family. Write **de niño(a)** if the event occurred in the past and **ahora** if the event is happening in the present. (10 points)

_____ 7. Mi sobrino Carlos tiene cinco años y quiere ser doctor.

_____ 8. Mi primo Marcos odiaba pelearse con sus compañeros de clase.

_____ 9. Mi hermana Andrea sueña con ser arquitecta y vivir en París.

_____ 10. Mi otra hermana Laura y yo íbamos todos los fines de semana a casa de Marcos para jugar.

_____ 11. Cuando mi prima Dora era niña, jugaba conmigo casi todas las tardes. Trepábamos a los árboles y compartíamos todo. Era mi mejor amiga.

SCORE [   ]

Holt Spanish 2 ¡Ven conmigo!, Chapter 7

Testing Program **173**

Quiz 7-1B

III. Writing

C. Write whether or not you used to like doing each of the following activities when you were younger, and explain if you feel differently about it now. (10 points)

> MODELO   estudiar ciencias
> *(Escribes)* **De chiquito odiaba las clases de ciencias, pero ahora me fascinan y quiero ser doctor.**

12. leer las tiras cómicas

_____

_____

13. trepar a los árboles

_____

_____

14. contar chistes

_____

_____

15. ir al centro comercial

_____

_____

16. hacer travesuras

_____

_____

SCORE ☐

IV. Culture

D. Explain one thing in Latin American or Spanish cities that reminds us of the past. Write your answer in English. (3 points)

17. _____

_____

_____

_____

SCORE ☐

TOTAL SCORE ☐ /35

CAPÍTULO 7

CAPÍTULO

7

¿Conoces bien tu pasado?

■ SEGUNDO PASO

Grammar and Vocabulary

A. Complete Alonso's description of his next-door neighbors by choosing the correct word from the choices in parentheses. (8 points)

Doña Jacinta es una señora muy simpática. Es alegre **1.** ____ (y/e) inteligente. Su hijo, Ramón,

vive con ella. Tiene veintidós **2.** ____ (o/u) veintitrés años, y estudia lenguas en la universidad.

¡Sabe hablar alemán, japonés **3.** ____ (y/e) inglés! En el futuro, a Ramón le gustaría trabajar en

los Estados Unidos **4.** ____ (o/u) Europa. Ramón tiene un perro que se llama Chito. Es bastante

viejo; tiene siete **5.** ____ (o/u) ocho años. No me gusta Chito porque es un perro travieso **6.** ____

(y/e) también impaciente. Cuando Ramón sale a caminar con Chito, el perro quiere correr al

parque **7.** ____ (y/e) explorar allí. Cuando Chito era joven, siempre se escapaba de *(escaped*

from) Ramón **8.** ____ (y/e) iba por todo el pueblo, haciendo travesuras.

SCORE _____

B. Samuel is looking at his photo album and describing the way people were when they were little. Write what he says, using the correct imperfect form of **ser** and the correct form of a logical adjective from the list. Use each adjective once. (14 points)

bondadoso	egoísta	solitario	conversador
consentido	aventurero	impaciente	

Mi primo Iván

Mis amigos y yo

Cristóbal

9. _____

_____

_____

10. _____

_____

_____

11. _____

_____

_____

CAPÍTULO 7

Quiz 7-2A

Yo

12. _____

_____

_____

Mis hermanas

13. _____

_____

_____

Mi prima Raquel

14. _____

_____

_____

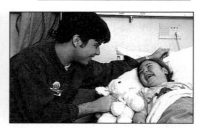

Mi hermano Víctor

15. _____

_____

_____

SCORE _____

C. Jaime's grandmother is describing what the neighborhood used to look like when she was young. Complete what she says with **hay** or **había**. (8 points)

Pues, cuando yo era niña, la ciudad era pequeña y no **16.** _____ muchos edificios

grandes. Ahora creo que **17.** _____ demasiado tráfico y demasiadas personas. En

fin, en aquel entonces, **18.** _____ una tienda pequeña cerca de nuestra casa adonde

íbamos todos los domingos a comprar dulces. Allí **19.** _____ una señora muy sim-

pática que siempre nos regalaba dulces. Ahora no **20.** _____ ninguna tienda allí ni

nada—sólo **21.** _____ un estacionamiento enorme. ¡Qué triste! Claro, hoy en día

22. _____ más carros en la ciudad que los que **23.** _____ en el pasado.

SCORE _____

TOTAL SCORE _____ /30

CAPÍTULO 7

¿Conoces bien tu pasado?

SEGUNDO PASO

Maximum Score: 30

I. Listening

A. Luisa's grandmother is showing her some pictures of different places in her old hometown. Write the letter of the picture that matches each of her descriptions. (8 points)

a

b

c

d

e

1. _____   3. _____

2. _____   4. _____

SCORE _____

II. Reading

B. Read the following descriptions of a group of friends when they were younger. Choose the statement in the box that best describes each of the friends. (10 points)

_____ **6.** A Javier le gustaba hablar mucho en clase.

_____ **7.** Manuel era muy bueno. Siempre ayudaba a todos los demás miembros de su familia.

_____ **8.** Antonio viajaba por el continente africano todos los veranos con sus padres.

_____ **9.** Pedro nunca pensaba en otras personas. Sólo pensaba en él mismo todo el tiempo.

_____ **10.** Los padres de Miguel siempre le compraban de todo.

> **a.** Era consentido.
> **b.** Era aventurero.
> **c.** Era bondadoso.
> **d.** Era conversador.
> **e.** Era egoísta.

SCORE _____

Quiz 7-2B

III. Writing

C. What was life like in the past? Write sentences describing each person or group. Use the correct form of the adjective given and the verb in the imperfect. (12 points)

MODELO   Marcos/conversador/hablar
(Escribes) **En aquellos tiempos Marcos era conversador. Siempre hablaba por teléfono con sus amigos.**

11. Laura y Eva/consentido/tener

_____

_____

12. Ernesto/egoísta/compartir

_____

_____

13. Berta/solitario/jugar

_____

_____

14. mis hermanos y yo/aventurero/trepar

_____

_____

15. Lola/bondadoso/cuidar

_____

_____

16. Chuy/impaciente/odiar

_____

_____

SCORE [   ]

TOTAL SCORE [   ] /30

CAPÍTULO 7

¿Conoces bien tu pasado?

■ TERCER PASO

Grammar and Vocabulary

A. You are at a family reunion, listening to everyone describe relatives and neighbors from their child-hoods. Read each description, then choose the comparison that best fits each person. (9 points)

_____ 1. A mi hermana Mónica le encantaba ir a la escuela. Todas las mañanas, ella salía de casa corriendo y cantando.

_____ 2. Tío Martín era muy buena persona pero ¡uf!, cómo le gustaba hablar. Y hablaba de cosas que a nadie le interesaban.

_____ 3. Cuando teníamos problemas, siempre hablábamos con doña Carmela. Era una mujer tan inteligente y responsable. Y muy honesta también—siempre nos decía la verdad en todo.

_____ 4. ¿Y Roberto? Pues, nunca daba problemas, siempre ayudaba en casa, sacaba notas buenas... en fin, era el hijo perfecto.

_____ 5. En aquel entonces papá trabajaba en un hospital. Se levantaba temprano y trabajaba todo el día, el pobre. Le gustaba el trabajo, pero siempre estaba cansado.

_____ 6. Recuerdo que el hijo de doña Paula era un atleta excelente. Practicaba muchos deportes—el atletismo, la natación, el remo. Era alto y grande, y tenía brazos enormes.

a. Era tan bueno como un ángel.

b. Era tan fuerte como un toro.

c. Era tan feliz como una lombriz.

d. Era tan aburrido como un pato.

e. Era tan noble como un perro.

f. Dormía tan bien como un lirón.

SCORE [   ]

B. Raimundo made a chart comparing his new school in Texas with his old school in New York. Write a sentence about each item in his chart, making a comparison of equality between the two schools. (12 points)

MODELO **El colegio aquí es tan moderno como el de Nueva York.**

	Texas	Nueva York
el colegio	Es moderno.	También era moderno.
7. los estudiantes	Me parecen aplicados.	También eran aplicados.
8. las clases	Todas son interesantes.	Sí, también.
9. los profesores	¡Muy exigentes!	También.
10. el director	Creo que es justo.	También me parecía justo.
11. los exámenes	¡Qué difíciles son!	Sí, eran muy difíciles.
12. la cafetería	¡Es horrible!	También era horrible.

CAPÍTULO 7

Quiz 7-3A

7. _____

8. _____

9. _____

10. _____

11. _____

12. _____

SCORE [ ]

C. Marcos and Yoli were very competitive when they were growing up, and tried to follow in one another's footsteps exactly. Write comparisons explaining how their competitive spirit led them to do identical things. Follow the model and use the cues given. (14 points)

MODELO   quehaceres (hacer)
Yoli hacía tantos quehaceres como Marcos.

13. horas al día (estudiar)

_____

14. libros (leer)

_____

15. tarea (tener)

_____

16. notas altas (sacar)

_____

17. deportes (practicar)

_____

18. fiestas (ir a)

_____

19. instrumentos musicales (tocar)

_____

SCORE [ ]

TOTAL SCORE [ ] /35

¿Conoces bien tu pasado?

■ TERCER PASO

I. Listening

A. Eusebio Machado is reminiscing about the good old days. Or were they bad old days? Based on what Machado says, mark the statements that follow **a) cierto** or **b) falso**. (10 points)

_____ 1. Cuando era joven, la vida le fascinaba a Eusebio.

_____ 2. El sistema de calefacción en su casa era muy bueno.

_____ 3. No necesitaban el aire acondicionado.

_____ 4. Eusebio iba al lago por el agua.

_____ 5. Las lámparas de calle eran de gas y eran muy bonitas.

SCORE _____

II. Reading

B. Esteban has begun writing descriptions of his friends. Help him complete the descriptions by writing the letter of the phrase that best completes each statement. (10 points)

6. Rodrigo le ayuda a su mamá a cuidar a sus hermanitos. Es...

7. María José es honesta y siempre defiende a sus amigos. Es...

8. Parece que Raquel siempre está de buen humor. Es...

9. Alma puede levantar un carro. Es...

10. Nada despierta a Tomás. Duerme...

a. tan feliz como una lombriz.

b. tan fuerte como un toro.

c. tan bien como un lirón.

d. tan bueno como un ángel.

e. tan noble como un perro.

6. _____

7. _____

8. _____

9. _____

10. _____

SCORE _____

Quiz 7-3B

III. Writing

C. Describe the people in each item by making comparisons of equality. Use the correct form of the verbs **ser** or **tener**. (15 points)

11. Andrea y Juana/flojo/Elisandro

_____

_____

12. Enrique/dinero/Victoria

_____

_____

13. María/egoísta/Cristóbal

_____

_____

14. Yuri y Juliana/juguetes/Rodrigo

_____

_____

15. Víctor y yo/conversador/Marta e Isabel

_____

_____

SCORE [   ]

TOTAL SCORE [   ] /35

CUMULATIVE SCORE FOR QUIZZES 1–3 [   ] /100

CAPÍTULO 7

¿Conoces bien tu pasado?

I. Listening

Maximum Score: 30 points

A. Listen as Raúl tells Consuelo what he used to be like. Match each of his descriptions to the correct picture. (15 points)

a

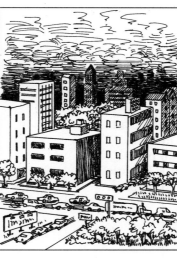

b

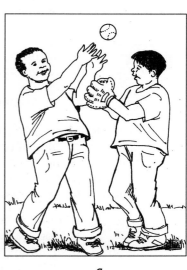

c

d

e

1. _____

2. _____

3. _____

4. _____

5. _____

SCORE [ ]

CAPÍTULO 7

Chapter 7 Test

B. Listen to Yolanda's reminiscences about people from her childhood. Choose the phrase that best describes what her friends did and what they were like. (15 points)

_____ **6.** Los amigos de Yolanda eran...
    a. ruidosos.
    b. simpáticos.
    c. solitarios.
    d. fuertes.

_____ **7.** Su amigo Alonso era...
    a. aventurero.
    b. conversador.
    c. tímido.
    d. impaciente.

_____ **8.** Maritza y Wilfredo son tan...
    a. fuertes como un toro.
    b. nobles como un perro.
    c. felices como dos lombrices.
    d. aburridos como un pato.

_____ **9.** Ahora, Luisa y Tere son ...
    a. doctoras.
    b. aventureras.
    c. arquitectas.
    d. profesoras.

_____ **10.** Mariana era...
    a. tímida.
    b. solitaria.
    c. egoísta.
    d. simpática.

SCORE [　　　]

CAPÍTULO 7

II. Reading

Maximum Score: 30 points

C. Wanda Reyes is a famous author from Caguas, Puerto Rico. In her well-known novel, *Los cuatro gatos*, written and published in the year 2015, she writes about what life was like back before the turn of the century. Read the following excerpt from her novel. Then read the statements below and choose **a)** if the statement is true or **b)** if it's false. (15 points)

En los buenos tiempos, por la época de Metusalén, era fácil respirar aire puro. No teníamos que salir siempre a la calle con máscaras de oxígeno. Mi hermano Jaime me llevaba al trabajo todos los días, pues, como tú sabes, yo no manejaba. No había estos trenes rápidos que te llevan de un lugar a otro en cinco minutos. Y ahora que los coches no están permitidos, no hay tanto tránsito como antes. Todos podemos caminar en la calle y no es peligroso. También en aquel entonces había centros comerciales donde comprábamos todo lo que necesitábamos. No había estas computadoras que pueden inventar rápidamente lo que pedimos. De niña, iba a la biblioteca y leía libros y cuentos. No leíamos libros por computadora como la gente hace ahora. Nuestra vida entonces era más sencilla que la vida hoy.

C A P Í T U L O 7

   a   **b**   **11.** Wanda no manejaba al trabajo.

   a   **b**   **12.** De niña ella no leía libros.

   a   **b**   **13.** Ahora hay tanto aire puro como antes.

   a   **b**   **14.** En aquella época había centros comerciales.

   a   **b**   **15.** Las computadoras de antes no inventaban cosas.   SCORE ____

Chapter 7 Test

D. Héctor overhears the following statements in the cafeteria. Circle the letter that best describes the person who made each statement. (15 points)

a   b   c   d   e   **16.** "Me gusta platicar con todos mis amigos."

a   b   c   d   e   **17.** "Siempre ayudo a mis amigos cuando me piden ayuda."

a   b   c   d   e   **18.** "Me gustaría viajar por todo el mundo."

a   b   c   d   e   **19.** "¡Vamos ahora mismo! No quiero esperar más."

a   b   c   d   e   **20.** "No me gusta vivir con otras personas."

> **a.** Es solitario.
> **b.** Es aventurero.
> **c.** Es conversador.
> **d.** Es bondadoso.
> **e.** Es impaciente.

SCORE _____

CAPÍTULO 7

III. Culture

Maximum Score: 10 points

E. According to what you read in the textbook about culture in Latin America and Spain, read the following statements and choose **a)** if the statement is logical or **b)** if the statement is illogical. (6 points)

a   b   **21.** En Puerto Rico, el Palacio de Santa Catalina es un cine de arte.

a   b   **22.** La pirámide azteca de la ciudad española Ávila recuerda el siglo once.

SCORE _____

F. What similarities exist between the transportation systems and public services in Latin America and the United States? Name three similarities, and write your answer in English. (4 points)

23. _____

_____

_____

SCORE _____

Chapter 7 Test

IV. Writing

Maximum Score: 30 points

G. Imagine that you recently met a new friend, Carlos, from the Dominican Republic. Complete the following dialogue by writing an appropriate question to his answers. (15 points)

24.　　TÚ _____

_____

_____

CARLOS　Mi escuela era muy pequeña. Tenía pocos alumnos.

25.　　TÚ _____

_____

_____

CARLOS　En aquel entonces, mi ciudad no era ruidosa porque había pocos coches.

26.　　TÚ _____

_____

_____

CARLOS　Sí, mi programa favorito de televisión era "Viaje a las estrellas".

27.　　TÚ _____

_____

_____

CARLOS　Mis amigos eran bondadosos. Siempre compartían todo conmigo.

28.　　TÚ _____

_____

_____

CARLOS　Cuando era pequeño, me gustaba mucho trepar a los árboles.

SCORE ☐

CAPÍTULO 7

Chapter 7 Test

H. Antonio is describing some things to you. Help him write a single comparative sentence for each description given. (15 points)

> MODELO —Eva y Lupe tienen dos carros. Mario y Cris también tienen dos carros.
> *(Escribes)* **Eva y Lupe tienen tantos carros como Mario y Cris.**

29. Mónica es simpática. Susana también es simpática.

_____

_____

_____

30. Ricardo tiene hambre. Miguel también tiene hambre.

_____

_____

_____

31. Gabriel tiene cinco libros. Dolores también tiene cinco libros.

_____

_____

_____

32. Hace frío hoy. Ayer también hizo frío.

_____

_____

_____

33. Lucía y Arnoldo tienen muchas amigas. Félix también tiene muchas amigas.

_____

_____

_____

SCORE [   ]

TOTAL SCORE [   ] /100

Holt Spanish 2 ¡Ven conmigo!, Chapter 7

CAPÍTULO 7

Nombre _____ Clase _____ Fecha _____

Circle the letter that matches the most appropriate response.

I. Listening
Maximum Score: 30 points

A. (15 points)

1. a b c d e
2. a b c d e
3. a b c d e
4. a b c d e
5. a b c d e

SCORE ☐

B. (15 points)

6. a b c d
7. a b c d
8. a b c d
9. a b c d
10. a b c d

SCORE ☐

II. Reading
Maximum Score: 30 points

C. (15 points)

11. a b
12. a b
13. a b
14. a b
15. a b

SCORE ☐

D. (15 points)

16. a b c d e
17. a b c d e
18. a b c d e
19. a b c d e
20. a b c d e

SCORE ☐

III. Culture
Maximum Score: 10 points

E. (6 points)

21. a b
22. a b

SCORE ☐

F. (4 points)

23. _____
    _____
    _____
    _____
    _____
    _____

SCORE ☐

CAPÍTULO 7

IV. Writing

G. (15 points)

24. _____

_____

25. _____

_____

26. _____

_____

27. _____

_____

28. _____

_____

SCORE _____

H. (15 points)

29. _____

_____

30. _____

_____

31. _____

_____

32. _____

_____

33. _____

_____

SCORE _____

TOTAL SCORE _____ **/100**

Holt Spanish 2 ¡Ven conmigo!, Chapter 7

Quiz 7-1B Primer paso

I. Listening

1. PEDRO De niño, ¿te llevabas bien con tu hermana, Martín?
   MARTÍN Pues, la verdad, cuando era niño, hacía muchas travesuras y eso le fastidiaba bastante a mi hermana. Ella y yo peleábamos casi todos los días.
2. PEDRO ¿Y qué tal con tus amigos?
   MARTÍN Me llevaba mejor con los amigos, sí. Con ellos era muy generoso. Por ejemplo, siempre compartía mis dulces y los bocadillos con ellos. ¡Pero sólo con ellos, no con mi hermana!
3. PEDRO Oye, parece que te gustaba mucho salir de la casa.
   MARTÍN Sí, cierto. Cuando yo era chiquito, íbamos a la playa todos los fines de semana. A mí me fascinaba construir castillos de arena.
4. PEDRO Y ¿qué pasa aquí? Parece que no estabas muy contento.
   MARTÍN Claro que no. Cuando tenía diez años empecé a estudiar música y descubrí que odiaba tocar el piano.
5. PEDRO Por esta foto parece que te caían mal también los animales.
   MARTÍN Hombre, ¡me asustaban mucho los animales! Especialmente los animales grandes. Por eso me parecía muy pesado cuando mis padres me llevaban al zoológico.
6. PEDRO En cambio los animales pequeños te gustaban, ¿no?
   MARTÍN Sí, en efecto, a mi perrito lo encontraba perfectamente genial. Se llamaba Chispa y me fascinaba jugar con él.

Quiz 7-2B Segundo paso

I. Listening

1. LUISA A ver, abue, ¿cómo era Monteviejo en aquel entonces?
   ABUELA Pues era muy diferente de la ciudad en que vivimos ahora. La vida era muy sencilla y no había tránsito porque muchos iban al trabajo en bicicleta.
2. LUISA Me imagino que era muy tranquilo el pueblo en aquellos tiempos.
   ABUELA Sí, era muy, muy tranquilo. Me fascinaban las noches en el pueblo porque no había nada, nada de ruido. Podías pasearte de noche tranquila, porque no era peligroso.
3. LUISA ¿Y qué era esto, abuelita?
   ABUELA Ah, el Hatillo. Así se llamaba el puente. Todos los carros tenían que pasar por ese puente cuando iban a la fábrica del Hatillo.
4. LUISA Ahora cuéntame del parque.
   ABUELA Bueno, allá iban todos los niños a jugar. Iban con ellos los adultos, claro, y muchas veces caminaban con el perro para hacer un poco de ejercicio.

Quiz 7-3B Tercer paso

I.Listening

EUSEBIO ¿Qué si la vida era diferente cuando yo era joven? ¡Vaya diferente! La vida en aquellos tiempos me fastidiaba, eso sí, señor. No había electricidad y para la calefacción sólo teníamos la estufa de leña en la cocina. La casa era pequeña pero en el invierno parecía gigantesca porque el calor sólo llegaba al corredor. En mi cuarto hacía un frío horrible. Al menos no necesitábamos el aire acondicionado. Y qué bueno, porque ¡no había tampoco! Luego no había agua corriente y yo tenía que ir al pozo por el agua. Eso me molestaba mucho. Ahora bien, lo bueno es que yo era tan fuerte como un toro. Y también había cosas bonitas. Me acuerdo que las lámparas de calle eran de gas y eran muy bonitas. Y el aire estaba tan puro que el sol se veía gigantesco cuando salía por la mañana.

ANSWERS Quiz 7-1A

A. (11 points: 1 point per item)
1. vivíamos
2. tenían
3. trabajaban
4. ayudábamos
5. gustaba
6. venían
7. sabía
8. cocinábamos
9. lavaba
10. prefería
11. servían

B. (5 points: 1 point per item)
12. iba
13. íbamos
14. iban
15. iba
16. ibas

C. (5 points: 1 point per item)
17. veía
18. veían
19. veíamos
20. veía
21. veías

D. (14 points: 2 points per item)
Answers will vary. Possible answers:
22. Patricio soñaba con jugar al béisbol con los Atlanta Braves.
23. David construía casas y edificios grandes.
24. Mis amigos y yo compartíamos helados y dulces.
25. Sergio y Diego peleaban sobre sus juguetes.
26. Chela hacía travesuras.
27. Nelson se asustaba mucho.
28. César y Dani contaban chistes.

ANSWERS Quiz 7-1B

I. Listening

A. (12 points: 2 points per item)
1. b
2. f
3. e
4. c
5. a
6. d

II. Reading

B. (10 points: 2 points per item)
7. ahora
8. de niño
9. ahora
10. de niña
11. de niña

III. Writing

C. (10 points: 2 points per item)
Answers will vary. Possible answers:
12. De chiquito/a me fascinaba leer las tiras cómicas, pero ahora ya no las leo.
13. De niño/a me gustaba trepar a los árboles, pero ahora ya no trepo.
14. Cuando era niño/a me gustaba contar chistes, y ahora todavía me gusta.
15. De pequeño/a odiaba ir al centro comercial, y ahora sí me gusta ir allí.
16. De chiquito/a me fascinaba hacer travesuras, pero ahora ya no las hago.

IV. Culture

D. (3 points)
Answers will vary. Possible answers:
17. Some cities in Latin America and Spain have buildings that are several centuries old.

ANSWERS Quiz 7-2A

A. (8 points: 1 point per item)
1. e
2. o
3. e
4. o
5. u
6. y
7. y
8. e

B. (14 points: 2 points per item)
Answers will vary. Possible answers:
9. Mi primo Iván era aventurero.
10. Mis amigos y yo éramos conversadores.
11. Cristóbal era solitario.
12. Yo era impaciente.
13. Mis hermanas eran muy consentidas.
14. Mi prima Raquel era muy egoísta.
15. Mi hermano Víctor era bondadoso.

C. (8 points: 1 point per item)
16. había
17. hay
18. había
19. había
20. hay
21. hay
22. hay
23. había

ANSWERS Quiz 7-2B

I. Listening

A. (8 points: 2 points per item)
1. c 2. d 3. a 4. b

II. Reading

B. (10 points: 2 points per item)
6. d   9. e
7. c   10. a
8. b

III. Writing

C. (12 points: 2 points per item)
Answers will vary. Possible answers:
11. En aquellos tiempos Laura y Eva eran consentidas. Tenían de todo.
12. En aquellos tiempos Ernesto era egoísta. Nunca compartía con sus amigos.
13. En aquellos tiempos Berta era solitaria. Siempre jugaba sola.
14. En aquellos tiempos mis hermanos y yo éramos aventureros. Trepábamos a árboles altísimos.
15. En aquellos tiempos Lola era bondadosa. Cuidaba a sus gatitos con mucho amor.
16. En aquellos tiempos Chuy era impaciente. Odiaba esperar.

C A P Í T U L O   7

CAPÍTULO 7

ANSWERS Quiz 7-3A

A. (9 points: 1.5 points per item)
1. c
2. d
3. e
4. a
5. f
6. b

B. (12 points: 2 points per item)
7. Los estudiantes aquí son tan aplicados como los de Nueva York.
8. Las clases aquí son tan interesantes como las de Nueva York.
9. Los profesores aquí son tan exigentes como los de Nueva York.
10. El director aquí es tan justo como el de Nueva York.
11. Los exámenes aquí son tan difíciles como los de Nueva York.
12. La cafetería aquí es tan horrible como la de Nueva York.

C. (14 points: 2 points per item)
13. Yoli estudiaba tantas horas al día como Marcos.
14. Yoli leía tantos libros como Marcos.
15. Yoli tenía tanta tarea como Marcos.
16. Yoli sacaba tantas notas altas como Marcos.
17. Yoli practicaba tantos deportes como Marcos.
18. Yoli iba a tantas fiestas como Marcos.
19. Yoli tocaba tantos instrumentos musicales como Marcos.

ANSWERS Quiz 7-3B

I. Listening

A. (10 points: 2 points per item)
1. b   4. b
2. b   5. a
3. a

II. Reading

B. (10 points: 2 points per item)
6. d   7. e   8. a   9. b   10. c

III. Writing

C. (15 points: 3 points per item)
11. Andrea y Juana son tan flojas como Elisandro.
12. Enrique tiene tanto dinero como Victoria.
13. María es tan egoísta como Cristóbal.
14. Yuri y Juliana tienen tantos juguetes como Rodrigo.
15. Víctor y yo somos tan conversadores como Marta e Isabel.

I. Listening

A.

1. CONSUELO   ¿Quieres hacerme creer que eras muy bondadoso de niño?
   RAÚL   Sí, Consuelo. No sé por qué no me crees. De hecho, era tan bueno como un ángel. Siempre compartía los quehaceres con mi hermana.
2. CONSUELO   Dice tu mamá que en tus tiempos eras bastante aventurero.
   RAÚL   Sí. Cuando tenía once años me lo pasaba en el parque buscando aventuras. Me fascinaba trepar a los árboles, por ejemplo.
3. CONSUELO   Vivías en un pequeño pueblo solitario, ¿verdad?
   RAÚL   ¡Qué va! Vivía en una ciudad gigantesca donde había mucha contaminación y ruido.
4. CONSUELO   ¿Te gustaba ir al cine?
   RAÚL   Sí. De chiquitos mi primo Juan y yo mirábamos películas de terror juntos. Después, él dormía tan bien como un lirón, pero a mí me asustaban mucho y no podía dormir.
5. CONSUELO   Y ese primo Juan, a ver, ¿cómo era?
   RAÚL   ¿Juan? En aquel entonces me parecía tan aburrido como un pato porque hablaba tanto. Pero en realidad yo era tan conversador como él. Y los dos éramos bastante gordos. Ahora él es estrella de televisión. ¡Qué curiosa es la vida!, ¿verdad?

B.

YOLANDA   Yo tenía suerte porque todos mis amigos eran simpáticos, aunque todos eran muy diferentes e individuales. Alonso trepaba a los árboles y hacía muchas cosas peligrosas. No le asustaba nada. Ahora viaja por todo el mundo y nos escribe cartas de todos los países contando sus aventuras. Otro amigo, Wilfredo, era muy cómico. Contaba mil chistes y hacía muchas travesuras. Se casó después con mi amiga Maritza y ahora ¡viven tan felices como dos lombrices! Ah, y olvidé mis dos compañeras de clase, Luisa y Tere. ¡Cómo odiaban ellas ir al dentista! Es que eran muy impacientes y les molestaba mucho tener que esperar para la cita. Pero ahora, ¡las dos son doctoras! Cosas de la vida. Por último, mi hermana Mariana, la consentida. Peleábamos cada cinco minutos. ¡Me parecía tan egoísta! ¿Y ahora? Es muy bondadosa y la encuentro muy noble. ¡Es mi mejor amiga!

CAPÍTULO 7

I. Listening Maximum Score: 30 points

A. (15 points: 3 points per item)
1. e
2. a
3. b
4. d
5. c

B. (15 points: 3 points per item)
6. a
7. b
8. c
9. c
10. a

II. Reading Maximum Score: 30 points

C. (15 points: 3 points per item)
11. a
12. b
13. b
14. a
15. a

D. (15 points: 3 points per item)
16. c
17. d
18. b
19. e
20. a

III. Culture Maximum Score: 10 points

E. (6 points: 3 points per item)
21. b
22. b

F. (4 points)
23. Today, running water, electricity, and streetlights are common in all major cities. Subways and highways are an essential element in major Latin American cities.

IV. Writing Maximum Score: 30 points

G. (15 points: 3 points per item)
Answers will vary. Possible answers:
24. ¿Cómo era tu escuela cuando eras niño?
25. ¿Cómo era tu ciudad en aquel entonces?
26. ¿Tenías un programa favorito de televisión cuando eras niño?
27. ¿Cómo eran tus amigos de la escuela?
28. Cuando eras pequeño, ¿te gustaba trepar a los árboles?

H. (15 points: 3 points per item)
29. Mónica es tan simpática como Susana.
30. Ricardo tiene tanta hambre como Miguel.
31. Gabriel tiene tantos libros como Dolores.
32. Hace tanto frío hoy como ayer.
33. Lucía y Arnoldo tienen tantas amigas como Félix.

CAPÍTULO 8

Diversiones

■ PRIMER PASO

Grammar and Vocabulary

A. Last week was really intense for Nelson. Complete his description of what happened with the correct **-ísimo/a/os/as** form of the adjectives in parentheses. (12 points)

Estuve **1.** _____ (ocupado) la semana pasada. El lunes, tomé un examen en la

clase de matemáticas. Fue un examen difícil y **2.** _____ (largo). El martes, mis

amigos y yo fuimos a la nueva pizzería y pedimos unas pizzas **3.** _____ (rico).

El jueves, vi una película **4.** _____ (aburrido). El viernes, nos dieron los

exámenes de matemáticas. Por suerte, saqué una nota **5.** _____ (buena), pero

mi amiga Lourdes sacó una C y estuvo **6.** _____ (triste). Fui al centro comer-

cial el sábado pero no compré nada porque todo estaba **7.** _____ (caro). Por la

noche, fui a una fiesta de cumpleaños **8.** _____ (divertido) para mi amiga

Raquel.

SCORE [ ]

B. Match each word to its corresponding definition. (11 points)

9. Este animal verde tiene una boca enorme y muchos dientes.

10. Es una atracción ideal para las personas a quienes les gusta subir y bajar muy rápido.

11. Es una parte importante de las películas de ciencia-ficción y de aventuras.

12. Es un animal que camina muy lento.

13. Es un animal inteligente que sabe trepar a los árboles.

14. Si te gusta ver toda la ciudad desde muy alto, esta atracción es perfecta para ti.

15. Es otro nombre para una actriz famosísima.

16. Esta atracción es para la gente que hace travesuras.

17. Es un animal grande, de rayas anaranjadas y negras.

18. Es un animal largo y delgado. No tiene patas *(legs)*.

19. Es un animal de muchos colores que a veces sabe hablar.

a. la rueda de Chicago
b. el tigre
c. la estrella
d. el cocodrilo
e. el loro
f. la montaña rusa
g. la tortuga
h. la serpiente
i. los efectos especiales
j. los carros chocones
k. el mono

SCORE [ ]

C A P Í T U L O 8

Quiz 8-1A

C. Moncho and Anita are talking about a movie they just saw. Complete their comments with the Spanish equivalents of the English superlatives. Remember to use the correct form of the adjective. (5 points)

MONCHO   ¡Esa actriz es horrible! Es **20.** _____ del mundo.
(the worst)

ANITA   Sí, y los efectos especiales fueron malísimos también. Creo que fueron

21. _____ de todas las películas de este año.
(the worst)

MONCHO   Menos mal que la música estuvo buena. Para mí, ese grupo es

22. _____ del país.
(the best)

ANITA   Para mí también. Las dos canciones al final fueron **23.** _____ .
(the best)

MONCHO   En fin, no me gustó la película pero sí me encanta el cine nuevo. Es

24. _____ y el más grande de todos, ¿verdad?
(the best)

SCORE _____

D. Teresita is explaining her opinions about the zoo, amusement park, and some recent films. Express each of her opinions using the correct form of the superlative. (7 points)

MODELO   la atracción/cara/todas/la montaña rusa
La atracción más cara de todas es la montaña rusa.

25. animal/feo/todos/el cocodrilo _____

26. loro/inteligente/zoológico/de Guatemala _____

27. monos/traviesos/todos/los pequeños _____

28. efectos especiales/creativos/festival/los de *Galaxias 2050* _____

_____

29. atracción/aburrida/parque de atracciones/la rueda de Chicago _____

_____

30. actor/guapo/mundo/el nuevo actor cubano _____

_____

31. cola/larga/parque de atracciones/para los carros chocones _____

_____

SCORE _____

TOTAL SCORE _____ /35

8 Diversiones

■ PRIMER PASO

Maximum Score: 35

I. Listening

A. Listen as Celia tells her friend Gabi how things went over spring break. Choose the phrase that best describes each activity from Celia's point of view. (10 points)

1. _____   **a.** A Celia le gustó bastante el parque de atracciones.

2. _____   **b.** Celia opina que el zoológico estuvo más o menos bien.

3. _____   **c.** Celia dice que lo pasó de maravilla en el cine.

4. _____   **d.** Celia opina que lo peor fue no ver monos en el zoológico.

5. _____   **e.** Celia piensa que los carros chocones estuvieron bastante aburridos.

SCORE [____]

II. Reading

B. Read the short dialogues and indicate if the second person's responses represent **a)** a positive opinion, **b)** a negative opinion or **c)** indifference. (10 points)

a b c   **6.** TERESA ¿Viste las serpientes en el zoológico? Creo que no son muy bonitas.

               MARTA Sí... eran feísimas. Me gustaron más los loros.

a b c   **7.** DIEGO ¿Fuiste al estreno de *Galaxia 3000*?

               FEDE Sí, y los efectos especiales de esa película son los mejores del año.

a b c   **8.** ALONSO ¿Cómo te fue en la entrevista con la estrella de cine?

               DIANA De película. Gloria Andrade es una persona requetesimpática. Aprendí mucho sobre su vida. Ella es muy buena gente.

a b c   **9.** LORENA ¿Qué tal estuvieron los carros chocones en el parque de atracciones, Pablo?

               PABLO Más o menos bien. No eran ni buenos ni malos.

a b c **10.** MIGUEL ¿Había cocodrilos en el zoológico? ¿Y qué tal las tortugas?

            MARCOS No había cocodrilos pero sí había unas tortugas aburridísimas.

SCORE [____]

Quiz 8-1 B

III. Writing

C. Lucila wrote the following movie reviews for the school newspaper. Later Lucila discusses the films with several friends. Complete the dialogues with appropriate vocabulary and expressions. (12 points)

11. LUPE _____

_____

_____

LUCILA ¿El estreno de *Puerta cerrada*? Estuvo malísimo. Vi un drama malo la semana pasada, pero este drama estuvo peor.

★ LAS PELÍCULAS ★			
☺	★	Aventuras de un estudiante	82 m.
☺	★★★	Paco, Paco	96 m.
☺	★★	Puerta cerrada	114 m.
☹	★★	Las amistades peligrosas	91 m.
☻	★★★★	La señora Manirol	130 m.
☻	★★★	La máscara de acero	90 m.

☺ Musical   ☺ Comedia   ☻ Aventura   ☻ Drama

★★★★★ Obra maestra   ★★★★ Muy buena   ★★★ Buena
★★ Interesante   ★ Mala

12. PEDRO En tu opinión, ¿cuál de las películas es la mejor?

LUCILA _____

13. MAURO ¿Qué te pareció *Aventuras de un estudiante?*

LUCILA _____

14. BENITO *Aventuras de un estudiante* es más larga que *La máscara de acero,* ¿no?

LUCILA _____

15. LAURA *La señora Manirol* es la peor de todas las películas, ¿no crees?

LUCILA _____

16. LIBIA ¿Qué tal estuvieron *Puerta cerrada* y *Las amistades peligrosas?* El periódico de la ciudad dice que no son ni buenas ni malas.

LUCILA _____

SCORE [ ]

IV. Culture

D. Based on what you read in your textbook, write a sentence in English explaining **el coquí**. (3 points)

17. _____

_____

_____

SCORE [ ]

TOTAL SCORE [/35]

CAPÍTULO 8

Diversiones

Quiz 8-2A

Maximum Score: 35

■ SEGUNDO PASO

Grammar and Vocabulary

A. Señora Rivas had a busy day yesterday. Read what she did, then letter the errands below from **a** to **f**, according to the order in which she did them. (9 points)

> Primero la señora Rivas mandó una carta a su hermana y un regalo de cumpleaños a su tía. Después sacó dinero y luego compró aspirinas y un cepillo de dientes. Más tarde, habló con el mecánico sobre los problemas con el carro. Luego fue a la gasolinera. Y por fin, estuvo media hora en la sala de espera del dentista, esperando a su hija.

_____ **1.** pasar por el banco

_____ **2.** acompañar a su hija a la cita

_____ **3.** ponerle gasolina al carro

_____ **4.** pasar por el correo

_____ **5.** llevar el carro al taller

_____ **6.** pasar por la farmacia

SCORE _____

B. Ana is getting ready for a trip to Puerto Rico. Complete what her friend Matilde says about the trip with the correct word from the box. If no word is needed, write an **X** in the blank. (18 points)

en	que	con
de	a	por

Mi amiga Ana va **7.** _____ salir para Puerto Rico mañana. Está muy emocionada porque desde niña, ella siempre soñaba **8.** _____ conocer la isla. Durante su viaje, espera **9.** _____ ver a sus parientes, ir a la playa y visitar el Yunque. Ella comenzó **10.** _____ planear el viaje hace dos meses. Pasó **11.** _____ la agencia de viajes para pedir información y comprar el boleto. Hizo las reservaciones del hotel y se acordó **12.** _____ comprar regalos para sus parientes en Puerto Rico. Hablé con Ana anteayer. Estaba nerviosa porque todavía tenía **13.** _____ hacer muchas cosas. Quería **14.** _____ comprar una maleta nueva y también necesitaba **15.** _____ ir al banco. Yo le dije: "Ana, deja **16.** _____ preocuparte. Ahora mismo voy a tu casa y te ayudo **17.** _____ organizar todo". Entonces, nosotros quedamos **18.** _____ vernos a las dos. Ahora sí que está lista para el viaje.

SCORE _____

Quiz 8-2A

C. Mauricio's family was preparing to leave for a trip yesterday. Complete his explanations of what everyone was doing to get ready. Use the correct imperfect form of the verbs in parentheses. (8 points)

19. Mientras papá _____ (llevar) el carro al taller, Ben y yo

    _____ (hacer) las maletas.

20. Mientras yo _____ (regar) las flores, mamá le

    _____ (dar) a doña Carmen las instrucciones para cuidar al gato.

21. Mientras mamá y papá _____ (ir) al banco, yo

    _____ (comprar) película y bloqueador en la farmacia.

22. Y tú, Elena, ¿por qué _____ (ver) televisión mientras todos

    nosotros _____ (estar) trabajando?

SCORE [   ]

TOTAL SCORE [/35]

CAPÍTULO 8

8 Diversiones

■ SEGUNDO PASO

I. Listening

A. Lisa had to make some choices last week about what she could and couldn't get done. Listen as she explains her problems to her mother. Then choose **a)** if she actually did the activity or choose the phrase that explains why she couldn't do it. (10 points)

_____ 1. hacer la tarea
_____ 2. limpiar el cuarto
_____ 3. sacar la basura
_____ 4. ir al supermercado
_____ 5. lavar la ropa

a. Lo hizo.

b. No lo hizo porque Alex quería ayuda con la tarea.

c. No lo hizo porque tenía muchos quehaceres.

d. No lo hizo porque tenía muchos otros mandados.

e. No lo hizo porque necesitaba dar de comer al perro, y se le olvidó.

SCORE ☐

II. Reading

B. Enrique wrote a note to his friend Clara and left it on her door. Read his note, then answer the questions below and on page 204. (10 points)

¡Hola, Clara!

Perdóname, pero no pude asistir a tu recital de piano ayer. Estuve muy ocupado toda la mañana. Quería venir pero tuve que llevar a mi hermana al dentista. Había muchos pacientes y por eso la cita fue de dos horas. Y después tuve que ayudar a mi mamá con los quehaceres. Hoy por la mañana pensaba venir a desayunar a tu casa pero no pude porque tuve que llevar el carro al taller. Todavía necesito pasar por el correo para mandar tus cartas. Lo siento, pero no tuve tiempo. ¿Estás muy enfadada conmigo? Nos vemos en la fiesta de Esteban hoy por la noche. Yo llego a las nueve en punto. ¡No faltes!

Enrique

6. Why was Enrique unable to go to Clara's recital?

_____

7. What did Enrique have to do after the appointment yesterday?

_____

8. What did Enrique want to do instead of taking the car to the garage?

_____

Quiz 8-2B

9. Why would Enrique think that Clara is angry with him?

_____

10. Where and when does Enrique expect to see Clara?

_____

SCORE [   ]

III. Writing

C. Write a sentence explaining why the following people were unable to do each of the activities listed below. Give a different explanation for each one. (15 points)

MODELO   Yo/reunirse con los amigos
           (Escribes) **Pensaba reunirme con mis amigos pero no pude.**

11. Leonor y Cabildo/asistir a un concierto

_____

_____

12. Tú/pasar por la farmacia

_____

_____

13. Berta/llevar el carro al taller

_____

_____

14. Miguel Ángel y yo/visitar el zoológico

_____

_____

15. Mi hermana/ir al estreno de la nueva película

_____

_____

SCORE [   ]

TOTAL SCORE [   ] /30

CAPÍTULO 8

CAPÍTULO

8 Diversiones

■ TERCER PASO

Grammar and Vocabulary

A. Match each word to its corresponding definition. (12 points)

_____ 1. carros decorados		**a.** disfrutar
_____ 2. poner flores y colgar globos		**b.** desfile
_____ 3. crear, dibujar o pintar algo		**c.** carrozas
_____ 4. divertirse		**d.** disfraz
_____ 5. caminar como parte de una procesión o festival		**e.** decorar
_____ 6. algo que se lleva en la cabeza o delante de la cara		**f.** desfilar
_____ 7. procesión larga por las calles como parte de una celebración		**g.** diseñar
_____ 8. vestido o traje especial que se pone durante un festival		**h.** máscara

SCORE _____

B. Your class is on a trip to Puerto Rico. Complete what everyone said about the group's plans with the correct preterite forms of **decir**. (8 points)

9. La profesora _____ que íbamos a visitar el Museo Casals mañana.

10. Yo _____ que todos querían asistir a un partido de béisbol.

11. Lucas, ¿qué _____ tú sobre la excursión a El Yunque?

12. Memo y Sonia _____ que tenían ganas de ver el Morro primero.

13. Nuestro guía _____ que el Festival de San Sebastián era fabuloso.

14. Todos nosotros _____ que queríamos comer arroz con habichuelas.

15. Pati, ¿qué _____ ustedes sobre la posibilidad de visitar Ponce?

16. El profesor _____ que teníamos que levantarnos temprano mañana.

SCORE _____

CAPÍTULO 8

Quiz 8-3A

C. Everyone is talking about festivals. Complete the statements with the correct preterite forms of **decir** and the imperfect of the other verbs in parentheses. (10 points)

17. Rafael me _____ (decir) que le _____ (parecer) muy aburridos los desfiles.

18. Tina y Federico nos _____ (decir) que les _____ (gustar) las carrozas con músicos.

19. Nosotros le _____ (decir) a Marcos que nos _____ (encantar) las decoraciones con flores de papel.

20. Yo le _____ (decir) a mi hermana que no me _____ (gustar) su disfraz para el baile.

21. ¿Por qué le _____ (decir/tú) a Iván que te _____ (parecer) fea mi máscara? Creo que es muy bonita.

SCORE [   ]

TOTAL SCORE [   ] /30

8 Diversiones

■ TERCER PASO

Maximum Score: 30

I. Listening

A. The **Festival de las Flores** was so elaborate that Samuel didn't see all of the events or displays himself. Listen to Samuel's description. Then indicate **a) that Samuel saw it himself** or **b) that one of his friends told him about it**. (10 points)

1. a   b

2. a   b

3. a   b

4. a   b

5. Which person loved the costumes?
   a. Leandro   **b.** Samuel

SCORE [   ]

II. Reading

B. You were out of town the last few days and your friends left you a note about what everyone has done for the school's parade. Read the note, then read the statements that follow. Write **a)** if the statement is true or **b)** if the statement is false. (8 points)

> Jorge y Kika compraron los materiales para adornar las carrozas y las máscaras.
> Nos reunimos en casa de Pablo para decorar y diseñar los disfraces. Ya tenemos
> todo listo en la plaza. Ahora necesitas venir para ver si te gusta. Mariela nos dijo
> que ya tenían suficiente gente para un desfile. Sólo tenemos que buscar la músi-
> ca para la banda. El desfile va a ser divertidísimo.

_____ 6. Pablo se reunió en casa de Jorge para decorar los disfraces.

_____ 7. Todo está listo en el centro comercial.

_____ 8. Ya tienen suficiente gente para desfilar.

_____ 9. Todavía tienen que preparar la comida para la banda.

SCORE [   ]

Quiz 8-3B

III. Writing

C. Leonor is a reporter for the school paper and is writing an article about the school's Spring Fair. Write what the following people said to her about their participation in the following events. (9 points)

MODELO **Enrique:** disfrutar de la música
Enrique le dijo que disfrutó de la música.

10. **Luis y Celia:** estar en el desfile de los animales

_____

11. **Yo:** desfilar con la banda de la escuela

_____

12. **Nosotras:** diseñar los disfraces de la feria de arte

_____

13. **Tú:** tocar con la banda

_____

14. **Berenice y Octavio:** decorar las carrozas con flores

_____

15. **Eugenio:** llevar la máscara del loro

_____

SCORE [　　　]

IV. Culture

D. Based on what you read in your textbook, name a festival in a Spanish-speaking country and describe its purpose. (3 points)

16. _____

_____

_____

_____

SCORE [　　　]

TOTAL SCORE [　　　] /30

CUMULATIVE SCORE FOR QUIZZES 1–3 [　　　]

CAPÍTULO 8

8 Diversiones

I. Listening

Maximum Score: 30 points

A. The high school band, which played for the grand opening of an elaborate new amusement park, got to attend the opening for free. As Olivia tells Gloria, Ricki and Pastor about the event, indicate if Olivia is **a) describing something she saw**, **b) reporting something she heard**, or **c) explaining why something didn't happen**. (15 points)

_____ **1.** el estreno

_____ **2.** el concierto

_____ **3.** el zoológico

_____ **4.** el desfile

_____ **5.** la rueda de Chicago

SCORE [   ]

B. The entire English class was invited to attend the premiere of a new jungle movie in Hollywood but Pedro couldn't go. Listen as Nuria describes what happened, and mark your quiz sheet to indicate who actually attended the event. Choose **a) if they attended the event** or **b) if they didn't attend**. (15 points)

_____ **6.** Carlos

_____ **7.** Maritza y Marco

_____ **8.** Pantuflas

_____ **9.** el cocodrilo

_____ **10.** Nuria

SCORE [   ]

Chapter 8 Test

II. Reading

C. Read the Calvin and Hobbes comic strip. Then, based on what you read, choose the correct answer for each question that follows. (12 points)

CALVIN AND HOBBES. © Watterson. Distributed by Universal Press Syndicate. Reprinted with Permission. All Rights Reserved.

_____ 11. ¿Adónde fueron Calvin y su mamá?
   a. al festival
   b. al cine
   c. al parque
   d. al zoológico

_____ 12. ¿Cómo estuvo la película según Calvin?
   a. Estuvo más o menos bien.
   b. Estuvo aburridísima.
   c. Estuvo bien.
   d. Estuvo archibuena.

_____ 13. ¿Cómo estuvo la película según la mamá de Calvin?
   a. Estuvo de maravilla.
   b. No dice.
   c. Estuvo malísima.
   d. Estuvo más o menos bien.

_____ 14. ¿Qué quiere comprar la mamá de Calvin?
   a. una videocassettera
   b. una película
   c. un reloj
   d. un teatro

SCORE

D. Read the calendar of events that are taking place in Puerto Rico. Then choose the best answer to the questions that follow. (9 points)

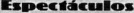

EVENTOS

Deportes

Maratón Juanito Cabello
Ocho kilómetros
Lugar: Cidra
Hora: sábado 8, 4:00 p.m.

Primer Torneo de Bici-Cross
Lugar: Pista de Bici-cross, Barrio Belén
Hora: sábado 8, 11:00 a.m.,
domingo 9, 1:00 p.m.

Torneo de Tenis "Copa de la Amistad"
Lugar: Polideportivo Frankie Colón
Hora: sábado 8, 9:00 a.m.

Semifinal de béisbol
Arecibo vs. Hatillo
Estadio Montaner,
Hora: domingo 9, 1:00 p.m.

Espectáculos

Concierto Isabel Pandora
Lugar: El Centro de Cultura Borinquén
Hora: sábado 8, 8:00 p.m.

Festival de Cine japonés
Organiza Casa de la Cultura
Gran estreno de "Samurai de Shogun"
Hora: sábado 8, 6:00 p.m.
"Te esperamos Akira"
Hora: domingo 9, 6:00 p.m.

Concierto de jazz
Lugar: Plaza Casals
Hora: domingo 9, 6:00 p.m.

Exposiciones

Exposición de Fotografía
Lugar: Museo Universitario
Hora: sábado y domingo,
de 9:00 a.m. a 5:00 p.m.

Exposición de reptiles
Lugar: Zoológico de Mayagüez
Hora: sábados y domingos,
abierto de 9:00 a.m.
a 6:00 p.m.

_____ **15.** ¿A qué hora y qué día podemos ir a ver un estreno de cine?
   a. El estreno es a las seis de la tarde del sábado.
   b. El estreno es el sábado a las ocho de la noche.
   c. El estreno es el domingo a las nueve de la noche.

_____ **16.** A tus padres les gustan mucho los eventos deportivos. ¿Qué les recomiendas tú?
   a. Pueden ir al espectáculo de la Plaza Casals. Allí hay muchos deportes que les pueden divertir.
   b. Les recomiendo el zoológico de Mayagüez en las mañanas.
   c. Les recomiendo el torneo de tenis el sábado por la mañana.

_____ **17.** Me interesan los animales exóticos. ¿Adónde debo ir?
   a. Lo mejor es ir al concierto de Pandora en el Centro de Cultura de Borinquén.
   b. Debes asistir a una exposición que ofrece el zoológico de Mayagüez. Tienen una exhibición de serpientes muy interesante.
   c. Esta semana no hay nada para ti. El zoológico está cerrado toda la semana.

SCORE [   ]

C A P Í T U L O   8

Chapter 8 Test

E. Marta has written to her grandmother about the trip that her father is going to take and the things he wants to do. Read Marta's letter and the statements that follow. Based on what you read, indicate **a)** if the statement is true or **b)** if the statement is false. (9 points)

Querida Abuelita,

    Mi papá va a hacer un viaje a la capital la próxima semana. Antes de salir tiene muchos mandados que hacer. Quería comprar su boleto de avión ayer pero no pudo. Además de hacer las maletas tiene que pasar por el banco. Durante su viaje quiere ir a varios festivales. Le encantan los desfiles porque le gustan las carrozas que desfilan con muchas flores. Le interesa ver cómo decoran las carrozas allá.

    También quiere visitar el parque de atracciones y el zoológico para ver los animales que tienen. El parque de atracciones tiene la montaña rusa más larga y peligrosa del país. Yo quiero acompañar a mi papá en este viaje pero no puedo porque todavía no tengo vacaciones de la escuela.

    Te extraño mucho, abuelita. Escríbeme pronto.

                              Besos y abrazos,
                              Marta

---

a   b   **18.** El papá de Marta tiene que hacer muchos mandados antes de salir de viaje. Él tiene que ir al banco, comprar su boleto de avión y hacer sus maletas. Él va a pasar por el correo también.

a   b   **19.** El papá de Marta piensa visitar el zoológico y el parque de atracciones. Marta dice en su carta que el parque de atracciones tiene la montaña rusa más grande del país.

a   b   **20.** A Marta le gustaría acompañar a su papá, pero tiene que ir a la escuela.

SCORE [ ]

Holt Spanish 2 ¡Ven conmigo!, Chapter 8

CAPÍTULO 8

Chapter 8 Test

III. Culture

Maximum Score: 10 points

F. Read the following statements. Based on what you read in your textbook, write **a)** if the statement is true or **b)** if the statement is false. (6 points)

_____ **21.** The Day of the Dead in Mexico is a combination of All Saints' Day and an indigenous festival honoring the deceased.

_____ **22.** Puerto Rico provides habitat for 300 unique species of plants and animals.

SCORE _____

G. Based on the information in your textbook, write two sentences in English describing the following: (4 points)

23. El Día de las Máscaras

_____

_____

_____

SCORE _____

IV. Writing

Maximum Score: 30 points

H. Everyone is talking about the trip to the amusement park. Rewrite what people say, changing from the present tense to past tense. Remember you'll need to use the preterite in some cases and the imperfect in others. (10 points)

24. Rogelio le dice a Juan que hay carros chocones.

_____

25. ¿Por qué me dices que te fastidia hacer cola?

_____

26. Mis padres nos dicen que no les gusta el parque de atracciones.

_____

27. Yo les digo a mis padres que la montaña rusa es divertidísima.

_____

28. Mi hermana les dice a todos que quiere subir a la rueda de Chicago.

_____

SCORE _____

CAPÍTULO 8

Chapter 8 Test

I. Manolo has given the following answers while talking to his friend Claudia on the phone. Write an appropriate question for each of his responses. (10 points)

29. _____

Flora me dijo que le interesaban los festivales.

30. _____

Lo pasamos de maravilla en el parque de atracciones.

31. _____

Esperaba ver a Eugenia pero tenía que hacer unos mandados.

32. _____

Eugenia dijo que el mes que viene era mejor para ella.

33. _____

El estreno de la película no estuvo bien, estuvo requetebién.

SCORE [   ]

J. You have just received a letter from your friend Mario in which he asks you several questions about things you have visited and seen. Answer your friend's questions. (10 points)

34. ¿Qué tal lo pasaste en el zoológico? ¿Era grande?

_____

35. ¿Qué animales viste?

_____

36. ¿Quién fue contigo al estreno de la nueva película y cómo estuvo?

_____

37. ¿Por qué no fue Miriam contigo? ¿Está enferma?

_____

38. ¿Qué dijo Luis del parque de atracciones? ¿Le gustó?

_____

SCORE [   ]

TOTAL SCORE [/100   ]

CAPÍTULO 8 Chapter Test Score Sheet

I. Listening

Maximum Score: 30 points

A. (15 points)

1. a b c
2. a b c
3. a b c
4. a b c
5. a b c

SCORE _____

B. (15 points)

6. a b
7. a b
8. a b
9. a b
10. a b

SCORE _____

II. Reading

Maximum Score: 30 points

C. (12 points)

11. a b c d
12. a b c d
13. a b c d
14. a b c d

SCORE _____

D. (9 points)

15. a b c
16. a b c
17. a b c

SCORE _____

E. (9 points)

18. a b
19. a b
20. a b

SCORE _____

III. Culture

Maximum Score: 10 points

F. (6 points)

21. a b
22. a b

SCORE _____

G. (4 points)

23. _____
    _____
    _____
    _____
    _____
    _____

SCORE _____

CAPÍTULO 8

IV. Writing

Maximum Score: 30 points

H. (10 points)

24. _____

25. _____

26. _____

27. _____

28. _____

SCORE [   ]

I. (10 points)

29. _____

30. _____

31. _____

32. _____

33. _____

SCORE [   ]

J. (10 points)

34. _____

35. _____

36. _____

37. _____

38. _____

SCORE [   ]

TOTAL SCORE [   ] /100

Holt Spanish 2 ¡Ven conmigo!, Chapter 8

Listening Scripts for Quizzes 8-1B, 8-2B, 8-3B

Quiz 8-1B Primer paso

I. Listening

1. GABI Hola, Celia. ¿Qué tal estuvo el estreno de la película de Gloria Andrade?
   CELIA Estuvo emocionante. Creo que es la mejor película del año. Los efectos especiales estuvieron archibuenos.
2. GABI Fuiste al parque de atracciones también, ¿no?
   CELIA Sí. Fui con Susana y lo pasamos de maravilla allí. Tienen la rueda de Chicago más alta del mundo y la montaña rusa más rápida del país.
3. GABI ¿Y los carros chocones?
   CELIA Estuvieron aburridísimos. No nos gustaron para nada. Es que no iban muy rápido.
4. GABI Y luego fuiste al zoológico, ¿verdad?
   CELIA ¿El zoológico?... Ah, bueno, había un pequeño zoológico en el parque, es cierto.
   GABI ¿Y qué tal estuvo?
   CELIA Estuvo más o menos bien. Vimos unos loros muy bonitos y unas serpientes gigantescas, pero no me parecían peligrosas.
5. GABI Y, ¿los monos?
   CELIA El zoológico no tenía monos. Qué lástima, ¿verdad? Me gustaría ver las travesuras de los monos.

Quiz 8-2B Segundo paso

I. Listening

MAMÁ ¿Ya hiciste la tarea?
LISA Mamá, tú sabes muy bien que no pude hacerla. ¡Es que tenía tantos quehaceres!
MAMÁ Entonces, ¿por lo menos limpiaste tu cuarto y sacaste la basura?
LISA Sí limpié el cuarto pero no saqué la basura. Pensaba hacerlo por la tarde, pero me olvidé, porque el perro necesitaba comer y salir.
MAMÁ ¿Y fuiste al supermercado para comprar la comida que necesitamos?
LISA Todavía no. Quería hacerlo pero no pude. Tenía muchos mandados. Pasé por la farmacia y el correo. Cuando llegué al supermercado, estaba cerrado.
MAMÁ Pues, dime entonces que por lo menos lavaste tu ropa.
LISA Bueno, mami, no pude lavar la ropa.
MAMÁ ¿Y por qué no?
LISA Es que mi amigo Alex necesitaba ayuda con la tarea para mañana.
MAMÁ ¿Y cómo ayudaste a Alex, si tú no la hiciste?
LISA Pero, mamá, la voy a hacer ahora, si tú me ayudas. ¿No me quieres lavar y planchar el uniforme para el partido de baloncesto esta noche, por favor?

Quiz 8-3B Tercer paso

I. Listening

SAMUEL 1. Las carrozas del desfile estuvieron maravillosas. Quería verlas todas pero no pude porque tenía que ver la exhibición de las máscaras. Por cierto Leandro me dijo que la última carroza, la del Club Hispano, fue magnífica.
2. Me alegro mucho por Iñaqui y René, porque me dijeron que trabajaron por tres días en la decoración de esa carroza.
3. También me fascinaron los disfraces. Mi amiga Berenice me dijo que la famosa artista Maruja los diseñó.
4. Todos disfrutaron mucho del festival, con la sola excepción de Enriquito. Su mamá me dijo que le asustaban los tigres en la carroza del zoológico, ¡aunque sólo eran tigres de flores!

C A P Í T U L O   8

ANSWERS Quiz 8-1A

A. (12 points: 1.5 points per item)
1. ocupadísimo
2. larguísimo
3. riquísimas
4. aburridísima
5. buenísima
6. tristísima
7. carísimo
8. divertidísima

B. (11 points: 1 point per item)
9. d
10. f
11. i
12. g
13. k
14. a
15. c
16. j
17. b
18. h
19. e

C. (5 points: 1 point per item)
20. la peor
21. los peores
22. el mejor
23. las mejores
24. el mejor

D. (7 points: 1 point per item)
25. El animal más feo de todos es el cocodrilo.
26. El loro más inteligente del zoológico es de Guatemala.
27. Los monos más traviesos de todos son los pequeños.
28. Los efectos especiales más creativos del festival de cine son los de la película *Galaxias 2050.*
29. La atracción más aburrida del parque de atracciones es la rueda de Chicago.
30. El actor más guapo del mundo es el nuevo actor cubano.
31. La cola más larga del parque de atracciones es la para los carros chocones.

ANSWERS Quiz 8-1B

I. Listening

A. (10 points: 2 points per item)
1. c
2. a
3. e
4. b
5. d

II. Reading

B. (10 points: 2 points per item)
6. b
7. a
8. a
9. c
10. b

III. Writing

C. (12 points: 2 points per item)
Answers will vary. Possible answers:
11. ¿Qué tal estuvo el estreno, Lucila?
12. Creo que *La señora Manirol* es la mejor película.
13. Me gustó mucho.
14. No. *Máscara de acero* es más larga que *Aventuras de un estudiante.*
15. No. *Aventuras de un estudiante* es la peor película.
16. Me gustó *Puerta cerrada.*

IV. Culture

D. (3 points)
17. **El coquí** is a tiny frog that lives exclusively in Puerto Rico. It is the only frog not born as a tadpole.

ANSWERS Quiz 8-2A

A. (9 points: 1.5 points per item)
1. b
2. f
3. e
4. a
5. d
6. c

B. (18 points: 1.5 points per item)
7. a
8. con
9. X
10. a
11. por
12. de
13. que
14. X
15. X
16. de
17. a
18. en

C. (8 points: 1 point per item)
19. llevaba, hacíamos
20. regaba, daba
21. iban, compraba
22. veías, estábamos

ANSWERS Quiz 8-2B

I. Listening

A. (10 points: 2 points per item)
1. c
2. a
3. e
4. d
5. b

II. Reading

B. (10 points: 2 points per item)
6. Enrique had to take his sister to the dentist.
7. He had to do chores at home.
8. He wanted to have breakfast at Clara's house.
9. Because he hasn't mailed her letters.
10. At Esteban's party at nine.

III. Writing

C. (15 points: 3 per item)
Answers will vary. Possible answers:
11. Leonor y Cabildo querían asistir a un concierto pero tenían mucha tarea.
12. Pensabas pasar por la farmacia pero te olvidaste.
13. Berta esperaba llevar el carro al taller pero no tenía tiempo.
14. Miguel Ángel y yo queríamos visitar el zoológico pero él se enfermó.
15. Mi hermana esperaba ir al estreno de la nueva película pero no pudo encontrar el dinero.

CAPÍTULO 8

ANSWERS Quiz 8-3A

A. (12 points: 1.5 points per item)
1. c
2. e
3. g
4. a
5. f
6. h
7. b
8. d

B. (8 points: 1 point per item)
9. dijo
10. dije
11. dijiste
12. dijeron
13. dijo
14. dijimos
15. dijeron
16. dijo

C. (10 points: 1 point per item)
17. dijo, parecían
18. dijeron, gustaban
19. dijimos, encantaban
20. dije, gustaba
21. dijiste, parecía

ANSWERS Quiz 8-3B

I. Listening

A. (10 points: 2 points per item)
1. b
2. b
3. a
4. b
5. b

II. Reading

B. (8 points: 2 points per item)
6. b
7. b
8. a
9. b

III. Writing

C. (9 points: 1.5 points per item)
10. Luis y Celia le dijeron que estuvieron en el desfile de los animales.
11. Yo le dije que desfilé con la banda de la escuela.
12. Nosotras le dijimos que diseñamos los disfraces de la feria de arte.
13. Tú le dijiste que tocaste con la banda.
14. Berenice y Octavio le dijeron que decoraron las carrozas con flores.
15. Eugenio le dijo que llevó la máscara del loro.

IV. Culture

D. (3 points)
16. Answers will vary.

Holt Spanish 2 ¡Ven conmigo!, Chapter 8

I. Listening

A.

   1. PASTOR Oye, Olivia, ¿qué tal lo pasaste en el estreno del nuevo parque de atracciones?

        OLIVIA ¡Estuvo de película! ¡La montaña rusa en particular fue espectacular!

   2. GLORIA ¿Asististe al concierto del grupo Voces Nuevas? ¿Cómo estuvo?

        OLIVIA Parece que fue fantástico. Me dijo Aldo que los efectos especiales fueron muy originales.

   3. PASTOR ¿Fuiste al zoológico?

        OLIVIA La verdad, el zoológico fue un poco aburrido. Sólo había una tortuga, y después de todo, ¿qué hace una tortuga? ¡Nada!

   4. PASTOR ¿Y cómo les fue en el desfile?

        OLIVIA ¡Yo no pude desfilar! Pensaba marchar con todos pero tenía que poner gasolina al carro y cuando llegué ya era tarde. ¡Qué pena! Pero fueron muy simpáticos y me permitieron entrar.

   5. RICKI Pero, Olivia, yo quiero saber... ¿cómo estuvo la rueda de Chicago?

        OLIVIA ¡Ay, Ricki! Tú sabes que yo no puedo subir a las ruedas de Chicago porque me enfermo. Pero todos mis amigos me contaron que fue estupenda.

B.

    PEDRO Hola, Nuria, habla Pedro. Oye, dime, ¿qué tal estuvo el estreno de la película?

    NURIA Carlos me dijo que la película estuvo requetebuena.

    PEDRO ¿Es cierto que asistieron muchas estrellas de cine?

    NURIA ¡Hombre, muchas! Elena me dijo que asistió Maritza Risueña con su esposo Marco Rollo.

    PEDRO ¿Y el famoso mono Pantuflas? ¿El que fue la verdadera estrella de la película?

    NURIA El mono, no. Iba a venir pero dijeron que estaba enfermo. Pero el cocodrilo que hablaba con acento argentino llegó en una limusina, ¿tú crees?

    PEDRO ¡Ay, qué lástima que no pude asistir! Estuvo divertidísimo, ¿verdad?

    NURIA Bueno, eso me dijeron.

    PEDRO ¿Cómo que te dijeron? Tú estabas allí, ¿no?

    NURIA ¿Yo? ¿No sabías? Yo no pude ir porque mi abuela estaba enferma y tenía que acompañarla al hospital. Yo sólo sé lo que me dijeron Carlos y Elena.

CAPÍTULO 8

Answers to Chapter 8 Test

I. Listening Maximum Score: 30 points

A. (15 points: 3 points per item)
1. a
2. b
3. a
4. c
5. b

B. (15 points: 3 points per item)
6. a
7. a
8. b
9. a
10. b

II. Reading Maximum Score: 30 points

C. (12 points: 3 points per item)
11. b
12. c
13. b
14. a

D. (9 points: 3 points per item)
15. a
16. c
17. b

E. (9 points: 3 points per item)
18. b
19. a
20. a

III. Culture Maximum Score: 10 points

F. (6 points: 3 points per item)
21. a
22. a

G. (4 points)
23. Answers will vary.

IV. Writing Maximum Score: 30 points

H. (10 points: 2 points per item)
24. Rogelio le dijo a Juan que había carros chocones.
25. ¿Por qué me dijiste que te fastidiaba hacer cola?
26. Mis padres nos dijeron que no les gustaba el parque de atracciones.
27. Yo les dije a mis padres que la montaña rusa era divertidísima.
28. Mi hermana les dijo a todos que quería subir a la rueda de Chicago.

I. (10 points: 2 points per item)
Answers will vary. Possible answers:
29. ¿Qué te dijo Flora?
30. ¿Cómo lo pasaron ustedes en el parque de atracciones?
31. ¿Viste a Eugenia?
32. ¿Y qué te dijo ella?
33. ¿Cómo estuvo el estreno?

J. (10 points: 2 points per item)
Answers will vary. Possible answers:
34. Lo pasamos de maravilla en el zoológico. Era grandísimo.
35. Vimos serpientes, tigres, monos, cocodrilos y elefantes.
36. Marcia y Tomás fueron conmigo al estreno. Estuvo aburridísimo.
37. Miriam quería ir también, pero no pudo. Estaba muy ocupada.
38. Luis dijo que el parque de atracciones estuvo de película. Le gustó mucho la montaña rusa.

CAPÍTULO 8

Nombre _____ Clase _____ Fecha _____

¡Día de mercado!

■ PRIMER PASO

Grammar and Vocabulary

A. Ana and her family are touring Cuenca. Use the expressions to complete her conversation with a local resident. (6 points)

> perder   dónde queda
>   va mal   voy bien
> disculpe   seguir derecho

ANA   Señora, **1.** _____ . Estoy buscando un lugar que no encuentro en el

mapa. ¿Sabe usted si **2.** _____ para el Museo Folklórico?

SEÑORA   No, me parece que usted **3.** _____ . Para llegar al museo, hay que

tomar la calle Presidente Córdova y **4.** _____ por cuatro cuadras.

ANA   ¿Y me puede decir **5.** _____ el correo?

SEÑORA   Sí, está cerca del museo, en la Calle Gran Colombia. No se puede **6.** _____ .

ANA   Muchas gracias, señora.

SCORE [ ]

B. Look at the picture of the village of Molinos, then write the name of the person or place described in each statement below. (9 points)

_____ **7.** Está bajando por la calle hacia la plaza.

_____ **8.** Se encuentra con un amigo delante de la tienda.

_____ **9.** Este edificio está detrás del árbol.

_____ **10.** Se encuentra con un amigo cerca de la esquina de la casa.

_____ **11.** Este edificio está al lado de la panadería.

_____ **12.** Están delante del monumento de la plaza.

SCORE [ ]

Quiz 9-1 A

C. Victoria works at the Tourist Office. Write what she advises visitors to do, forming singular and plural formal commands from the verbs in parentheses. (15 points)

Al señor Jiménez: **13.** _____ (Seguir) derecho hacia la Plaza Calderón y

14. _____ (buscar) la taquilla del Teatro Real.

A los señores Berrío: **15.** _____ (Bajar) tres cuadras por la Avenida Castilla

para llegar al restaurante Olla Vieja.

A la señora Garcés: **16.** _____ (Dar) una paseo por el Parque Central.

A los señores Urrutia: **17.** _____ (Empezar) con una visita a la catedral.

Después, **18.** _____ (cruzar) la Plaza Mayor y

19. _____ (ir) a la Casa de Cultura.

A la señorita Gallegos: No **20.** _____ (olvidarse) de pasar por el Museo del

Pueblo.

Al señor Montoya: **21.** _____ (Levantarse) temprano mañana y

22. _____ (hacer) una excursión al río para pescar.

SCORE ☐

TOTAL SCORE ☐ /30

Holt Spanish 2 ¡Ven conmigo!, Chapter 9

¡Día de mercado!

Quiz 9-1B

■ PRIMER PASO

Maximum Score: 30

I. Listening

A. Look at the map below and locate the spot marked **Estás aquí**. You overhear a series of people asking for directions on the street, but the traffic noise prevents you from hearing the person's destination. Based on the directions you hear, indicate where each person is trying to go. Then answer the question that follows. (12 points)

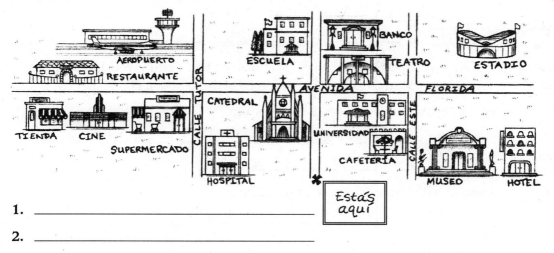

1. _____

2. _____

3. _____

4. All the people asking for directions must cross **Avenida Florida** to reach their destination.

    a. true   **b.** false

SCORE _____

II. Reading

B. Look at the map in the listening section of this quiz and locate the spot marked **Estás aquí**. Then read the questions below and determine whether the directions given to the different places are **a)** correct or **b)** incorrect. (8 points)

5. Disculpe, ¿sabe usted dónde está el cine?

    a   **b**   Camine una cuadra y doble a la izquierda en la Avenida Florida. Allí dé vuelta a la izquierda y camine otra cuadra y media. El cine está al lado del supermercado.

6. Perdón, ¿dónde queda el estadio?

    a   **b**   Suban ustedes por esta calle y den vuelta a la derecha. El estadio está después de una cuadra, del lado izquierdo.

Quiz 9-1 B

7. Oiga, ¿vamos bien para la escuela?

   a   **b**   Me parece que la escuela está a tres cuadras de aquí. Vayan por la Avenida Florida hasta llegar al restaurante. Por allí está la escuela.

8. Discúlpeme, ¿dónde hay un hotel cerca de aquí?

   a   **b**   El hotel queda sobre la calle Este, al lado de la cafetería. Suban por esta calle hasta llegar a la Avenida Florida. Allí dé vuelta a la derecha y baje por la misma calle una cuadra. Después doble otra vez a la derecha.

SCORE [   ]

III. Writing

C. Using the same map in Section A, locate the spot marked **Estás aquí.** Write the Spanish phrase or phrases you would use to give or ask for directions to the following places. (10 points)

9. Tell Señor Benavides how to get to the museum.

   _____

   _____

10. Tell Marcelino and Hugo how to find the theater.

   _____

   _____

11. Tell the Gasques how to get to the supermarket.

   _____

   _____

12. Ask where you and your friends can find a hospital.

   _____

   _____

13. Tell Señora Villarreal how she can get to the bank.

   _____

   _____

SCORE [   ]

TOTAL SCORE [   ] /30

CAPÍTULO 9

¡Día de mercado!

■ SEGUNDO PASO

Grammar and Vocabulary

A. Write the Spanish words for the indicated people and items in the store Novedades Alma. Use the vocabulary you have learned in this **paso**. (16 points)

1. _____

2. _____

3. _____

4. _____

5. _____

6. _____

7. _____

8. _____

SCORE [ ]

Quiz 9-2A

CAPÍTULO 9

B. Manolo is shopping for clothes for his summer job. Complete his comments with the Spanish equivalents of the comparative expressions in parentheses. (12 points)

9. Estos zapatos negros son _____ los marrones.

   (less comfortable than)

10. Mira... Este traje azul es _____ el gris. *(as expensive as)*

11. Estos pantalones me quedan _____ los otros. *(looser than)*

12. La chaqueta de rayas me queda _____ la azul. *(tighter than)*

13. Prefiero esta corbata. Es _____

    las otras pero cuesta menos. *(as pretty as)*

14. ¡Qué raro! Estos dos cinturones son de la misma talla pero el marrón es

    _____ el negro. *(longer than)*

15. ¡Nada de esta tienda me queda bien! La ropa aquí es para personas

    _____ yo. *(thinner than)*

16. Vamos al Almacén Nuñez. La gente allí es _____

    la de aquí pero tienen mejores precios. *(less friendly than)*

SCORE [ ]

C. Read the statements made by shoppers and employees at a department store. Write **C** if the statement was made by a **cliente** or **D** if it was made by a **dependiente**. (7 points)

_____ 17. ¿Me puede atender, por favor?

_____ 18. ¿Dónde está la ropa para niños?

_____ 19. Lo siento, ya no nos quedan más camisetas azules.

_____ 20. ¿Qué talla usa usted?

_____ 21. ¿Cómo le queda el vestido, señora?

_____ 22. ¿Me puedo probar estos pantalones?

_____ 23. Le queda un poco grande esa camisa. ¿Quiere probarse otra?

SCORE [ ]

TOTAL SCORE [ ] /35

CAPÍTULO 9

¡Día de mercado!

Quiz 9-2B

■ SEGUNDO PASO

Maximum Score: 35

I. Listening

A. Elena is in a clothing store. Listen to her conversation. Then read the statements that follow and choose the best answer. (10 points)

_____ 1. Who is Elena buying a gift for?
  a. her sister   **b.** a friend

_____ 2. What is the gift?
  a. a dress   **b.** a sweater

_____ 3. What does the store clerk ask Elena?
  a. if she needs a larger size   **b.** what size she wears

_____ 4. What color is the item Elena buys?
  a. blue   **b.** pink

_____ 5. Which statement is true?
  a. Elena wears the same size as her sister.
  b. Elena is as tall as her sister.

SCORE _____

II. Reading

B. Andrea went shopping for a gift for her sister. Read about her experience, then choose the best answer for the questions that follow. (12 points)

> Ayer fui a una tienda de ropa muy bonita para comprarle un regalo a Teresa. Me gustó todo lo que vi. Tenían en la vitrina un par de botas divinas que quería comprarle. Pero la dependiente me dijo tristemente, "Ya no nos quedan". Entonces me probé una falda más cara que la otra que me compré la semana pasada. Es de colores sutiles y hace juego con mi blusa verde. La dependiente me dijo que la falda estaba muy de moda y que me veía de maravilla. Y sí la compré. Mañana regreso a la tienda a comprarle algo a Tere.

_____ 6. What did the store clerk say they didn't have any more of?
  a. sandals   **b.** blouses   **c.** boots

_____ 7. What comparison did Andrea make between the new skirt and a skirt she already has?
  a. The new skirt is more expensive.   **c.** The new skirt is longer.
  b. The new skirt is prettier.

Quiz 9-2B

_____ 8. What did Andrea do in the end?
a. She didn't buy the skirt.
b. She bought the skirt for someone else.
c. She bought the skirt for herself.

_____ 9. According to the store clerk, how did Andrea look in the skirt she tried on?
a. The skirt fit her very well.
b. The skirt was too tight.
c. The skirt was too long.

SCORE [   ]

III. Writing

C. You and some friends have gone shopping together. Write sentences or questions in Spanish according to the instructions given. (10 points)

Ramón   Raquel   Gloria

10. Tell Ramón how the sweater looks on him.

_____

11. Tell Raquel she looks pretty in that dress.

_____

12. Write what Gloria says about how the shoes fit.

_____

13. Ask Gloria if she would like to try on a larger size.

_____

14. Tell Raquel how her shoes look with her dress.

_____

SCORE [   ]

IV. Culture

D. According to what you read in your textbook, write a sentence describing how sizes in Spanish-speaking countries differ from those in the United States. (3 points)

15. _____

_____

SCORE [   ]   TOTAL SCORE [   ] /35

9 ¡Día de mercado!

CAPÍTULO 9

C A P Í T U L O 9

Quiz 9-3A

Maximum Score: 35

■ TERCER PASO

Grammar and Vocabulary

A. Eduardo is at an open-air market shopping for gifts. Put his conversation with the vendor in the correct order by lettering the statements from **a** to **i**. (18 points)

Vendedora

_____ **1.** Buenos días, joven. ¿Qué me compra? ¿Sandalias, carteras, cinturones?

_____ **2.** Pues, para usted le voy a rebajar el precio a mil pesos.

_____ **3.** Muy bien, joven. ¡Pero recuerde que en los almacenes los precios son fijos!

_____ **4.** Lo siento, pero no se la puedo dejar a ese precio. Se la doy por 850 pesos, pero es mi última oferta.

_____ **5.** Esa cartera cuesta mil doscientas pesos. Es de cuero muy fino.

Eduardo

_____ **6.** No sé... Todavía me parece caro. Le doy 700 pesos.

_____ **7.** Gracias, pero no la compro. Creo que voy a mirar un poco más.

_____ **8.** ¿Mil doscientos pesos? Me parece muy caro.

_____ **9.** Buenos días, señora. Busco una cartera como regalo para mi papá. ¿Qué precio tiene esta cartera?

SCORE [____]

B. Complete the statements and questions made by a shopper and salesperson with the correct word or expression. (9 points)

10. Perdón. ¿Qué precio _____ este suéter?
   a. tienen
   b. cuesta
   c. tiene

11. Esta semana, todos los suéteres de lana están _____ . Cuestan 900 pesos.
   a. en barata
   b. gratis
   c. a veinte por ciento

12. ¿Sólo 900 pesos? ¡Qué _____ ! Es un precio buenísimo.
   a. talla
   b. ganga
   c. caro

Quiz 9-3A

13. Y si usted necesita camisas, hoy están _____ . Si compra una a 300 pesos, le regalamos la otra.
    a. a precios fijos
    b. a dos por una
    c. en el mercado al aire libre

14. No necesito camisas, pero sí me gusta esta chaqueta. ¿Me puede _____ el precio un poco?
    a. dejar
    b. regalar
    c. rebajar

15. Lo siento, pero es imposible. Para regatear hay que ir _____ .
    a. al mercado
    b. al probador
    c. al almacén

SCORE

C. Paulina bought gifts at the market for her family. Explain which gift is for each person, using the information in her list. Include the correct direct object pronoun in your sentences. (8 points)

MODELO   ¿Para quién compró el cinturón?
         (Escribes) Lo compró para su papá.

> cinturón—papá
> sandalias—mamá
> sombrero—tío Jaime
> blusa—abuela
> aretes—tía Victoria

16. ¿Para quién compró las sandalias? _____

17. ¿Para quién compró el sombrero? _____

18. ¿Para quién compró la blusa? _____

19. ¿Para quién compró los aretes? _____

SCORE

TOTAL SCORE   /35

CAPÍTULO 9

¡Día de mercado!

■ TERCER PASO

Maximum Score: 35

I. Listening

A. Sonia and Víctor went shopping at an outdoor market. Listen to the conversation. Then read the statements and indicate if they are **cierto** or **falso**. (10 points)

_____ 1. Sonia y Víctor saben regatear.

_____ 2. El precio original de la guitarra era doscientos pesos.

_____ 3. Víctor le dijo a la vendedora que él estaba mirando, nada más.

_____ 4. La vendedora les dio un descuento del cincuenta por ciento.

_____ 5. Finalmente compraron la guitarra por 120 pesos.

SCORE _____

II. Reading

B. Pablo is visiting his aunt and uncle in Lima, Peru. He is writing to his mother about his experiences this past weekend. Read his postcard. Then read each statement below and choose **a)** if the statement is true and **b)** if it's false. (10 points)

a 12 de julio

Querida mamá,

Me encanta visitar Lima. La gente es muy amable. El fin de semana lo pasé de maravilla. La tía Leonor me invitó a ir de compras. En realidad, prefiero ir al centro comercial porque allí puedo reunirme con mis primos en la heladería. Creo que allí tienen buenas ofertas, hasta del cincuenta por ciento. A la tía no le gusta ir al centro comercial porque dice que no le gusta comprar a precios fijos. Le encanta regatear, y ¡es buenísima! Siempre va a los mercados donde encuentra gangas. Fuimos el sábado al mercado de San Ildefonso. Compré cosas muy bonitas y también compré muchos regalos. Espero que te guste tu regalo.

Escríbeme pronto. Saludos a todos.
Con cariño, Pablo

a   b   6. Pablo dice que su tía sabe regatear muy bien.

a   b   7. La tía Leonor encuentra gangas en el centro comercial.

Quiz 9-3B

a   b   **8.** A Pablo le gusta reunirse con sus amigos en el mercado.

a   b   **9.** En el mercado tienen ofertas hasta del cincuenta por ciento.

a   b   **10.** A la tía Leonor no le gusta comprar nada a precios fijos.

SCORE [   ]

III. Writing

C. Imagine that you are shopping at an open-air market. Write the Spanish phrase or phrases you would use in the following situations. (10 points)

11. How would you get the vendor's attention?

_____

12. How would you inquire about the price of a hat you like?

_____

13. How would you politely ask the vendor to lower the price?

_____

_____

14. How would you tell someone they can't bargain here and explain why?

_____

_____

15. How would the vendor tell you that you can have it for six hundred **pesos**?

_____

_____

SCORE [   ]

IV. Culture

D. According to what you read in your textbook, write a sentence in English explaining what a **tianguis** is. (5 points)

16. _____

_____

SCORE [   ]

TOTAL SCORE [   ] /35

CUMULATIVE SCORE FOR QUIZZES 1–3 [   ] /100

CAPÍTULO 9

¡Día de mercado!

Chapter 9 Test

I. Listening

Maximum Score: 30 points

A. Look at the map below and find the spot marked **X, "Estás aquí."** You will hear a series of conversations about how to get to different places in this village. Listen to the conversations carefully and determine whether the directions given are **a)** correct or **b)** incorrect. (15 points)

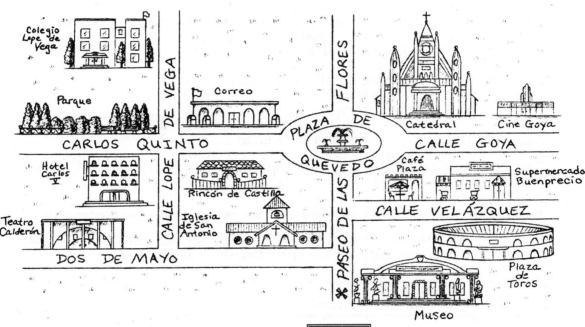

1.   a   b

2.   a   b

3.   a   b

4.   a   b

5.   a   b

SCORE ☐

Chapter 9 Test

B. Listen to the following conversation that Manuel has at a clothing store. Then read the questions or statements and determine the best answer for each one. (15 points)

_____ **6.** Manuel is talking to _____.
    a. a friend at the clothing store
    b. a sales clerk

_____ **7.** What size does Manuel wear in pants?
    a. size 44
    b. size 46

_____ **8.** What does the other person tell Manuel about the clothes he is trying on?
    a. The pants are very stylish.
    b. The clothes look small on him.

_____ **9.** What does Manuel say about the pants?
    a. They are very stylish.
    b. They fit him very well.

_____ **10.** At the end of the conversation, Manuel _____.
    a. buys the pants
    b. decides to look at another pair

SCORE [ ]

II. Reading

Maximum Score: 18 points

C. Read the following passage about markets in Mexico City carefully. Then choose the best answer for the statements and questions on the following page. (18 points)

Los mercados mexicanos

En la ciudad de México hay muchos mercados famosos donde todos los turistas pueden ir de compras. Por ejemplo pueden visitar los mercados de la Merced, la Ciudadela y la Lagunilla. Los tres mercados venden cosas bien diferentes. Primero está el mercado de la Merced. La Merced es un mercado gigantesco de comida, pero también venden juguetes y piñatas. Allí la gente puede regatear cuando compra comida. Los vendedores están acostumbrados a rebajar los precios de la fruta, de las verduras, o de cualquier otra cosa que uno quiere comprar de comida.

En el mercado de la Ciudadela venden artesanías mexicanas, ropa típicamente mexicana, instrumentos musicales y joyería de oro y plata. Los mexicanos y también los turistas pueden pedirles a los vendedores que rebajen los precios. Aquí también los vendedores están acostumbrados a rebajarlos. Y es un verdadero placer cuando uno oye la famosa respuesta: "Se lo regalo en..."

El tercer mercado importante de la ciudad de México es el mercado de la Lagunilla. Este mercado se especializa en vender cosas de segunda mano. Venden ropa, discos, artículos para la casa, y también antigüedades y aparatos electrónicos. Los que llegan a comprar saben cómo regatear. Y el arte de regatear es muy fácil: primero siempre hay que ser cortés, pidiéndoles a los vendedores que por favor rebajen los precios. Como los vendedores siempre quieren vender, están dispuestos a hacerlo. De esta manera nadie puede perder.

_____ 11. How does the author compare the three markets?
    a. The sizes of the markets are all different.
    b. The items sold in the markets are all different.
    c. Bargaining is different in the markets.

_____ 12. The market where one can buy musical instruments is _____.
    a. la Lagunilla
    b. la Ciudadela
    c. la Merced

_____ 13. Where does the author mention that you can bargain for food?
    a. la Merced
    b. la Lagunilla
    c. la Ciudadela

_____ 14. La Lagunilla is a market that specializes in _____.
    a. fruits and vegetables
    b. arts and crafts from Mexico
    c. secondhand goods

_____ 15. One advantage of going to these markets is _____.
    a. tourists never go there
    b. you can bargain
    c. the prices are fixed

_____ 16. **"Se lo regalo en..."** is a phrase used when _____.
    a. asking how much something costs
    b. asking a vendor to lower the price
    c. the vendor lowers the price

SCORE _____

III. Culture

Maximum Score: 16 points

D. Based on what you learned from your textbook about culture in Spanish-speaking countries, read the statements below and choose **a)** if the statement is true and **b)** if it's false. (6 points)

_____ 17. Self-service is becoming more common in stores in Spanish-speaking countries.

_____ 18. People in Spanish-speaking countries do not go to open-air markets because they find better discounts at the malls.

SCORE _____

Chapter 9 Test

E. Answer the following questions. (10 points)

19. Who are the three great Mexican muralists? (6 points)

a. _____

b. _____

c. _____

20. How have these artists contributed to art in the Americas? Write your answer in English. (4 points)

_____

_____

_____

SCORE [ ]

IV. Writing

Maximum Score: 36 points

F. Imagine you want to try your bargaining skills in a market in Mexico City. Follow the instructions below to write your part of a dialogue you might have with the vendor. Write your part in Spanish. (18 points)

21. First, ask the vendor if the prices are fixed.

TÚ _____

_____

_____

22. Ask the vendor if he or she has a pair of black boots.

TÚ _____

_____

_____

23. Tell the vendor the boots are too tight and ask for a larger size.

TÚ _____

_____

_____

24. Then ask the vendor the price of the boots.

TÚ _____

_____

_____

25. Ask the vendor if he or she can lower the price for you.

TÚ _____

_____

_____

26. Now tell the vendor what your last offer is and thank him or her.

TÚ _____

_____

_____

SCORE [   ]

G. Imagine you are a tourist in Santiago de Chile and you want to go to a clothing store today. What Spanish phrase or phrases would you use to do the following? (18 points)

27. First, ask directions on how to get to the store.

_____

_____

_____

_____

28. Ask the clerk in the store to help you find what you want to buy.

_____

_____

_____

_____

Chapter 9 Test

29. Now ask the clerk to direct you to the dressing rooms.

_____

_____

_____

_____

30. Ask the clerk how the clothes look and fit on you.

_____

_____

_____

_____

31. Ask the clerk the price of clothes without a price tag.

_____

_____

_____

_____

32. Finally, ask the clerk where you can find the cashier.

_____

_____

_____

_____

SCORE [ ]

TOTAL SCORE [ ] /100

CAPÍTULO 9 Chapter Test Score Sheet

I. Listening

Maximum Score: 30 points

A. (15 points: 3 points per item)   **B.** (15 points: 3 points per item)

1. a b   6. a b

2. a b   7. a b

3. a b   8. a b

4. a b   9. a b

5. a b   10. a b

SCORE [_____]   SCORE [_____]

II. Reading

Maximum Score: 18 points

C. (18 points: 3 points per item)

11. a b c

12. a b c

13. a b c

14. a b c

15. a b c

16. a b c

SCORE [_____]

III. Culture

Maximum Score: 16 points

D. (6 points: 3 points per item)   **E.** (6 points: 2 points per item)

17. a b   19. a. _____

18. a b   b. _____

                      c. _____

                  (4 points)

                  20. _____

                      _____

SCORE [_____]   SCORE [_____]

CAPÍTULO 9

IV. Writing

Maximum Score: 36 points

F. (18 points: 3 points per item)

21. _____
   _____

22. _____
   _____

23. _____
   _____

24. _____
   _____

25. _____
   _____

26. _____
   _____

SCORE [   ]

G. (18 points: 3 points per item)

27. _____
   _____

28. _____
   _____

29. _____
   _____

30. _____
   _____

31. _____
   _____

32. _____
   _____

SCORE [   ]

TOTAL SCORE [   ] /100

Quiz 9-1B Primer paso

I. Listening

1.   SEÑOR   Disculpe, señorita, ¿voy bien para...?
    LOCAL   No, señor, va mal. Hay que subir por esta calle una cuadra, hasta llegar a la Avenida Florida. Allí dé vuelta a la izquierda y camine una cuadra. Se encuentra a la izquierda, junto al cine en el cruce de la calle Tutor y la Avenida Florida.

2.   JOVEN   Perdón. ¿Dónde queda...ñorita?
    SEÑORITA   Siga derecho hasta la Avenida Florida. Doble a la izquierda y camine dos cuadras. Se encuentra a la izquierda, junto al cine. No se puede perder.
    JOVEN   Sí, gracias. Ya sé dónde está.

3.   CHICO   ¿Usted sabe cómo se...joven?
    LOCAL   Sí, acabo de venir de allí. Mire, tome esta calle hasta llegar a la Avenida Florida. Doble a la derecha y siga hasta la calle Este. Allí doble a la derecha otra vez y camine otra cuadra. Se encuentra allí a la izquierda, antes de llegar a la esquina.

Quiz 9-2B Segundo paso

I. Listening

VENDEDOR   Buenas tardes. ¿Cómo le puedo servir?
ELENA   Necesito comprarle a mi hermana el vestido del escaparate porque es su cumpleaños. Pero no sé qué talla lleva ella.
VENDEDOR   ¿Me la puede describir, por favor?
ELENA   Ella es tan alta como yo, pero es mucho más delgada.
VENDEDOR   ¿Qué talla lleva usted?
ELENA   No sé. ¿Me lo puedo probar?
VENDEDOR   Sí, como no. Los probadores están a la izquierda. **[PAUSE]** ¿Cómo le queda?
ELENA   De maravilla. Me parece que este vestido es talla cuarenta. Entonces mi hermana usa la talla treinta y ocho. ¿Tienen este vestido en azul?
VENDEDOR   Sí, lo tenemos en azul y en otros colores sutiles.
ELENA   Me gustan los colores sutiles. Le voy a comprar el rosa a mi hermana.
VENDEDOR   La talla 38 es la talla más pequeña que tenemos, y sí lo tenemos en rosa.
ELENA   Muy bien. Lo compro para el regalo de mi hermana.

Quiz 9-3B Tercer paso

I. Listening

VENDEDORA   ¡Compren, compren! Vengan por aquí. Yo les doy descuento.
VÍCTOR   ¡Qué bonitas cosas! ¿Qué precio tiene la guitarra?
VENDEDORA   Cuesta 200 pesos.
SONIA   ¡Cuesta una fortuna! ¿No nos puede rebajar el precio?
VENDEDORA   Bueno, se la regalo por 180 pesos pero es mi última oferta.
VÍCTOR   ¡180 pesos es un montón! El descuento que usted nos da es muy poco.
VENDEDORA   No se vayan, joven. Mire, si quiere comprarla, se la dejo en 150.
SONIA   Eso no es una ganga. Le damos 100 pesos ahora mismo por la guitarra, y si no, nos vamos a otro lado.
VENDEDORA   Está bien. Sepan ustedes que la están comprando retebarata, al cincuenta por ciento de descuento. ¡Eso sí que sí! ¡Encontraron una ganga!

ANSWERS Quiz 9-1A

A. (6 points: 1 point per item)
1. disculpe
2. voy bien
3. va mal
4. seguir derecho
5. dónde queda
6. perder

B. (9 points: 1.5 points per item)
7. doña Carmen
8. Luis
9. la panadería
10. don Alfonso
11. el banco/la tienda
12. las chicas

C. (15 points: 1.5 points per item)
13. Siga
14. busque
15. Bajen
16. Dé
17. Empiecen
18. crucen
19. vayan
20. se olvide
21. Levántese
22. haga

ANSWERS Quiz 9-1B

I. Listening

(12 points: 3 points per item)
1. el supermercado
2. la tienda
3. el museo
4. b

II. Reading

(8 points: 2 points per item)
5. a
6. a
7. b
8. b

III. Writing

(10 points: 2 points per item)
Answers will vary. Possible answers:
9. Suba derecho y dé vuelta a la derecha en la Avenida Florida. Siga derecho y dé vuelta a la derecha en la calle Este. El museo está a la izquierda.
10. Suban derecho y el teatro está a la derecha en la Avenida Florida.
11. Suban derecho y den vuelta a la izquierda en la Avenida Florida. El supermercado está al lado del cine.
12. ¿Dónde queda el hospital?
13. Suba derecho y el banco está detrás del teatro.

ANSWERS Quiz 9-2A

A. (16 points: 2 points per item)
   1. la etiqueta
   2. el escaparate
   3. la cliente
   4. la caja
   5. la cajera
   6. los probadores
   7. el dependiente
   8. el par de botas

B. (12 points: 1.5 points per item)
   9. menos cómodos que
   10. tan caro como
   11. más anchos que
   12. más estrecha que
   13. tan bonita como
   14. más largo que
   15. más delgadas que
   16. menos amable que

C. (7 points: 1 point per item)
   17. C
   18. C
   19. D
   20. D
   21. D
   22. C
   23. D

ANSWERS Quiz 9-2B

I. Listening

(10 points: 2 points per item)
   1. a
   2. a
   3. b
   4. b
   5. b

II. Reading

(12 points: 3 points per item)
   6. c
   7. a
   8. c
   9. a

III. Writing

(10 points: 2 points per item)
Answers will vary. Possible answers:
   10. Te queda muy largo ese suéter.
   11. Te ves guapísima en ese vestido.
   12. Me quedan muy pequeños estos zapatos.
   13. ¿Quieres probarte unos zapatos más grandes?
   14. Tus zapatos hacen juego con el vestido.

IV. Culture

(3 points)
   15. Answers will vary. Possible answer: In Spanish-speaking countries, clothing sizes are given using the metric system.

ANSWERS Quiz 9-3A

A. (18 points: 2 points per item)
1. a
2. e
3. i
4. g
5. c
6. f
7. h
8. d
9. b

B. (9 points: 1.5 points per item)
10. c
11. a
12. b
13. b
14. c
15. a

C. (8 points: 2 points per item)
16. Las compró para su mamá.
17. Lo compró para su tío Jaime.
18. La compró para su abuela.
19. Los compró para su tía Victoria.

ANSWERS Quiz 9-3B

I. Listening

(10 points: 2 points per item)
1. cierto
2. cierto
3. falso
4. cierto
5. falso

II. Reading

(10 points: 2 points per item)
6. a
7. b
8. b
9. b
10. a

III. Writing

(10 points: 2 points per item)
11. Disculpe, ¿me puede atender?
12. ¿Cuánto vale ese sombrero?
13. ¿Me puede rebajar el precio, por favor?
14. Lo siento. Aquí no se puede regatear; sólo tenemos precios fijos.
15. A usted se lo doy por seiscientos pesos.

IV. Culture

(5 points)
16. Answers will vary. Possible answer: **Tianguis** is the word used in Mexico for an open-air market.

I. Listening

A. 1. TURISTA 1   ¿Me puede decir dónde queda el colegio Lope de Vega, por favor?

        LOCAL   Claro que sí. Vaya por el Paseo de las Flores hasta la Plaza de Quevedo. Allí doble a la izquierda en la calle Carlos Quinto y camine una cuadra. Suba por la calle Lope de Vega una cuadra más. El colegio está a la izquierda en la esquina.

   2. TURISTA 2   Discúlpeme, ¿vamos bien para el cine Goya?

        LOCAL   No, van mal. Creo que queda cerca del Hotel Carlos Quinto. Suba por el Paseo de las Flores. Doble a la izquierda en la calle Dos de Mayo. Camine una cuadra. Allí está el cine.

   3. TURISTA 3   Disculpe, ¿me puede decir dónde queda el correo, por favor?

        LOCAL   El correo queda a la izquierda de la Plaza de Quevedo. Vaya por el Paseo de las Flores y doble a la izquierda. El correo está delante del Rincón de Castilla.

   4. TURISTA 4   ¿Sabe dónde queda el supermercado Buenprecio?

        LOCAL   Caminen por la calle Paseo de las Flores. Bajen una cuadra por la calle Velázquez. El supermercado está al lado del Café Plaza.

   5. TURISTA 5   ¿Sabe cómo se va al parque?

        LOCAL   Me parece que el parque queda detrás de la Plaza de Toros. Siga usted por el Paseo de las Flores y doble a la derecha en la primera cuadra. Allí debe estar el parque.

B. DEPENDIENTE   Buenas tardes, ¿cómo le puedo servir?

    MANUEL   ¿Tiene los pantalones del escaparate, por favor? Los rojos.

  DEPENDIENTE   Sí. ¿Qué talla necesita usted?

    MANUEL   Uso la talla cuarenta y seis.

  DEPENDIENTE   Sí los tenemos. Aquí están. Pase a los probadores, por favor.

    MANUEL   ¿Cómo me veo?

  DEPENDIENTE   Muy bien. Estos pantalones están muy de moda. ¿Cómo le quedan?

    MANUEL   De maravilla. Y, ¿cuánto cuestan?

  DEPENDIENTE   Cuestan 345 pesos.

    MANUEL   ¿No están en barata? ¿Me puede usted rebajar el precio?

  DEPENDIENTE   No, joven. No están en barata, y no le puedo rebajar el precio. Aquí sólo tenemos precios fijos.

    MANUEL   ¡Qué lástima! Bueno, los compro.

Answers to Chapter 9 Test

I. Listening Maximum Score: 30 points

A. (15 points: 3 points per item)

1. a
2. b
3. a
4. a
5. b

B. (15 points: 3 points per item)

6. b
7. b
8. a
9. b
10. a

II. Reading Maximum Score: 18 points

C. (18 points: 3 points per item)

11. b
12. b
13. a
14. c
15. b
16. c

III. Culture Maximum Score: 16 points

D. (6 points: 3 points per item)

17. a
18. b

E. (6 points: 2 points per item)

19. **a.** Diego Rivera
    b. David Siqueiros
    c. José Clemente Orozco

(4 points)
Answer will vary. Possible answer:

20. They've had an important influence on modern art in the Americas. Other Latin American painters have studied with them, and mural painting is now common throughout the Americas.

IV. Writing Maximum Score: 36 points

F. (18 points: 3 points per item)
Answers will vary. Possible answers:

21. ¿Son fijos los precios aquí?
22. ¿Tiene un par de botas negras?
23. Las botas están muy estrechas. ¿Tiene un número más grande?
24. ¿Qué precio tienen las botas?
25. ¿Me puede rebajar el precio?
26. Mi última oferta es _____. Gracias.

G. (18 points: 3 points per item)
Answers will vary. Possible answers:

27. Disculpe, ¿dónde queda la tienda?
28. ¿Me puede atender, por favor?
29. ¿Dónde quedan los probadores?
30. ¿Cómo me veo?
31. ¿Cuánto vale (valen)? No tiene (tienen) etiqueta.
32. ¿Dónde está el cajero o la cajera?

CAPÍTULO 10

¡Cuéntame!

■ PRIMER PASO

Grammar and Vocabulary

A. Look at the four photos, then match each one with the sentences that best describe the weather in that photo. Some sentences may have more than one matching photo. (8 points)

a.

b.

c.

d.

_____ 1. ¡Qué tormenta tan tremenda!

_____ 2. Está muy nublado hoy.

_____ 3. Está despejado y hace calor.

_____ 4. Me gusta la niebla.

_____ 5. ¿Viste ese rayo? ¡Fue enorme!

_____ 6. Siempre cae un aguacero por la tarde.

_____ 7. ¡Qué húmedo está!

_____ 8. ¡Qué truenos tan fuertes!

SCORE _____

B. The students in Señora Roque's class are all writing mystery stories. Below are beginnings to six stories. Complete each sentence with the correct preterite and imperfect forms of the verbs in parentheses. Read carefully to decide whether to use preterite or imperfect. (12 points)

9. Cuando el detective Núñez _____ (llamar) a su cliente con unas noticias urgentes, _____ (ser) las nueve de la noche.

10. El día en que Amelia _____ (perderse) para siempre en la capital, _____ (hacer) sol y había mucha gente en la calle.

Quiz 10-1A

11. El señor Salinas y su gato _____ (dormirse) en el sofá cuando los dos

_____ (oír) algo en el patio.

12. La doctora Marcos ya _____ (sentirse) preocupada cuando dos pacientes

más _____ (llegar) con los mismos síntomas raros.

13. Don Jaime _____ (desayunar) tranquilamente cuando _____

(recibir) dos llamadas telefónicas misteriosas.

14. Cuando Paula _____ (ver) al hombre calvo por primera vez, recuerdo que

ella y yo _____ (ir) al parque.

SCORE [   ]

C. Leti is describing a family wedding she went to last Saturday. Complete her description with the correct preterite form of the verbs in parentheses. Remember to use the correct reflexive pronoun. (10 points)

Mi primo Guille 15. _____ (casarse) con su novia Teresa el sábado.

Fue una boda muy interesante. Primero, mi familia y yo llegamos tarde porque yo

16. _____ (perderse) buscando la iglesia. Luego, durante la ceremonia

la mamá de Teresa 17. _____ (dormirse) porque estaba tan cansada.

Después, en la recepción, mi tío Lucas 18. _____ (caerse). Al principio

todos los invitados 19. _____ (creer) que se hizo daño, pero por

suerte no le pasó nada serio. Pero sí 20. _____ (romperse) varios

platos y vasos. ¿Qué más pasó? Durante la cena, Guille le 21. _____

(leer) un poema de amor a Teresa. Qué romántico, ¿no? Y también en la recepción, mi pri-

ma Laura conoció a un amigo de Teresa y creo que los dos 22. _____

(enamorarse). Al final, a las dos de la mañana, los novios 23. _____

(despedirse) de los invitados. Para la luna de miel, ellos 24. _____

(irse) a la Florida.

SCORE [   ]

TOTAL SCORE [/30]

CAPÍTULO

10 ¡Cuéntame!

PRIMER PASO

Maximum Score: 30

I. Listening

A. Every week the local radio station runs a series of short stories read by drama students at the local high school. As you listen to portions of four stories, notice what the author uses to set the scene and what is a main event. Then indicate whether the statements are **a)** true or **b)** false. (8 points)

a   b   1. A bolt of lightning played an important part in this story.

a   b   2. The weather was bad, but it didn't affect what happened in this story.

a   b   3. When the young man woke up in the morning, it was foggy.

a   b   4. The only reason Brenda thought Adrián was clumsy was because he got lost once.

SCORE

II. Reading

B. Read the beginning of Claudio's story about something that happened to him last summer. Then answer the questions. (12 points)

> Eran las cuatro de la mañana. Alfonso y yo regresábamos de una fiesta cuando empezó a llover. Me asusté mucho con los rayos y los truenos. En ese momento cayó una tormenta, y a causa de la lluvia ya no podíamos ver bien el camino. Definitivamente nos perdimos. A lo lejos vimos una casa muy grande. Caminamos en la lluvia y llegamos a tocar a la puerta. Esperamos un buen rato, pero nadie nos abrió. No había nadie en la casa. Y todavía seguía la tormenta. Estábamos muy preocupados. Entonces...

5. What time was it when this event happened?

_____

_____

_____

6. Where were Claudio and Alfonso going? Did they reach their destination?

_____

_____

_____

7. What words were used to set the scene?

_____

_____

_____

8. What words were used to show an interrupting event?

_____

_____

CAPÍTULO 10

Quiz 10-1B

9. Write a sentence in English explaining the role that the weather plays in the story.

_____

_____

10. How did Claudio feel during this event? Write your answer in English.

_____

_____

SCORE ☐

III. Writing

C. In Spanish, write the beginning of a story about Pedro and Marisa at the beach. Use the following sentences as a guide. (10 points)

11. The story begins with a sunny day at the beach.

_____

_____

12. Describe what time it was and how the characters were feeling.

_____

_____

13. The characters in the story were playing volleyball.

_____

_____

14. Using **cuando**, describe what was happening when a change in the weather interrupted the game.

_____

_____

15. Explain what Marisa was doing when Pedro fell.

_____

_____

SCORE ☐

TOTAL SCORE ☐ /30

CAPÍTULO 10

¡Cuéntame!

■ SEGUNDO PASO

Grammar and Vocabulary

A. Rosaura is writing a story for her school's literary magazine. Next to each picture, write the Spanish words she needs to tell her story. (6 points)

1. _____

2. _____

3. _____

4. _____

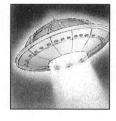

5. _____

6. _____

SCORE [＿＿＿＿]

B. Rosaura and her classmates have now finished the first drafts of their stories. Read these sentences from their drafts and identify each as a continuation (**C**) or ending (**E**). (5 points)

_____ 7. Fue cuando llegó el enano con la carta.

_____ 8. Al final, se fueron todos a vivir en el castillo enorme.

_____ 9. Entonces el rey fue a buscar el collar de oro.

_____ 10. De repente, todos oyeron a alguien que llamaba a la puerta.

_____ 11. Así que finalmente encontraron al ladrón y el dinero robado.

SCORE [＿＿＿＿]

Quiz 10-2A

C. David is writing an original version of *Beauty and the Beast*. Complete his version with the correct preterite or imperfect form of the verbs in parentheses. (24 points)

Érase una vez, en un pueblo pequeño, una niña muy inteligente y valiente que se llamaba

Bella. Ella y su familia 12. _____ (ser) muy pobres. Un día, Bella

13. _____ (decidir) salir del pueblo a buscar su fortuna. Eran las once de

la noche y todos en la casa 14. _____ (dormir) cuando Bella

15. _____ (levantarse) e 16. _____ (hacer) su

maleta en silencio. Ella 17. _____ (irse) sin despedirse de nadie.

¡Qué oscuro 18. _____ (estar) y qué frío 19. _____

(hacer)! Bella caminaba tranquilamente por el camino cuando de repente

20. _____ (ver) un castillo enorme. Como Bella era tan valiente,

21. _____ (llegar) al castillo y 22. _____ (llamar) a

la puerta. Después de unos minutos, la puerta 23. _____ (abrirse) y...

SCORE _____

TOTAL SCORE _____ /35

CAPÍTULO

10

¡Cuéntame!

SEGUNDO PASO

I. Listening

A. You will hear four story fragments. Listen to each one and indicate if what you hear is **a) the beginning**, **b) the continuation**, or **c) the end of the story**. (8 points)

1.   a   b   c
2.   a   b   c
3.   a   b   c
4.   a   b   c

SCORE [   ]

II. Reading

B. Read Alfredo's story about an incident from his childhood. Then read the questions below and on the next page and choose the best answer. (10 points)

> **H**ace mucho tiempo, cuando yo era pequeño, mi hermano y yo jugábamos en el jardín. Era un día muy soleado. De repente vimos un OVNI muy cerca de la casa, volando por el cielo. Era una nave espacial gigantesca, llena de luces de colores muy vivos. Entonces corrimos a la casa a decirle a mamá que vimos un OVNI. En seguida comenzaron los problemas. Mamá no nos creyó y como pensaba que no le decíamos la verdad, se puso furiosa. Dijo: "Los OVNI no existen. Dejen de molestar ya. ¡Váyanse inmediatemente a hacer su tarea que es tarde!" Al final tuvimos que subir a nuestro cuarto a hacer la tarea. No volvimos a ver un OVNI nunca más.

_____ 5. What type of story is this?
    a. science fiction
    b. a fairy tale

_____ 6. What happened to the brothers after Alfredo set the scene for the story?
    a. They saw a spaceship.
    b. They saw a dwarf.

_____ 7. How did their mom react to their news?
    a. She was thrilled.
    b. She didn't believe it.

_____ 8. When setting the scene, how does Alfredo describe the weather?
    a. It was foggy.
    b. It was sunny.

Quiz 10-2B

_____ 9. What did the brothers have to do at the end?
   a. They had to run for help.
   b. They had to go do their homework.

SCORE [   ]

III. Writing

C. Using the set of pictures, write a short fairy tale. The first sentence must begin your story. The next two should set the scene. The next two should continue the story, describing what happened. The last sentence should end your story. (12 points)

a.

b.

c.

10. _____

11. _____

12. _____

13. _____

14. _____

15. _____

SCORE [   ]

IV. Culture

D. According to what you read in your textbook, write a sentence describing why people throughout the Andes still wear ponchos with fringe. (5 points)

16. _____

_____

SCORE [   ]

TOTAL SCORE [   ] /35

CAPÍTULO 10

¡Cuéntame!

Quiz 10-3A

Maximum Score: 35

■ TERCER PASO

Grammar and Vocabulary

A. On your way to class, you overheard parts of different conversations. For each statement you overheard, decide if the speaker is telling someone news (**T**) or reacting to news (**R**). (12 points)

_____ 1. ¿Te enteraste del problema en el laboratorio?

_____ 2. No vas a creer lo que le pasó a Sara.

_____ 3. ¿Un OVNI en la cancha de fútbol? ¡No puede ser!

_____ 4. Oí que un grupo latino va a tocar en el baile.

_____ 5. No me lo creo. ¿Estás seguro?

_____ 6. Fíjate, Adolfo se va a otra ciudad para vivir.

_____ 7. ¡No me digas! ¿Qué pasó? ¡Cuéntame!

_____ 8. ¿Tú crees? Personalmente, lo dudo.

SCORE [   ]

B. Rafael is writing a letter to a friend who recently moved to another town. Complete Rafael's letter about all the latest news with the missing expressions. Use each expression once. (14 points)

hicieron las paces	noticias	chisme	metiche	
	chismosos	furioso	rompieron	

...Ahora te cuento el **9.** _____ sobre Susi y Beto. La semana

pasada se pelearon y **10.** _____ . Parece que Beto estaba

11. _____ con Susi. Dijo (He said) que los amigos de ella eran

todos unos **12.** _____ que se lo pasaban hablando de la vida per-

sonal de los demás. ¡Fíjate! Pero ahora las últimas **13.** _____ son

que otra vez están juntos. Su amiga Laura, que es una **14.** _____ ,

habló con los dos. Entonces Beto llamó a Susi y por fin **15.** _____

Y no vas a creer lo que le pasó a...

SCORE [   ]

Quiz 10-3A

C. Miguel is gossiping about why so few people showed up at the club meeting. Complete the explanations of why people didn't attend with the correct preterite form of **tener**. (9 points)

16. Marisa _____ que estudiar para el examen de química.

17. Elisa, tú _____ una cita con el dentista, ¿verdad?

18. Y yo _____ que ir al entrenamiento *(practice)* de voleibol.

19. Después, Roberto y yo _____ que hacer unos mandados.

20. Creo que Blanca y Javier _____ que ayudar en casa.

21. Y la profesora Molina _____ un problema con su carro.

SCORE ☐

TOTAL SCORE ☐ /35

Holt Spanish 2 ¡Ven conmigo!, Chapter 10

¡Cuéntame!

■ TERCER PASO

Maximum Score: 35

I. Listening

A. Listen as Alejo tells everyone the latest news. Then indicate if each of Alejo's friends reacts with **a) doubt**, **b) indifference**, or **c) surprise** to each news item. (8 points)

_____ 1.

_____ 2.

_____ 3.

_____ 4.

SCORE [   ]

II. Reading

B. Marcos received a letter from his friend Eva. Read the letter, and then decide if the statements that follow are **a)** true or **b)** false. (12 points)

> el 5 de mayo
>
> Hola Marcos,
> Te escribo para contarte todos los chismes de nuestras amigas, Pilar y Mariana. Pilar se peleó con Roberto la semana pasada. Y ¡qué bueno! Él era un pesado y me caía muy mal. Espero que no hagan las paces. Por otro lado, ¿te acuerdas que Mariana se peleó con Óscar? Pues ya hicieron las paces. Y me da mucho gusto porque Óscar me cae de maravilla. Yo finalmente rompí con Alberto. Quiero contarte otra noticia. No lo vas a creer. Cuando a mí me lo dijeron, lo primero que yo dije fue: "Lo dudo. No puede ser. Esas cosas no pasan nunca". Bueno, el chisme es que mi hermana Claudia dice que el otro día vio una nave espacial en la escuela. Salieron varios enanos verdes y Roberto se subió con ellos a la nave. ¿Lo crees tú? Pues hace varios días que no lo veo. Mi hermana siempre dice cosas locas. Escríbeme y cuéntamelo todo.
> Tu amiga,
> Eva

_____ 5. Pilar se peleó con Óscar.

_____ 6. Eva le escribe a Marcos sobre las últimas noticias del día.

_____ 7. Alberto y Eva rompieron.

_____ 8. Eva vio a Roberto subirse a una nave espacial.

_____ 9. Claudia siempre dice cosas locas.

_____ 10. Eva cree el chisme de la nave y los enanos.

SCORE [   ]

Quiz 10-3B

III. Writing

C. You and a friend are talking about the latest news. Write sentences or questions in Spanish according to the instructions. (12 points)

11. How would you ask your friend if she's heard about what happened to Marta?

_____

12. How would you tell your friend that you read that a famous actor had an accident?

_____

13. How would you ask her if she found out about the problem Ricardo and Isa had yesterday?

_____

Now imagine your friend has told you something interesting about a classmate.

14. How would you ask your friend to tell you all about it?

_____

15. How would you tell her you're not surprised?

_____

16. How would you tell your friend that you don't believe it?

_____

SCORE _____

IV. Culture

D. According to what you read in your textbook, write a sentence in English describing the basic theme of the legend called **La Llorona**. (3 points)

17. _____

_____

_____

SCORE _____

TOTAL SCORE _____ /35

CUMULATIVE SCORE FOR QUIZZES 1–3 _____ /100

CAPÍTULO

¡Cuéntame!

I. Listening

Maximum Score: 30 points

A. Listen to the following fragments of several different stories. Then choose the phrase that best applies to each fragment. (15 points)

_____ 1. **a.** Fue cuando el perrito sintió el frío húmedo.
         b. Érase una vez un perrito que se llamaba Nando.

_____ 2. **a.** Cuando comienza la historia, no hay seres humanos.
         b. Los animales vivían en paz con los hombres.

_____ 3. **a.** Aquí termina el cuento.
         b. Carlos seguía buscando al perrito.

_____ 4. **a.** El policía corrió detrás de la chica del monopatín.
         b. La chica hacía monopatín cuando tuvo un accidente con el ladrón.

_____ 5. **a.** Ésta es la continuación de la historia de Nando.
         b. Ricardo cree que Nando está durmiendo en la sala.

SCORE _____

B. "It was a dark and stormy night." So begins many an odd tale. Listen to this short story and then indicate whether the statements are **a)** true or **b)** false. (15 points)

_____ 6. El hada madrina de este cuento es el enano.

_____ 7. Esta historia combina elementos de un cuento de hadas con uno de ciencia ficción.

_____ 8. El príncipe se casó con la princesa y todos vivieron felizmente.

_____ 9. En el sueño de Leni, el perro Chato se transformó en un enano.

_____ 10. Leni soñó que ella era un enano verde en una nave espacial.

SCORE _____

CAPÍTULO 10

Chapter 10 Test

II. Reading   Maximum Score: 30 points

C. Read Lucas' letter to his friend Gustavo. Then indicate if the statements that follow are **a)** true or **b)** false. (15 points)

Hola Gustavo,

¿Cómo te va? A mí me va bien en el colegio. Te quiero contar las últimas noticias. Pero, ¡no te lo vas a creer! ¿Te acuerdas de Cristina y José Ignacio? Pues se enamoraron el verano pasado. El chisme es muy bueno. Ahora que son novios ya no se pelean nunca. ¡Fíjate! Me da mucho gusto y ahora dicen que se van a casar. ¿Te enteraste que Maricarmen, la metiche, se peleó con Susana? Susana no quiere hacer las paces con ella. A Maricarmen le gusta pelearse con todos. La última noticia es que estoy saliendo con una chica que se llama Silvina. Me cae muy bien. Espero que la conozcas pronto. Te va a caer muy bien también.

Nos vemos pronto,

Lucas

---

a   b   **11.** Lucas le escribe a Gustavo los chismes de sus amigos.

a   b   **12.** Lucas opina que Cristina y José Ignacio se pelean mucho.

a   b   **13.** Lucas opina que a Susana le gusta pelearse con todos.

a   b   **14.** Susana es una metiche.

a   b   **15.** Lucas sale con Silvina.

SCORE _____

CAPÍTULO 10

Nombre _____ Clase _____ Fecha _____

D. The following paragraphs are fragments of different stories. Determine if in each fragment
a) characters are introduced, **b)** the weather plays a major role, **c)** time is a major factor, or
d) none of the above. (15 points)

16. Hoy por la mañana Francisco se peleó con Ignacio. La novia de Francisco, Alexis, quiere salir con Ignacio. Francisco está furioso.

17. Se cuenta que había una isla tan lejana que no vivía nadie allí. Pero un día, el explorador John Pike llegó con muchos hombres. Entre ellos estaba el famoso enano José Luis Benavides, el que contaba historias, mentiras y chistes.

18. El bosque estaba muy húmedo. Parecía que llovía día y noche. De repente, cayeron rayos y truenos. Los animales estaban asustados.

19. Eran las cuatro de la mañana. Todo estaba oscuro. Flora tenía sueño, pero no podía dormirse. Estaba frustrada y quería levantarse ya, pero sólo eran las cuatro y diez. Después de un momento, miró el reloj y eran las cuatro y cuarto de la mañana.

20. Hoy por la mañana un grupo de gente vio un OVNI en el centro de la ciudad. Era una nave espacial bastante grande, con muchos colores. Cuando la vieron empezó a llover. De la nave espacial salieron muchos enanos. En ese momento los ladrones salían del banco con todo el dinero, cuando los enanos los atraparon. Finalmente, dice la gente, los enanos se llevaron el dinero a su planeta.

CAPÍTULO 10

_____ 16.   _____ 19.
_____ 17.   _____ 20.
_____ 18.

SCORE _____

Chapter 10 Test

III. Culture

Maximum Score: 10 points

E. According to what you read in your textbook on culture in Spanish-speaking countries, read the statements below and decide if each is **a)** true or **b)** false. (6 points)

  a   **b**   **21.** The legends of one country often resemble the legends of another country or culture.

  a   **b**   **22.** The legend of **La Llorona** describes people wearing special attire in Ecuador.

SCORE [ ]

F. In the lines provided below, describe the importance of legends, and give an example of a legend that you read in your textbook. (4 points)

23. _____

_____

_____

_____

_____

_____

_____

SCORE [ ]

CAPÍTULO 10

IV. Writing

Maximum Score: 30 points

G. Using the scene below as a guide, write what the characters did while Quico was asleep in the cafeteria. Write your sentences in Spanish. (12 points)

24. (Nina) _____

_____

25. (Nacho) _____

_____

26. (Tere) _____

_____

27. (Chema) _____

_____

28. (Los señores Martí) _____

_____

29. (Lalo) _____

_____

SCORE ☐

Chapter 10 Test

H. Look at the picture below and imagine you are one of the characters. Write a story in Spanish as if it happened some time ago. The instructions in each item will help you. (18 points)

30. Begin the story.

_____

_____

31. Set the scene by describing what time it was and how the characters in your story were feeling.

_____

_____

32. Describe the situation and some of the characters in your story.

_____

_____

33. Write about something that was going on when something else interrupted.

_____

_____

34. Continue the story and describe something that happened to one of the characters.

_____

_____

35. Write how things came out at the end.

_____

_____

SCORE ☐

TOTAL SCORE ☐ /100

Holt Spanish 2 ¡Ven conmigo!, Chapter 10

CAPÍTULO 10

CAPÍTULO 10 Chapter Test Score Sheet

I. Listening
Maximum Score: 30 points

A. (15 points: 3 points per item)   **B.** (15 points: 3 points per item)

1. a b   6. a b
2. a b   7. a b
3. a b   8. a b
4. a b   9. a b
5. a b   10. a b

SCORE [   ]   SCORE [   ]

II. Reading
Maximum Score: 30 points

C. (15 points: 3 points per item)   **D.** (15 points: 3 points per item)

11. a b   16. a b c d
12. a b   17. a b c d
13. a b   18. a b c d
14. a b   19. a b c d
15. a b   20. a b c d

SCORE [   ]   SCORE [   ]

III. Culture
Maximum Score: 10 points

E. (6 points: 3 points per item)   **F.** (4 points)

21. a b   23. _____

22. a b   _____

                        _____

                        _____

                        _____

                        _____

SCORE [   ]   SCORE [   ]

CAPÍTULO 10

IV. Writing

G. (12 points: 2 points per item)

24. (Nina) _____

_____

25. (Nacho) _____

_____

26. (Tere) _____

_____

27. (Chema) _____

_____

28. (Los señores Martí) _____

_____

29. (Lalo) _____

_____

SCORE [   ]

H. (18 points: 3 points per item)

30. _____

_____

31. _____

_____

32. _____

_____

33. _____

_____

34. _____

_____

35. _____

_____

SCORE [   ]

TOTAL SCORE [   ] /100

Quiz 1O-1B Primer paso

I. Listening

1. Se cuenta que el gato Bigotes era muy inteligente porque sabía abrir la puerta para salir de la casa. Un buen día, cuando Bigotes abrió la puerta para salir, había una tormenta terrible. Un rayo lo asustó mucho y Bigotes se fue corriendo...

2. Hace mucho tiempo, yo iba al Colegio Mayor. Me acuerdo de un día en particular. Por la mañana estaba despejado pero muy húmedo. Pero esa tarde empezó a caer un aguacero increíble. Tuvimos que quedarnos en el edificio del colegio hasta muy tarde y nuestros padres estaban bien preocupados...

3. Érase una vez un chico del campo que se enamoró de una chica y quería casarse con ella. Pero el padre de la chica le dijo que tenía que hacer una aventura. El chico se despidió de sus padres y se fue. Esa noche se durmió en el bosque, y cuando se despertó, había mucha niebla...

4. ¿Por qué se tuvo que enamorar Adrián de Brenda? Él sabía que ella lo consideraba torpe. Cada vez que comían juntos en la cafetería, él rompía un vaso o un plato. Si corría de una clase para otra, se caía. Cuando buscaban el estadio de béisbol en Chicago, Adrián tenía el mapa y... ¡se perdieron!

Quiz 1O-2B Segundo paso

I. Listening

1. ANDREA Fue cuando la estrella se cayó del cielo. El hada madrina mandó al enano Picolito a encontrarla, pero una ladrona llegó antes y se fue con la estrella al fondo del Lago de Agua Azul.

2. OCTAVIO Entonces Selena les contó que vio un OVNI y en seguida comenzaron los problemas. La reportera le preguntó si creía que era una nave espacial de otro planeta. "De otro planeta no," contestó Selena, "¡de otra galaxia!"

3. FELIPE Así que el príncipe Felipe se enamoró de la princesa y después se casaron. Se fueron a vivir al castillo y en fin, todo salió bien.

4. CELIA Se cuenta que hace mucho tiempo, en un lugar muy lejos de aquí, vivía una princesa en un castillo grande y triste.

Quiz 1O-3B Tercer paso

I. Listening

1. ALEJO Oye, Lalo. ¿Te enteraste que Chencho está furioso con Yamilé? Dicen que va a romper con ella.
   LALO Eso lo dudo. ¿Quién te lo contó, algún metiche?

2. ALEJO Hola, Doris. Oye, ¿has oído hablar del desfile que van a hacer los maestros? Dicen que va a desfilar con ellos el presidente del Club de Genealogía.
   DORIS Y eso, ¿qué? Ese tipo me parece tan aburrido como un pato.

3. ALEJO Fíjate, oí que nuestro profesor de español va a ser el nuevo director del colegio.
   CAROLINA ¡No me digas! La señora Reyes va a estar furiosa porque ella quería ese puesto.

4. ALEJO ¿Te enteraste que Tony tuvo un accidente en el carro de su mamá?
   LUISA ¿Cómo? ¿Qué dices? ¡Cuéntame lo que pasó!

CAPÍTULO 10

ANSWERS Quiz 10-1A

A. (8 points: 1 point per item)
Some answers may vary. Possible answers:
1. a, c
2. c, d
3. b
4. d
5. a
6. a, c
7. c, d
8. a

B. (12 points: 2 points per item)
9. llamó, eran
10. se perdió, hacía
11. se dormían, oyeron
12. se sentía, llegaron
13. desayunaba, recibió
14. vio, íbamos

C. (10 points: 1 point per item)
15. se casó
16. me perdí
17. se durmió
18. se cayó
19. creyeron
20. se rompieron
21. leyó
22. se enamoraron
23. se despidieron
24. se fueron

ANSWERS Quiz 10-1B

I. Listening

A. (8 points: 2 points per item)
1. a
2. b
3. a
4. b

II. Reading

B. (12 points: 2 points per item)
Answers will vary. Possible answers:
5. It was four o'clock in the morning.
6. They were going home, but they did not get there.
7. Eran las cuatro de la mañana.
8. Regresábamos de una fiesta cuando empezó a llover.
9. The weather plays a role because it frightens Claudio and causes the boys to get lost on their way home.
10. He was frightened by the thunder and lightning and worried about being out in the storm.

III. Writing

C. (10 points: 2 points per item)
Answers will vary. Possible answers:
11. Era un día soleado en la playa.
12. Eran las tres de la tarde, y los dos estaban contentos.
13. Marisa y Pedro estaban jugando al voleibol.
14. Llegaban unos amigos a jugar con ellos cuando empezó a llover.
15. Marisa ponía las toallas en la bolsa cuando Pedro se cayó.

Answers to Quizzes 10-2A, 10-2B

ANSWERS Quiz 10-2A

A. (6 points: 1 point per item)
1. el príncipe
2. la estrella
3. la galaxia
4. el planeta
5. el OVNI
6. la princesa

B. (5 points: 1 point per item)
7. C
8. E
9. C
10. C
11. E

C. (24 points: 2 points per item)
12. eran
13. decidió
14. dormían
15. se levantó
16. hizo
17. se fue
18. estaba
19. hacía
20. vio
21. llegó
22. llamó
23. se abrió

ANSWERS Quiz 10-2B

I. Listening

A. (8 points: 2 points per item)
1. b
2. b
3. c
4. a

II. Reading

B. (10 points: 2 points per item)
5. a
6. a
7. b
8. b
9. b

III. Writing

C. (12 points: 2 points per item)
Answers will vary. Possible answers:
10. Hace mucho tiempo, érase una vez un príncipe que vivía en un castillo grande.
11. El príncipe estaba aburrido porque nunca pasaba nada interesante en el castillo.
12. Él quería divertirse, pero no sabía qué hacer.
13. Un día, cuando estaba en la torre del castillo, el príncipe vio a un ladrón.
14. Entonces el príncipe llamó a los enanos y en seguida todos corrieron a la puerta.
15. Al final, el ladrón salió con una bolsa de dinero y joyas.

IV. Culture

D. (5 points)
16. Answers will vary. Possible answer: To pay homage to the sun god.

Answers to Quizzes 10-3A, 10-3B

ANSWERS Quiz 10-3A

A. (12 points: 1.5 points per item)
1. T
2. T
3. R
4. T
5. R
6. T
7. R
8. R

B. (14 points: 2 points per item)
9. chisme
10. rompieron
11. furioso
12. chismosos
13. noticias
14. metiche
15. hicieron las paces

C. (9 points: 1.5 points per item)
16. tuvo
17. tuviste
18. tuve
19. tuvimos
20. tuvieron
21. tuvo

ANSWERS Quiz 10-3B

I. Listening

A. (8 points: 2 points per item)
1. a
2. b
3. c
4. c

II. Reading

B. (12 points: 2 points per item)
5. b
6. b
7. a
8. b
9. a
10. b

III. Writing

C. (12 points: 2 points per item)
Answers will vary. Possible answers:
11. ¿Has oído hablar de lo que le pasó a Marta?
12. Leí que Brad Pitt tuvo un accidente.
13. ¿Te enteraste del problema que tuvieron Ricardo e Isa ayer?
14. Cuéntamelo todo.
15. Bueno, no me extraña.
16. ¡No me digas! No lo puedo creer.

IV. Culture

D. (3 points)
17. Answers will vary. Possible answer: The legend tells of a woman who was walking through the night looking for her lost children or for her lost love.

I. Listening

A. 1. Hace mucho tiempo, vivía un perrito en Cuenca que se llamaba Nando. Siempre había mucha niebla por las montañas y hacía un frío húmedo, pero Nando tenía el pelo largo y abundante y no sentía nada.

2. Érase una vez una serpiente de cristal que vivía en el cielo. Un día se rompió y formó millones de estrellas. Una de esas estrellas se llamaba el Sol, y en el tercer planeta de ese Sol, vivían todos los animales, con la sola excepción del hombre.

3. —¿Cómo? ¿De qué hablan? Cuéntenme.
   —¿No sabías que encontraron a Nando? Estaba durmiendo en la sala cuando Carlos regresó del campo.
   —Así que al final todo salió bien.
   —Sí, en efecto.

4. Fue cuando los problemas empezaron para el ladrón. El policía corrió detrás de él a toda velocidad. El ladrón corría rapidísimo cuando salió de la esquina una chica que hacía monopatín y ¡crac!... el ladrón se cayó.

5. —¡Ricardo, por fin! Fíjate que te buscábamos por todos lados. ¿Te enteraste que no podemos encontrar a Nando?
   —Bueno, no me extraña. Ya sabes que le gusta correr y jugar.
   —¡Pero Ricardo, Jaime dice que vio un OVNI en el campo por donde iba Nando! ¡Y que unos enanos verdes salieron del OVNI y...

B. La princesa Leonora estaba aburrida. Estaba tan nublado y tormentoso que no podía ver ni los árboles en el jardín. Leonora quería salir y pelear con el dragón, pero con el tiempo que hacía el dragón estaba resfriado y no podía pelear. Leonora invitó al enano Chato a jugar al ajedrez, pero parecía que todos los enanos estaban muy ocupados y no querían jugar.

De repente, Leonora escuchó un trueno tremendo y cayó un rayo. A la luz brillante del rayo, ella vio un enano que corría por el jardín. Pero, ¡qué raro el enano! Era todo verde, verde, y dos cosas largas y curiosas le salían de la cabeza. La princesa salió corriendo y lo siguió.

Al llegar al bosque, ella se quedó con la boca abierta. ¡El enano entraba en una nave espacial! Y en la puerta había un hombre muy guapo que gritaba: "¡SOCORRO! Soy el Príncipe Juan Luis y éstos enanos verdes vienen de un planeta en otra galaxia. Soy prisionero y no puedo escapar. ¡Ayúdenme!"

De repente, cayó otro rayo y Leonora se despertó. Junto a la estufa de leña dormía su perro Chato. "¡Leni!", gritaba su mamá. "Despiértate. ¿Ya ves lo que pasa cuando lees tantos libros? Es hora de salir y no puedo encontrar a Juan Luis".

Y... ¿el príncipe? ¿Y los enanos? ¡Todo fue un sueño de Leni!

CAPÍTULO 10

I. Listening Maximum Score: 30 points

A. (15 points: 3 points per item)
1. b
2. a
3. a
4. b
5. a

B. (15 points: 3 points per item)
6. b
7. a
8. b
9. a
10. b

II. Reading Maximum Score: 30 points

C. (15 points: 3 points per item)
11. a
12. b
13. b
14. b
15. a

D. (15 points: 3 points per item)
16. d
17. a
18. b
19. c
20. d

III. Culture Maximum Score: 10 points

E. (6 points: 3 points per item)
21. a
22. b

F. (4 points)
23. Legends are important because they reflect the history and culture of a place. One legend from Ecuador explains the origin of red ponchos with fringes.

IV. Writing Maximum Score: 30 points

G. (12 points: 2 points per item)
24. Cuando Quico dormía Nina se cayó.
25. Cuando Quico dormía Nacho se enamoró de Leli.
26. Cuando Quico dormía Tere se despidió de Chema.
27. Cuando Quico dormía Chema se despidió de Tere.
28. Cuando Quico dormía los señores Martí se fueron.
29. Cuando Quico dormía Lalo pidió la comida.

H. (18 points: 3 points per item)
Answers will vary. Possible answers:
30. Bueno, allí estábamos todos en el gimnasio del colegio.
31. Eran las ocho de la noche cuando el baile empezó. Todos se sentían muy contentos.
32. La música y la comida eran excelentes. Todos llevaban trajes o vestidos elegantes.
33. El grupo tocaba una canción nueva cuando Tomás se cayó.
34. Fui a ver qué le pasó a Tomás. Oí que se torció el tobillo.
35. Al final, tuvimos que llevarlo al hospital. El baile terminó a las once de la noche.

11 Nuestro medio ambiente

■ PRIMER PASO

Grammar and Vocabulary

A. Everyone in the Ecology Club has opinions about environmental issues. Use the words below to complete what club members say. (12 points)

desperdicio	combustibles	químicos	destrucción
contaminación	selvas	tira	capa

GRACIA ¿Leyeron ustedes el artículo sobre el Amazonas? ¡Es terrible! Estoy muy preocupada

por las **1.** _____ tropicales.

FELIPE Sí, eso y la **2.** _____ de la **3.** _____ de ozono

son los problemas más graves.

SONIA A mí me parece muy serio la **4.** _____ del aire y del mar. Cada vez

más la gente **5.** _____ plástico y **6.** _____ en

los ríos y en las playas.

SUSO Creo que otro problema es el **7.** _____ de los recursos naturales,

como el petróleo, el aceite y otros **8.** _____ .

SCORE [____]

B. You're preparing to appear on a quiz show on nature. Match each animal to its corresponding definition. (12 points)

_____ **9.** mamífero *(mammal)* acuático muy inteligente

_____ **10.** ave símbolo de los Estados Unidos

_____ **11.** mamífero acuático muy grande

_____ **12.** ave grande de California y los Andes, en peligro de extinción

_____ **13.** mamífero pequeño que sale de noche

_____ **14.** mosquitos, cucarachas, etcétera

a. la ballena

b. los insectos

c. el delfín

d. el águila

e. el cóndor

f. el murciélago

SCORE [____]

Quiz 11-1A

C. Respond to each question about the environment with a negative answer. Include the negative word that corresponds to the word underlined in the question. Remember that Spanish may use more than one negative word or expression in a sentence. (6 points)

15. En tu opinión, ¿hay <u>una</u> solución al problema del smog?

_____

_____

16. Entonces, ¿podemos hacer <u>algo</u> por las playas contaminadas?

_____

_____

17. En tu opinión, ¿<u>alguien</u> está preocupado por la situación?

_____

_____

18. ¿Tus amigos <u>siempre</u> tratan de reciclar *(to recycle)*?

_____

_____

SCORE [   ]

TOTAL SCORE [   ] /30

Nuestro medio ambiente

■ PRIMER PASO

I. Listening

A. Diana has been asked to speak at a school assembly about some of the problems in big cities today. Listen to her talk, then answer the questions below by circling the letter of the best response. (8 points)

a b 1. Diana piensa que _____.
     a. nadie se preocupa por los problemas   **b.** preocuparse no es suficiente

a b 2. Diana piensa que hay demasiado(s) _____.
     a. desperdicio de petróleo   **b.** lugares para depositar la basura

a b 3. Diana _____.
     a. menciona dos cosas que están mejorando
     b. no menciona ningún efecto positivo

a b 4. Un ejemplo de lo que se puede hacer para mejorar la situación es _____.
     a. quejarse del sistema   **b.** aceptar la responsabilidad personal

SCORE

II. Reading

B. First read the passage from Miguel, who went to visit his cousin Pablo. Then choose the letter of the phrase that best completes the statements on the next page. (10 points)

Hace un mes fui a visitar a mi primo Pablo que vive en la capital. No me gustó para nada la ciudad. Primero vi millones de carros por todos lados. El aire que respirábamos estaba casi negro. Pablo dijo que ese aire se llamaba "smog". Todos los habitantes de la capital tiraban basura a la calle. La cantidad de basura que vi en una semana fue increíble. Todos desperdician los recursos. Y nadie parece estar preocupado. Yo le pregunté a Pablo qué hacen para mejorar la situación. Él dijo que nadie hace nada y que nadie se preocupa por el medio ambiente. Yo me asusté y regresé a mi pueblo. Después pensé que yo nunca iba a vivir en la capital.

Quiz 11-1B

_____ 5. El primo de Miguel vive en...
  a. una ciudad grande   **b.** una ciudad muy pequeña   **c.** un pueblo

_____ 6. En la ciudad hay millones de...
  a. calles   **b.** recursos   **c.** carros

_____ 7. Miguel quiere saber qué hacen para mejorar...
  a. los recursos   **b.** la situación   **c.** el smog

_____ 8. El aire que respiraban en la capital se llama...
  a. negro   **b.** smog   **c.** basura

_____ 9. Según Miguel, ¿quién parece estar preocupado?
  a. todo el mundo   **b.** Pablo   **c.** nadie   SCORE [   ]

III. Writing

C. For each picture, write two sentences in Spanish describing the problem shown. (12 points)

10.

12.

11.

13.

10. _____

_____

11. _____

_____

12. _____

_____

13. _____

_____

SCORE [   ]   TOTAL SCORE [/30]

CAPÍTULO 11

Nuestro medio ambiente

■ SEGUNDO PASO

Grammar and Vocabulary

A. Read the short articles about several animals. For each of the statements that follow, write **sí** if it is true and **no** if it is false. (14 points)

Los osos pardos. Por mucho tiempo habitaron la Península Ibérica de norte a sur. Hoy, apenas quedan cien osos pardos en la península. Por eso, la especie está en peligro de extinción pese a los esfuerzos por salvarla.

Las tortugas marinas. Este hermoso animal marino puede desaparecer de la tierra. El hombre es el culpable de esta tragedia ya que las compañías industriales de comida arrasaron con la tortuga.

Los delfines. En las costas peruanas, se pesca indiscriminadamente a estos animales. La pobreza es la causa de ello: la pesca del delfín es un modo de asegurar el bienestar familiar. Por lo tanto es urgente hacer algo acerca de la pobreza.

El águila calva. Ella es el símbolo nacional de los Estados Unidos. Por un tiempo, estuvo a punto de desaparecer, por hoy continúa habitando los cielos y los bosques de este país.

_____ 1. There are only about 100 bald eagles left.

_____ 2. Dolphins are being fished off the coast of Peru.

_____ 3. Brown bears in Spain are no longer in danger of becoming extinct.

_____ 4. Bald eagles are endangered despite efforts to save them.

_____ 5. The food industry is reponsible for making sea turtles an endangered species.

_____ 6. The brown bear is making a comeback in its former habitat.

_____ 7. Fishing dolphins is a way for poor people to make a living.

SCORE [ ]

CAPÍTULO 11

Quiz 11-2A

B. Sometimes Jacobo agrees with Rebeca's opinions and sometimes he doesn't. Read Rebeca's statements, then choose Jacobo's response, according to the cues. (12 points)

_____ 8. Es urgente hacer algo por los animales en peligro de extinción. *(Jacobo disagrees.)*
    a. Estoy de acuerdo.   **b.** No me parece.

_____ 9. No hay buen transporte público. Por eso, el aire está contaminado. *(Jacobo agrees.)*
    a. ¡Te equivocas!   **b.** Sin duda alguna.

_____ 10. Si no dejamos de desperdiciar recursos, vamos a enfrentar una crisis. *(Jacobo agrees.)*
    a. Así es la cosa.   **b.** ¡Al contrario!

_____ 11. El problema de la capa de ozono es muy grave, ¿no crees? *(Jacobo disagrees.)*
    a. Me parece que no.   **b.** ¡Claro que sí!

_____ 12. La destrucción de las selvas tropicales es una tragedia. *(Jacobo agrees.)*
    a. No estoy de acuerdo.   **b.** Tienes razón.

_____ 13. Todos tenemos que ser más responsables. *(Jacobo agrees.)*
    a. ¡Eso es!   **b.** Mira, no lo creo.

SCORE [   ]

C. Some friends are talking about ecological problems and consequences. Complete their conversation with an appropriate expression from the box. (9 points)

por ciento	por consiguiente	porque	por lo tanto	por fin	por eso

RAUL   Hay muchos automóviles y autobuses en la ciudad y **14.** _____ hay demasiado ruido.

CHELA   Las fábricas tiran químicos en los ríos y **15.** _____ los ríos, lagos y mares están contaminados.

BETO   Muchas personas no quieren reciclar *(to recycle)*; **16.** _____ , hay mucha basura.

SANDRA   También hay gente que no usa el sistema de transporte público;

    17. _____ el smog está cada vez peor.

ANDREA   Los mares están muy contaminados y **18.** _____ muchas especies de peces están en peligro de extinción.

MAYRA   Muchos creen que el gobierno debe hacer algo; **19.** _____ no quieren hacer nada como individuos.

SCORE [   ]   TOTAL SCORE [/35]

Nuestro medio ambiente

SEGUNDO PASO

Maximum Score: 35

I. Listening

A. Álvaro is trying to convince all his friends that we're facing an environmental crisis. Listen and fill in the chart below to indicate how strongly each friend agrees or disagrees. (10 points)

	strongly agrees	agrees	disagrees
1. Silvia			
2. Fernando			
3. Gregorio			
4. Rebeca			
5. Samuel			

SCORE _____

II. Reading

B. Read the following flier about environmental problems. Then, based on what you read, choose the best answer for the questions on the next page. (10 points)

Si pronto no cuidamos nuestro planeta, estaremos en peligro.

1. Todos los años cortamos más árboles para cultivar más tierra, pero sin árboles hay erosión. La erosión hace que la tierra sea pobre.

2. Todos los años la expansión industrial destruye zonas de bosques tropicales en el Brasil que equivalen al área de California.

3. Los insecticidas matan muchos animales e insectos útiles. Los fertilizantes e insecticidas contaminan las aguas de los ríos y mares. Y el agua limpia es indispensable para la vida.

4. Los desperdicios industriales van por el aire y por el agua de un país a otro.

5. La lluvia ácida destruye los bosques y los peces en los lagos y ríos.

6. Las plantas nucleares producen grandes cantidades de desperdicios radioactivos.

Éstos son los problemas que tú y los jóvenes de tu generación van a tener que resolver. ¿Qué puedes hacer para mejorar la situación?

Quiz 11-2B

_____ 6. ¿Para qué se cortan los árboles?
     a. Para cultivar más tierra.   b. Para tener más tierra para casas y edificios.

_____ 7. ¿Qué pasa cuando no hay árboles?
     a. Hay más lluvia ácida.   b. Hay más erosión.

_____ 8. ¿Qué hace la lluvia ácida?
     a. Mata muchos insectos.
     b. Destruye los bosques y los peces.

_____ 9. ¿Qué producen las plantas nucleares?
     a. Producen fertilizantes e insecticidas.
     b. Producen desperdicios radioactivos.

_____ 10. ¿Por qué es peligrosa la contaminación de los ríos y los mares?
     a. Porque el agua limpia es indispensable para la vida.
     b. Porque hace que la tierra sea pobre.

SCORE [ ]

III. Writing

C. Use the phrases in the word box and comment on the consequences of each of the items below. Write a sentence in Spanish for each item. (12 points)

por lo tanto	si	por eso	por consiguiente

11. la contaminación del aire

_____

12. las selvas tropicales

_____

13. los recursos naturales

_____

14. la basura

_____

IV. Culture

D. According to what you read in your textbook, write a sentence in English describing the function or purpose of the **Fundación Vida Silvestre Argentina.** (3 points)

15. _____

_____

SCORE [ ]

TOTAL SCORE [ ] /35

CAPÍTULO 11

CAPÍTULO
11

Nuestro medio ambiente

■ TERCER PASO

Grammar and Vocabulary

A. Complete the poster the Ecology Club made for "Save Our Planet" week with the missing verbs. Use each verb only once. (15 points)

desesperarse	apagar	conservar	reciclar	tirar	
mantener	resolver	cambiar	evitar	proteger	

Para ser líder en la recuperación ambiental, hay que:

- *1. _____ las luces al salir de casa*

- *2. _____ energía y recursos naturales*

- *3. _____ los productos empacados*

- *4. _____ las especies en peligro*

- *5. _____ las latas, el vidrio y el papel*

- *6. _____ menos basura*

- *7. _____ limpia la ciudad*

- *8. _____ nuestro estilo de vida*

- *9. _____ los problemas juntos*

*Y no hay que 10. _____ ; juntos,
¡sí podemos encontrar las soluciones!*

SCORE [   ]

CAPÍTULO 11

Quiz 11-3A

B. Félix is predicting what will happen to the environment if certain problems aren't addressed. Write his predictions by combining the expressions given with **si**. (10 points)

MODELO   no hacer nada/enfrentar una crisis
          Si no hacemos nada, vamos a enfrentar una crisis.

11. no dejar de contaminar los lagos y ríos/no tener agua limpia

_____

_____

12. usar los carros menos/tener menos smog

_____

_____

13. no cuidar las especies/desaparecer

_____

_____

14. comprar menos productos empacados/tener menos basura

_____

_____

15. trabajar juntos/resolver los problemas

_____

_____

SCORE [ ]

C. Lidia has some ideas for the Ecology Club's next environmental awareness campaign. Complete the suggestions she makes to other members with the **nosotros** commands of the verbs in parentheses. (10 points)

16. _____ cartas al presidente y al congreso. (escribir)

17. _____ una reunión con otros grupos ambientales. (organizar)

18. _____ un concurso *(contest)* de reciclaje. (hacer)

19. _____ por el centro en bicicletas y carros eléctricos. (desfilar)

20. _____ a la oficina del director para explicarle nuestras ideas. (ir)

SCORE [ ]   TOTAL SCORE [ ] /35

CAPÍTULO 11

Nuestro medio ambiente

Quiz 11-3B

Maximum Score: 35

■ TERCER PASO

I. Listening

A. Doña Penitencia is the voice of Bárbara's environmental conscience. It's her job to remind Bárbara to take care of the world around her, but Bárbara doesn't always pay attention! Listen to the following exchanges and indicate if Bárbara does **a) what her conscience tells her** or **b) the opposite of what her conscience tells her**. (10 points)

_____ 1.   _____ 2.   _____ 3.   _____ 4.   _____ 5.

SCORE [   ]

II. Reading

B. Read Laura's editorial about environmental issues published in the local newspaper. Then read the statements which follow. Write **cierto** if the statement agrees with Laura's point of view or **falso** if it doesn't. (10 points)

¿Qué podemos hacer para salvar nuestro planeta? Unas personas creen que el gobierno tiene la responsabilidad de controlar y decidirlo todo. En mi opinión, la responsabilidad es de todos, y no hay mucho tiempo. En muchas partes hay un problema grave con la contaminación. El aire está tan sucio que casi no se puede respirar. Y esa contaminación contribuye a la destrucción de la capa de ozono. Es urgente que todos actuemos ahora. Conservemos energía. Usemos más los medios de transporte público y usemos menos los carros. No compremos tantos aparatos eléctricos, y tratemos de limitar la destrucción de las selvas tropicales.

_____ 6. The government is responsible for saving the planet.

_____ 7. The level of pollution has gotten better in many places.

_____ 8. Everyone needs to act now.

_____ 9. Using public buses will increase pollution levels.

_____ 10. One way to help is to use fewer electrical appliances.

SCORE [   ]

Quiz 11-3B

III. Writing

C. For each environmental problem below, suggest a possible solution in Spanish. Include the expressions from this **paso** used to talk about obligations and solutions. (10 points)

11. la destrucción de las selvas tropicales

_____

_____

12. la contaminación del aire y del agua

_____

_____

13. los animales en peligro de extinción

_____

_____

14. el desperdicio de recursos naturales

_____

_____

15. el uso de muchos productos químicos

_____

_____

SCORE ☐

IV. Culture

D. According to what you read in your textbook, write sentences in English explaining **a)** why the pollution problem in Southern California is of concern to people living in Tijuana, Mexico and **b)** what people in San Diego and Tijuana are doing to prevent sewage from draining into the Pacific Ocean during heavy rains. (5 points)

16. **a.** _____

_____

b. _____

_____

SCORE ☐

TOTAL SCORE ☐ /35

CUMULATIVE SCORE FOR QUIZZES 1-3 ☐ /100

CAPÍTULO 11

CAPÍTULO

11 Nuestro medio ambiente

I. Listening

Maximum Score: 30 points

A. The **Club de Ecología** is interviewing several candidates for political office. They plan to endorse only those who agree with them. Choose **a) to indicate the candidates the club will support**, and **b) to indicate the candidates the club will not support**. (15 points)

1.   a   b

2.   a   b

3.   a   b

4.   a   b

5.   a   b

SCORE _____

B. Read the list of environmental situations on your test paper. Then listen to some solutions and match each one to its corresponding problem. (15 points)

Problemas

_____ **6.** Si no dejamos de tirar tantas cosas, ya no va a haber lugar para tirar la basura.

_____ **7.** Lo malo es que hay muchos animales en peligro de desaparecer.

_____ **8.** Cada vez hay más basura y contaminación en los bosques y en los lagos.

_____ **9.** El desperdicio del petróleo es uno de los problemas más graves del mundo.

_____**10.** ¿No podemos hacer nada para mejorar la situación?

Soluciones

a

b

c

d

e

SCORE _____

CAPÍTULO 11

Chapter 11 Test

II. Reading

C. Ignacio wrote a report on endangered animals. Read part of his report, then answer the questions that follow. Remember to base your answers on what Ignacio says in his report. (15 points)

¿Cuáles son algunos de los problemas que enfrentan muchas especies de animales?

Destrucción del hábitat
Muchas tierras que antes eran refugios naturales ahora se han convertido en zonas agrícolas. Los bosques y las selvas del planeta están desapareciendo a un ritmo preocupante. En muchos lugares ya quedan menos del 50% de los bosques y selvas que había hace 100 años. Ahora muchos animales y plantas no encuentran un lugar donde vivir.

Contaminación
Por todos lados, ríos, tierras y aire se contaminan con basura, insecticidas, desechos industriales, derrames de petróleo, etcétera. Los animales no tienen defensas contra estos peligros, causados por los hombres, y ya no pueden sobrevivir en muchas zonas por causa de la contaminación.

Compra y venta de animales exóticos
Cada vez más se capturan animales como serpientes, peces, monos y muchas clases de aves para venderlos como mascotas. La gran mayoría de estos animales capturados no sobreviven porque sólo los animales domésticos, como el perro o el gato, pueden vivir con los hombres.

_____ **11.** What does Ignacio say about the amount of forest available as animal habitat?
   a. There is much less forest than before.
   b. There is more forest than before.
   c. There is a little less forest than before.

_____ **12.** According to Ignacio, much of the land where animals used to live . . .
   a. is now used for farming.
   b. is now polluted.
   c. both **a** and **b**.

_____ **13.** Ignacio says that most pollution . . .
   a. is limited to a very few places.
   b. is found in rivers, land and air.
   c. is a problem mainly in oceans and rivers.

_____ **14.** When discussing pollution, Ignacio says . . .
   a. that many animals have built-in defenses against pollution.
   b. that there are different causes of pollution, such as industrial wastes and oil spills.
   c. that it does not represent a real danger to animals in the oceans.

_____ **15.** What does Ignacio say about the capture of wild animals?
   a. Captured wild animals are threatened by domesticated animals.
   b. Many zoos and aquariums capture lions, monkeys, fish, and whales.
   c. The species most frequently captured are birds, snakes, fish and monkeys.

SCORE [   ]

CAPÍTULO 11

D. A high school recently held a debate on environmental issues. The student newspaper published summaries of what two participating students said. Read the summaries. Then read the statements below and decide if each statement was made by **a)** Enid, **b)** Toshiro, **c)** both of them, or **d)** neither of them. (15 points)

> Creo que todos tenemos que hacer unos cambios para mejorar el medio ambiente de nuestra ciudad. El problema más grave es el tirar a la basura los plásticos, el vidrio, las latas y los químicos. La basura de la ciudad se acumula y si no trabajamos juntos, este problema puede empeorar. Afortunadamente, ya estamos empezando con el reciclaje. Sin embargo, no deberíamos esperar a que todos los demás reciclen. A todos nos toca empezar a reciclar ya, sin preguntar quién más lo hace.
>
> *Enid Balboa*

> A todos nos toca proteger el medio ambiente. Si no protegemos la naturaleza y las especies primero, entonces vamos a tener muchos problemas. Estoy preocupado porque muchos animales están en peligro de desaparecer. Hay mucho que hacer para proteger los mares, los océanos y las selvas tropicales. Nadie debe contaminarlos. Si una persona los contamina, entonces todos somos culpables. Por lo tanto es urgente cambiar nuestro estilo de vida.
>
> *Toshiro Kurozawa*

_____ **16.** Tirar todo a la basura contribuye al problema del medio ambiente.

_____ **17.** Los periódicos exageran el problema del medio ambiente.

_____ **18.** Hay que proteger la naturaleza para ayudar a los animales en peligro.

_____ **19.** Todos somos responsables por y culpables de los problemas ambientales.

_____ **20.** No podemos hacer nada para proteger el medio ambiente.

a. Enid

b. Toshiro

c. both

d. neither

SCORE _____

CAPÍTULO 11

Chapter 11 Test

III. Culture

Maximum Score: 10 points

E. According to what you read in your textbook on culture in Spanish-speaking countries, choose the best answer to the following questions. (6 points)

    a   b   **21.** What two cities share environmental problems?
            a. San Diego and Tijuana.
            b. Ciudad Juárez and San Antonio.

    a   b   **22.** What percentage of the world's tropical rain forests is found in South America?
            a. 75%
            b. 50%

SCORE [ ]

F. According to what you read in the textbook, how are goods sold and packaged in many open-air markets and stores in Spanish-speaking countries? (4 points)

23. _____

_____

_____

_____

_____

_____

SCORE [ ]

CAPÍTULO 11

IV. Writing

Maximum Score: 30 points

G. You are campaigning this year for the office of Class President. Your classmates want you to discuss environmental issues affecting the school. In Spanish, answer the students' questions or respond to their remarks. (15 points)

24. En tu opinión, ¿cuál es el problema más grave de la escuela?

   _____

   _____

   _____

25. Algunos profesores piensan que nuestro sistema de reciclaje no funciona.

   _____

   _____

   _____

26. Cada año hay más carros y menos espacio en el estacionamiento de la escuela. ¿Crees que eso tiene solución?

   _____

   _____

   _____

27. Mi problema en la escuela es el ruido. ¿Qué opinas tú?

   _____

   _____

   _____

28. Como presidente, ¿qué piensas hacer primero para proteger el medio ambiente?

   _____

   _____

   _____

SCORE

C A P Í T U L O 1 1

Chapter 11 Test

H. You are explaining the possible outcomes of some environmental actions to an environmental group. Write sentences in Spanish to express what will happen if the following actions occur. (15 points)

MODELO   if we destroy the forests . . .
        Si destruimos los bosques, las aves van a desaparecer.

29. if we don't conserve energy . . .

_____

_____

_____

30. if we don't recycle . . .

_____

_____

_____

31. if we don't protect endangered species . . .

_____

_____

_____

32. if we don't stop wasting resources . . .

_____

_____

_____

33. if we all work together . . .

_____

_____

_____

SCORE ☐

TOTAL SCORE ☐ /100

CAPÍTULO 11

Nombre _____ Clase _____ Fecha _____

CAPÍTULO 11 Chapter Test Score Sheet

I. Listening
Maximum Score: 30 points

A. (15 points: 3 points per item)

1. a b
2. a b
3. a b
4. a b
5. a b

SCORE [   ]

B. (15 points: 3 points per item)

6. a b c d e
7. a b c d e
8. a b c d e
9. a b c d e
10. a b c d e

SCORE [   ]

II. Reading
Maximum Score: 30 points

C. (15 points: 3 points per item)

11. a b c
12. a b c
13. a b c
14. a b c
15. a b c

SCORE [   ]

D. (15 points: 3 points per item)

16. a b c d
17. a b c d
18. a b c d
19. a b c d
20. a b c d

SCORE [   ]

III. Culture
Maximum Score: 10 points

E. (6 points: 3 points per item)

21. a b
22. a b

SCORE [   ]

F. (4 points)

23. _____
_____
_____
_____
_____

SCORE [   ]

C A P Í T U L O 1 1

IV. Writing

Maximum Score: 30 points

G. (15 points: 3 points per item)

23. _____

_____

24. _____

_____

25. _____

_____

26. _____

_____

27. _____

_____

28. _____

_____

SCORE [   ]

H. (15 points: 3 points per item)

29. _____

_____

30. _____

_____

31. _____

_____

32. _____

_____

33. _____

_____

SCORE [   ]

TOTAL SCORE [   ] /100

CAPÍTULO 11

Quiz 11-1B Primer paso

I. Listening

1. Hay demasiados problemas ambientales en las ciudades grandes. Lo malo es que las soluciones no son fáciles. Todos están preocupados por el medio ambiente pero nadie hace nada.
2. Cada vez hay más gente y menos espacio. Cada día hay más carros y autobuses. Por eso hay demasiado ruido y más desperdicio del petróleo.
3. Ya no hay suficientes lugares para depositar los desperdicios industriales. El smog y la contaminación del mar cada día están peores.
4. Todos nos quejamos de que el sistema no funciona. Pero, ¿qué podemos hacer para mejorar la situación? Después de todo, ninguno de nosotros es totalmente inocente. Si no somos parte de la solución, somos parte del problema.

Quiz 11-2B Segundo paso

I. Listening

1.	ÁLVARO	¿Leíste en el periódico que otra especie de pez está en peligro de extinción? ¡Qué horrible!
	SILVIA	También leí eso y hasta cierto punto estoy de acuerdo, pero no me parece que sea tan grande el problema. Creo que el periódico escribe esas cosas para asustar a la gente.
2.	ÁLVARO	Si no dejamos de pescar tanto en el océano podemos enfrentar una crisis.
	FERNANDO	Sin duda alguna. Por consiguiente todos debemos pedir un mejor control de la pesca por parte de todos los países del mundo.
3.	ÁLVARO	Sólo podemos llegar a una solución a la basura si dejamos de usar tantos productos tecnológicos.
	GREGORIO	¡Al contrario! La tecnología nos puede dar la solución a muchos de nuestros problemas del medio ambiente.
4.	ÁLVARO	Las águilas no pueden vivir sin las pequeñas aves, y las pequeñas aves no pueden vivir sin los insectos, y los insectos no pueden vivir con tantos químicos en el agua y en la tierra.
	REBECA	Así es la cosa. Y los murciélagos también necesitan los insectos para sobrevivir.
5.	ÁLVARO	El sistema no funciona, así que necesitamos otro sistema.
	SAMUEL	Me parece que no tienes razón. Mira, si trabajamos con el sistema, podemos hacer algo para mejorar la situación.

Quiz 11-3B Tercer paso

I. Listening

1.	BÁRBARA	¡Ya! Ahí está, toda la tarea. ¡Por fin! (*Yawns*) Hummm, estoy cansada. Y ¡con razón! Ya son las diez y media.
	DOÑA	Apaga la luz, Bárbara. Todos deberíamos conservar la energía.
	BÁRBARA	(*Yawns again.*) Tengo mucho sueño y no quiero levantarme. Voy a dejar la luz. Estoy segura que mamá la va a apagar cuando llegue del baile.
2.	BÁRBARA	Tengo sed, Sabrina. Vamos a tomar algo, ¿sí?
	SABRINA	Ándale, vamos a comprar un refresco, ¿sí?
	DOÑA	Hay que evitar los productos empacados, Bárbara, porque resultan en mucha basura.
	BÁRBARA	Oye, ¿por qué no vamos a mi casa y te preparo un jugo de naranja fresco?
3.	PAPÁ	Mira, Bárbara, tu cuarto está muy sucio. Tienes que limpiarlo antes de ir a casa de Catarina.
	BÁRBARA	Ay, papá, siempre lo mismo. Bueno... ¿Qué voy a hacer con todo esto? Hay tantas cosas: latas, papel, aluminio...
	DOÑA	No hay que desesperarse, Bárbara. Puedes llevar las cosas al centro de reciclaje.
	BÁRBARA	¡Ya está, papi! Puse todo junto en una bolsa grande de plástico y lo puse en el bote de basura.
4.	BÁRBARA	Mami, tengo que hacer un cartel para mañana sobre los problemas del medio ambiente. Necesito unos marcadores a colores.
	MAMÁ	Me parece que en la tienda de la esquina tienen.
	BÁRBARA	¿Puedo usar el carro?
	MAMÁ	Pero, ¡hija! Sólo son cuatro cuadras.
	DOÑA	¿Por qué no vas en bicicleta, Bárbara? Es necesario cambiar tu estilo de vida si quieres ayudar a resolver los problemas del medio ambiente.
	BÁRBARA	Bueno, mami, voy a ir en bicicleta. Me parece que tienes razón; no está tan lejos.
5.	BÁRBARA	Este parque está en muy malas condiciones. Los árboles están enfermos y hay mucha basura por todos lados. ¡Deberíamos quejarnos con el gobierno de la ciudad!
	DOÑA	¡A todos nos toca hacer algo, Bárbara! Tú debes hacer tu parte por mantener limpia tu ciudad y sus parques.
	BÁRBARA	Ya no voy a venir a este parque. El parque María Cristina es mucho más bonito y hay unas diversiones muy buenas allí.

CAPÍTULO 11

ANSWERS Quiz 11-1A

A. (12 points: 1.5 points per item)
1. selvas
2. destrucción
3. capa
4. contaminación
5. tira
6. químicos
7. desperdicio
8. combustibles

B. (12 points: 2 points per item)
9. c
10. d
11. a
12. e
13. f
14. b

C. (6 points: 1.5 points per item)
Answers will vary. Possible answers:
15. No, no hay ninguna solución al problema del smog.
16. No, no podemos hacer nada por las playas contaminadas.
17. No, nadie está preocupado por la situación.
18. No, mis amigos nunca tratan de reciclar.

ANSWERS Quiz 11-1B

I. Listening

A. (8 points: 2 points per item)
1. b
2. a
3. b
4. b

II. Reading

B. (10 points: 2 points per item)
5. a
6. c
7. b
8. b
9. c

III. Writing

C. (12 points: 3 points per item)
10. Hay muchos carros en las ciudades. El smog es un problema cada vez más grave.
11. Los lagos y ríos están contaminados. Los peces y otros animales ya no pueden vivir.
12. Nadie está preocupado por la destrucción de los bosques y selvas. Necesitamos las selvas para vivir.
13. Hay demasiado ruido en las calles y los otros lugares públicos. Los animales que viven cerca de las ciudades se asustan por el ruido.

ANSWERS Quiz 11-2A

A. (14 points: 2 points per item)
1. no
2. sí
3. no
4. no
5. sí
6. no
7. sí

B. (12 points: 2 points per item)
8. b
9. b
10. a
11. a
12. b
13. a

C. (9 points: 1.5 points per item)
Answers will vary. Possible answers:
14. por eso
15. por consiguiente
16. por lo tanto
17. por eso
18. por lo tanto
19. por consiguiente

ANSWERS Quiz 11-2B

I. Listening

A. (10 points: 2 points per item)
1. agrees
2. strongly agrees
3. disagrees
4. agrees/strongly agrees
5. disagrees

II. Reading

B. (10 points: 2 points per item)
6. a
7. b
8. b
9. b
10. a

III. Writing

C. (12 points: 3 points per item)
Answers will vary. Possible answers:
11. La contaminación del aire es muy grave. Por lo tanto es urgente usar menos petróleo.
12. Si no dejamos de destruir las selvas tropicales, no podemos resolver el problema de la capa de ozono.
13. Necesitamos los recursos naturales para vivir. Por eso hay que conservarlos.
14. La gente tira basura en los ríos y mares y por consiguiente las playas están contaminadas.

IV. Culture

D. (3 points)
15. The **Fundación Vida Silvestre Argentina** is an organization that sponsors programs that educate the public about environmental concerns. Their main goal is to provide awareness of the growing numbers of species that are becoming extinct in Argentina.

CAPÍTULO 11

ANSWERS Quiz 11-3A

A. (15 points: 1.5 points per item)
1. apagar
2. conservar
3. evitar
4. proteger
5. reciclar
6. tirar
7. mantener
8. cambiar
9. resolver
10. desesperarse

B. (10 points: 2 points per item)
11. Si no dejamos de contaminar los lagos y ríos, no vamos a tener agua limpia.
12. Si usamos los carros menos, vamos a tener menos smog.
13. Si no cuidamos las especies, van a desaparecer.
14. Si compramos menos productos empacados, vamos a tener menos basura.
15. Si trabajamos juntos, vamos a resolver los problemas.

C. (10 points: 2 points per item)
16. Escribamos
17. Organicemos
18. Hagamos
19. Desfilemos
20. Vayamos

ANSWERS Quiz 11-3B

I. Listening

A. (10 points: 2 points per item)
1. b
2. a
3. b
4. a
5. b

II. Reading

B. (10 points: 2 points per item)
6. falso
7. falso
8. cierto
9. falso
10. cierto

III. Writing

C. (10 points: 2 points per item)
Answers will vary. Possible answers:
11. Deberíamos aprender más sobre las selvas y sobre la capa de ozono.
12. Es urgente evitar los productos empacados y reciclar mucho más.
13. Debemos limpiar las playas y proteger las especies en peligro.
14. Nos toca conservar energía, apagar las luces, y usar menos recursos naturales.
15. Hay que evitar el uso de productos químicos y no tirarlos a la basura.

IV. Culture

D. (5 points: 2.5 points per item)
16. a) The pollution problem in Southern California is of concern to people living in Tijuana, Mexico because they are separated only by the US/Mexico border.
    b) They are building a waste water treatment plant.

I. Listening

A. 1.   EL CLUB   Señora Ibáñez, nuestro club piensa que el ruido del tránsito es uno de los problemas más graves en Río Frío. ¿Está Ud. de acuerdo?

          SRA. IBÁÑEZ   Creo que ustedes tienen razón. Por lo tanto es urgente formar un plan para un sistema de transporte público.

   2.   EL CLUB   Señor del Llano, si no dejamos de desperdiciar los recursos naturales, vamos a enfrentar una crisis, ¿no cree Ud.?

          SR. DEL LLANO   Lo siento, pero me parece que no es así. Es necesario usar los recursos para construir más casas, porque ése es el problema más grave.

   3.   EL CLUB   Cada vez hay menos aves en nuestros parques, señora Vargas. ¿No podemos hacer nada para mejorar la situación?

          SRA. VARGAS   Claro. Es muy importante controlar el uso de químicos y buscar una forma más natural de controlar los insectos.

   4.   EL CLUB   Lo malo es que la contaminación del aire es peor hoy en día que hace diez años, ¿no le parece, señorita Altamirano?

          SRTA. ALTAMIRANO   Creo que ustedes se equivocan cuando dicen eso. Me parece que la situación está mucho mejor ahora.

   5.   EL CLUB   Estamos preocupados por el futuro de Río Frío. Nos parece que sólo nosotros, los jóvenes, podemos resolver los problemas de la ciudad.

          SR. CARRASCO   Mire, joven, al contrario. A todos nos toca hacer algo y debemos trabajar juntos.

B.   **a.** Hay que proteger las especies de la selva tropical.

       b. Cuidemos nuestros parques nacionales para mantenerlos limpios.

       c. Conservemos energía. Podemos apagar la luz y usar menos calefacción.

       d. No hay que desesperarse. Podemos resolver los problemas si trabajamos juntos.

       e. Podemos evitar los productos empacados y reciclar materiales como latas y vidrio.

I. Listening Maximum Score: 30 points

A. (15 points: 3 points per item)
1. a
2. b
3. a
4. b
5. a

B. (15 points: 3 points per item)
6. e
7. a
8. b
9. c
10. d

II. Reading Maximum Score: 30 points

C. (15 points: 3 points per item)
11. a
12. c
13. b
14. b
15. c

D. (15 points: 3 points per item)
16. a
17. d
18. b
19. c
20. d

III. Culture Maximum Score: 10 points

E. (6 points: 3 points per item)
21. a
22. b

F. (4 points)
23. Answers will vary. Possible answer:
Goods are sold with little or no packaging.

IV. Writing Maximum Score: 30 points

G. (15 points: 3 points per item)
Answers will vary. Possible answers:
24. Creo que los dos problemas más graves de la escuela son el ruido y la basura.
25. Es cierto que hay problemas con nuestro sistema de reciclaje. Pero me parece que podemos encontrar una solución.
26. Sí, sin duda alguna. Deberíamos organizar grupos de estudiantes para ir juntos a la escuela en carro.
27. Sí, tienes razón. Lo malo es que la solución al problema del ruido no es fácil.
28. Es urgente mejorar el sistema de reciclaje. También nos toca limpiar las áreas que están cerca de la escuela.

H. (15 points: 3 points per item)
Answers will vary. Possible answers:
29. Si no conservamos energía, no vamos a resolver los problemas del medio ambiente.
30. Si no reciclamos, vamos a tener basura en todas partes.
31. Si no protegemos las especies que están en peligro, van a desparecer.
32. Si no dejamos de desperdiciar recursos naturales, podemos enfrentar una crisis.
33. Si trabajamos juntos, podemos encontrar una solución.

CAPÍTULO 12

Veranos pasados, veranos por venir

Quiz 12-1A

Maximum Score: 35

PRIMER PASO

Grammar and Vocabulary

A. Nidia visited relatives in Puerto Rico this summer, and is now back home. Complete her letter to her cousin Andrés with the missing expressions. (9 points)

| siguen | cariño | dale un saludo | te echo |
| abrazo | Querido | gracias por | sabías que | noticias |

1. _____ Andrés,

¿Cómo estás? Ya llegó tu carta, y **2.** _____ las fotos que me mandaste

de Puerto Rico. Las miro cada vez que **3.** _____ de menos. ¿Cómo está

tu amigo Carlos? Por favor, **4.** _____ de mi parte. ¿Ustedes

5. _____ jugando al voleibol todos los días? ¿Ya **6.** _____

pienso jugar en el equipo de voleibol del colegio este año? Bueno, me despido porque no

tengo más **7.** _____ y porque tengo que ayudar a mamá. Les mando un

8. _____ a todos.

Con **9.** _____ ,

Nidia

SCORE [ ]

B. Read the statements about what people plan or would like to do this summer. Then write sentences explaining what each person should do. Use each of the listed expressions only once. (12 points)

| hacerse amigo/a de... | quedarse en un albergue juvenil | encontrar un empleo |
| montar en tabla de vela | quedarse con unos parientes | quedarse en casa |

10. Teresa tiene ganas de aprender un deporte nuevo e interesante este verano.

_____

11. Moncho y Óscar necesitan dinero para pagar un viaje en bicicleta.

_____

Quiz 12-1A

CAPÍTULO 12

12. Adrián y yo vamos a México, pero no tenemos dinero para hoteles.

_____

13. Paula no quiere hacer nada—¡sólo quiere descansar!

_____

14. Esteban se mudó *(moved)* aquí en mayo, y le gustaría conocer a más gente.

_____

15. A Susana le encantaría ver a sus primos en Santo Domingo.

_____

SCORE _____

C. It's the first day back at school, and everyone's talking about summer vacation. Complete the sentences with the preterite of the verbs in parentheses. (14 points)

16. Íñigo _____ un viaje a México y _____ muchos regalos para sus amigos. (hacer, comprar)

17. Carmela y su familia _____ a Guatemala y _____ unas pirámides. (viajar, escalar)

18. Germán, tú _____ aquí en casa, ¿verdad? ¿_____ un empleo? (quedarse, encontrar)

19. Victoria y yo _____ en un maratón. Nosotros _____ casi todo el verano haciendo entrenamiento. (correr, pasar)

20. Luego, en agosto yo _____ a la costa a la casa de mis tíos. Allí _____ a bucear. (ir, aprender)

21. David _____ a San Diego. Allí _____ a un curso de verano sobre el medio ambiente. (ir, asistir)

22. Sonia y Fernanda _____ en un parque nacional y _____ amigas de mucha gente en el camping. (acampar, hacerse)

SCORE _____

TOTAL SCORE _____ /35

CAPÍTULO 12

Veranos pasados, veranos por venir

Maximum Score: 35

■ PRIMER PASO

I. Listening

A. Listen as Marcos tells about what he and the rest of the chess team did to celebrate their championship season. Indicate what day it was when he and his teammates did the activities pictured. (8 points)

1. _____ 2. _____ 3. _____ 4. _____

SCORE [ ]

II. Reading

B. Read what Pablo, Jackie, and Wanda wrote about their summer vacations. Then answer the questions which follow in Spanish. (10 points)

> Acampé con mis tíos y mis primos en un parque nacional de Colorado. Mis parientes y yo visitamos muchos lugares hermosos y vimos muchas montañas grandes. No escalamos las montañas, pero mi prima Yuri y yo caminamos mucho por el bosque. Fue muy interesante.
>
> Jackie

> Mis vacaciones no fueron muy divertidas. Tuve que asistir a un curso de álgebra este verano. Fue un curso difícil, pero aprendí mucho y saqué buenas notas. Desgraciadamente, no tuve mucho tiempo libre porque tuve que trabajar durante parte del verano.
>
> Wanda

> Hice un viaje a la costa con mis padres. Todos los días nadamos en el océano y tomamos el sol. En la playa me hice amigo de Miguel, un joven muy simpático de Chicago. Él y yo montamos en tabla de vela y jugamos al tenis. Pasé una semana muy divertida allí.
>
> Pablo

Quiz 12-1B

5. ¿Adónde fue Jackie? _____

6. ¿Qué hicieron ella y sus parientes allí? _____

_____

7. ¿Qué hizo Wanda en el curso que tomó? _____

8. ¿Adónde fue Pablo y qué hizo allí? _____

_____

9. ¿Cómo conoció Pablo a Miguel? _____

_____

SCORE [   ]

III. Writing

C. Write a short note to your pen pal and include the following items: (14 points)
- a greeting
- a question about your pen pal's news
- a description of your trip to the coast with friends
- greetings to your pen pal's family

_____

_____

_____

_____

_____

_____

_____

_____

SCORE [   ]

IV. Culture

D. List three ecological activities you can do in Baja California. (3 points)

_____

_____

SCORE [   ]   TOTAL SCORE [/35   ]

Veranos pasados, veranos por venir

SEGUNDO PASO

Maximum Score: 30

Grammar and Vocabulary

A. You and your classmates met a lot of people on the class trip. Complete the sentences about how everyone felt about their new acquaintances. Use the correct pronoun and preterite form of **caer**. (10 points)

1. A mí _____ _____ bien nuestro guía. Era un tipazo.

2. Mariano, ¿a ti cómo _____ _____ los turistas italianos?

3. Parece que a Javier _____ _____ mal el conductor del autobús.

4. Quería hacerme amiga de unos turistas alemanes, pero no pude. Creo que yo _____ _____ mal a ellos.

5. La directora del museo estuvo muy antipática con nuestro grupo. Creo que nosotros _____ _____ mal a ella.

SCORE _____

B. César is describing his best friend from childhood. Complete part of his description with the imperfect form of the verbs in parentheses. (12 points)

Mi perro Bito fue mi primer mejor amigo. Mis padres lo compraron cuando yo

6. _____ (tener) tres años. Mamá y papá siempre

7. _____ (decir) que Bito me **8.** _____ (cuidar)

mejor que una niñera *(babysitter)*. Y lo cierto es que ese perro y yo

9. _____ (llevarse) muy bien. Nosotros **10.** _____

(ser) como hermanos. Bito **11.** _____ (dormir) en mi cuarto y todos los

días él y yo **12.** _____ (despertarse) temprano para ir al campo a jugar. A

Bito le **13.** _____ (encantar) hacer travesuras y pelearse con los gatos del

barrio. Recuerdo una vez...

SCORE _____

Quiz 12-2A

C. Gilberto went to visit some cousins on their ranch near San Antonio, Texas. Use the missing expressions to complete his descripton of his experiences there. (8 points)

seco	quedé impresionado	clima	está rodeado
buena gente	lindísimo	nos llevamos	bastante

Lo pasé muy bien en el rancho de mis tíos. ¡Es 14. _____ ! Yo

15. _____ con todo lo que vi. El rancho

16. _____ de colinas, y muy cerca hay arroyos *(creeks)* y lagos

pequeños. En el verano, como el 17. _____ allí es muy

18. _____ , a veces no hay mucha agua en los ríos y lagos. Pero esta

vez sí, y como hace 19. _____ calor allí, fuimos a nadar casi todos

los días. Y mis primos Leonardo y Ofelia son muy 20. _____ .

Nosotros 21. _____ muy bien, y espero ir a visitarlos el próximo

verano también.

SCORE _____

TOTAL SCORE _____ /30

12 Veranos pasados, veranos por venir

Quiz 12-2B

SEGUNDO PASO

Maximum Score: 30

I. Listening

A. Listen as Enrique talks about some people he met at a party last night. For each one he describes, indicate whether his impression of that person is positive (**buena onda**), neutral, (**ni fu ni fa**) or negative (**mala onda**). (10 points)

persona	buena onda	ni fu ni fa	mala onda
1. Claudia			
2. Carlos			
3. María José			
4. el padre de Juan Pablo			
5. Diego			

SCORE [ ]

II. Reading

B. Read the description of Mallorca from a travel brochure. Then, based on what you read, complete the statements that follow. (8 points)

6. Palma de Mallorca está rodeada de _____ .
   a. montañas famosas
   b. playas maravillosas

7. Según el folleto *(brochure)*, Mallorca es _____ .
   a. lindísima
   b. carísima

8. Dice aquí que el clima en Mallorca es _____ .
   a. excelente
   b. húmedo y fresco

9. Según el folleto, los turistas quedan impresionados por _____ .
   a. el calor
   b. las bellezas de la isla

¡Una isla fascinante!

¿Qué te gustaría hacer este verano? ¿Estás aburrido? No te quedes en casa. Palma de Mallorca te ofrece las vacaciones ideales. La isla es famosa por sus bellezas naturales, sus playas, y su excelente clima. Es el lugar favorito del turismo nacional e internacional. Ven a pasar tus vacaciones a Mallorca. Lo único que necesitas llevar es tu maleta, tu cámara , tus lentes de sol y tu bronceador para poder divertirte. La comida es muy rica, en especial los mariscos. Las playas son maravillosas y puedes bucear, practicar el kayak de mar, el velero, nadar o simplemente visitar sus playas para asolearte. El calor y la amabilidad de la gente te esperan en Palma de Mallorca.

SCORE [ ]

Quiz 12-2B

III. Writing

C. Describe a place you visited recently by answering the following questions in Spanish. (12 points)

10. ¿Adónde fuiste y con quién?

_____

_____

11. ¿Cómo es el clima allí?

_____

_____

12. ¿Qué te pareció el lugar? ¿Qué había allí?

_____

_____

13. ¿Quedaste impresionado(a) con algo que viste?

_____

_____

14. ¿Cómo te cayeron las personas que conociste allí?

_____

_____

15. ¿Te llevaste bien con tus compañeros de viaje?

_____

_____

SCORE _____

TOTAL SCORE _____ /30

CAPÍTULO 12

Veranos pasados, veranos por venir

Quiz 12-3A

■ TERCER PASO

Maximum Score: 35

Grammar and Vocabulary

A. Imagine that today is Wednesday the 7th. Look over part of Leticia's calendar, then indicate **cierto** or **falso** for each statement that follows. (14 points)

lunes	martes	miércoles	jueves	viernes	sábado	domingo
5	6 examen de química	⑦ ayudar a mamá en la tienda	8	9 dentista—cita 4:00	10	11
12	13	14 Tania—aeropuerto 3:56	15 cenar con Felipe	16	17 hacer planes—fiesta de abuela	18

_____ 1. Leticia necesita ir a la dentista inmediatamente.

_____ 2. Para fines de este mes, ella piensa organizar la fiesta para su abuela.

_____ 3. Cuando vuelva a casa hoy, Leticia tiene que trabajar.

_____ 4. Dentro de dos días, va a ver a su amigo Felipe.

_____ 5. La semana que viene llega su amiga Tania para una visita.

_____ 6. Pronto Leticia tiene un examen de química.

_____ 7. Llega su amiga el día anterior a la cena con Felipe.   SCORE [   ]

B. Laura is talking about everyone's future plans. Combine the expressions and explain what will happen when the following events take place. (12 points)

MODELO   Cuando vuelva a casa esta tarde/yo/estudiar mucho
           (Escribes) **Cuando vuelva a casa esta tarde, voy a estudiar mucho.**

8. Cuando terminen las clases/yo/descansar mucho _____

_____.

Quiz 12-3A

9. Cuando encuentre un empleo/yo/comprar una computadora _____

_____.

10. Cuando lleguen mis primos/nosotros/divertirnos mucho _____

_____.

11. Cuando ella tenga tiempo/mi amiga Raquel/visitarme _____

_____.

12. Cuando vuelva al colegio en septiembre/yo/tomar muchas clases difíciles _____

_____.

13. Cuando ella tenga más dinero/mi hermana mayor/comprar un carro _____

_____.

SCORE [   ]

C. Raúl is on vacation in San Diego. Combine the correct form of **ir + a** with the infinitives in parentheses to complete his postcard to a friend. (9 points)

Hola Roque,

Aquí estoy en San Diego, pasándolo fenomenal. Ya te mandé unas fotos de mi excursión al

parque Mission Bay que tú **14.** _____ (recibir) pronto. Mañana

yo **15.** _____ (tomar) una clase de tabla de vela en la playa. El

viernes mi hermana y yo **16.** _____ (ir) al zoológico famoso. Si

hay tiempo, ella también **17.** _____ (visitar) el campus de la

Universidad de San Diego. Y tú, ¿qué tal? ¿Qué **18.** _____

(hacer) en agosto? Miguel y Beto **19.** _____ (quedarse) conmigo

por dos semanas—¿quieres venir también? Te escribo más tarde.

 Chao,

 Raúl

SCORE [   ]

TOTAL SCORE [   ] /35

CAPÍTULO 12
Veranos pasados, veranos por venir

Quiz 12-3B

■ TERCER PASO

Maximum Score: 35

I. Listening

A. María's talking on the phone with her friend Juana. As María answers Juana's questions, indicate whether she's talking about **a)** something that she plans to do in the future (**en el futuro**), **b)** something that she's doing right now (**ahora**), or **c)** something that she already did in the past (**en el pasado**). (10 points)

	futuro	ahora	pasado
1. visitar el museo	a	b	c
2. hacer un viaje	a	b	c
3. estudiar para el examen	a	b	c
4. ver televisión	a	b	c
5. tomar la clase de alemán	a	b	c

SCORE _____

II. Reading

B. Ramón is responding to a letter from his friend Monserrat. Read his letter. Then answer the questions that follow in Spanish. (10 points)

> Querida Monserrat,
>
> Muchas gracias por tu carta, y por las fotos de tu viaje a California. Qué bueno que te divertiste tanto. Estoy feliz porque muy pronto voy a graduarme de la escuela. Pienso que voy a hacer un viaje de curso con mis compañeros. Están planeando un viaje por todos los castillos del sur de España. Despues te mando las fotos del viaje. Es muy romántico visitar los castillos y los pueblos del sur. Cuando vuelva a casa, tengo que empezar a trabajar con mi papá. La semana que viene voy a Málaga con mis primos.
>
> El mes que viene voy a solicitar el ingreso a la universidad en Barcelona. Entonces tengo que decidir si quiero estudiar química o biología. Tengo que decidirme para fines de junio, cuando terminen las clases. Cuando tenga más dinero voy a ir a los Estados Unidos. Me interesa conocer California. Algún día quiero pasar un verano allí. Nos escribimos pronto.
>
> Saludos a todos en León, Ramón

Quiz 12-3B

6. ¿De qué escribe Ramón?

_____

7. ¿Qué va a hacer él con sus compañeros cuando terminen las clases?

_____

8. ¿Adónde va a ir Ramón la próxima semana, y con quién?

_____

9. ¿Qué tiene que decidir para fines de junio y por qué?

_____

10. Cuando tenga más dinero, ¿qué quiere hacer Ramón?

_____

SCORE _____

III. Writing

C. Complete the following statements about your plans for the near and distant future. (12 points)

11. Cuando vuelva a casa, _____.

12. Para fines de este mes, _____.

13. Cuando encuentre un empleo, _____.

14. Cuando tenga más dinero, _____.

SCORE _____

IV. Culture

D. Answer these question in English based on the information from your textbook. (3 points)

15. What is a **viaje de curso**? What is the difference between a **viaje de curso** in Spain and in the United States?

_____

_____

_____

SCORE _____

TOTAL SCORE _____ /35

CUMULATIVE SCORE FOR QUIZZES 1–3 _____ /100

Nombre _____ Clase _____ Fecha _____

Veranos pasados, veranos por venir

Chapter 12 Test

I. Listening

Maximum Score: 30 points

A. Look at the pictures below and listen as Mario tells the class what he did last summer. For each picture, choose **a) if Mario visited that place or did that activity** or **b) if he did not**. (15 points)

| 1 | 2 | 3 | 4 | 5 |

1. a   b

2. a   b

3. a   b

4. a   b

5. a   b

SCORE _____

B. Listen as Beatriz proofreads a letter that she's just written to her cousin Susana about some of her future plans. For each plan, indicate if she plans to do it **a) in the immediate future** (same day or week), **b) in the near future** (within a year) or **c) in the distant future** (within 10 years). (15 points)

a   b   c   **6.** Beatriz va a terminar las clases.

a   b   c   **7.** Beatriz quiere ser una pianista famosa.

a   b   c   **8.** Ella y su familia van a visitar a Susana y su familia.

a   b   c   **9.** Susana y Beatriz van a pasar un día en la playa.

a   b   c   **10.** Beatriz va a hacerse amiga de otros estudiantes.

SCORE _____

Chapter 12 Test

CAPÍTULO 12

II. Reading

Maximum Score: 30 points

C. Read the letter David wrote to Miguel. Then choose the best answer for each question that follows. (15 points)

DAVID

Querido Miguel:

¿Cómo estás? Yo estoy bien alegre porque las vacaciones de verano empiezan dentro de poco. ¿Qué tal el equipo de fútbol? ¿Ganaron ustedes el partido contra los leones de Filadelfia? Espero que sí. El sábado pasado nuestro equipo perdió el partido contra los vaqueros de Bayamón. Es que tuvimos mala suerte porque nuestro jugador estrella estaba enfermo. ¡Qué mala suerte!

No tengo mucho que contarte pues no hice muchas cosas la semana pasada. El lunes jugué al tenis con mi hermana Marisol. Claro que ella me ganó. Mi hermana es una gran tenista. Estoy orgulloso de ella. Antes de que se me olvide, ¿cuándo vienes a visitarnos? Mis padres te aprecian mucho y a mí me gusta mucho compartir contigo. Tú eres mi mejor amigo. ¿Te acuerdas cuando fuimos al parque de atracciones con Ada y Edna? Compramos boletos para todas las atracciones: la montaña rusa, los carritos locos, el paracaídas, el bote pirata, etc. ¡Qué divertido!

Bueno, tengo que estudiar para un examen mañana. Dime, ¿te gusta vivir en Nueva York? Escribe pronto y cuéntame cómo son tus nuevos amigos de la escuela. Saludos a tu familia.

Tu amigo,

David

_____ 11. ¿Cuáles son las primeras noticias que David le da a Miguel?
   a. noticias sobre el equipo de fútbol
   b. noticias sobre el partido de tenis con Marisol

_____ 12. Al final de la carta, ¿qué noticias le pide David a Miguel?
   a. noticias sobre la excursión al parque de atracciones
   b. noticias sobre sus nuevos amigos de la escuela

_____ 13. En el pasado, ¿adónde fueron David y Miguel?
   a. a Nueva York
   b. al parque de atracciones

_____ 14. ¿Cómo se lleva Miguel con los padres de David?
   a. Se lleva bien.
   b. Se lleva mal.

_____ 15. ¿Qué va a pasar pronto en la vida de David?
   a. Va a visitar a Miguel.
   b. Va a empezar sus vacaciones.

SCORE

D. Claudia is studying this summer in Puebla, and she frequently visits her cousin Nacho in Mexico City. Read her letter to her brother Felipe about a recent trip she took with her relatives. Then read the questions and choose **a) cierto** or **b) falso** for each one. (15 points)

> Querido Felipe,
>
> ¿Cómo estás? Te escribo para contarte de mi viaje a México. Quedé muy impresionada con la Ciudad de México. ¡Es bellísima! Hay tantas cosas que hacer. Lo que más me gustó fue la semana que pasé en Valle de Bravo. No sé si tú fuiste allí durante tu viaje. En Valle de Bravo hay un lago donde puedes hacer toda clase de deportes, sobre todo montar en tabla de vela y a caballo.
>
> No hay albergue juvenil, así que nos quedamos en un hotel la primera noche, y después nos quedamos en casa de Nacho el resto de la semana. ¡Éramos 18 personas! Yo me hice amiga de Cristina, una persona lindísima. Y me cayó muy bien su hermano Carlos. Los mexicanos se divierten mucho. Conocen tantos juegos que no me aburrí ni un solo minuto. No sé si fastidiamos a los vecinos con tanto ruido. Todas las noches hacía frío. Prendíamos la chimenea y nos reuníamos todos para cantar en la sala. Nacho toca muy bien la guitarra. Este año entra en la universidad a estudiar arquitectura. Dice que cuando tenga más dinero nos va a visitar a San Diego. ¿Sabes? ¡Tenemos parientes a todo dar!
>
> Te escribo pronto para contarte todo lo que hicimos en la Ciudad de México, y para contarte los chismes. ¡Escríbeme! Te echo mucho de menos. Dales un saludo a mamá y papá de mi parte.
>
> Cariños, Claudia

a   b   16. Claudia se impresionó mucho con la Ciudad de México.

a   b   17. En Valle de Bravo Claudia y sus amigos no hicieron nada más que comer.

a   b   18. Claudia se quedó en un albergue juvenil.

a   b   19. Claudia se hizo amiga de Cristina y de Carlos.

a   b   20. Algún día Nacho va a visitar a Claudia y su familia en San Diego.

SCORE [   ]

CAPÍTULO 12

Chapter 12 Test

III. Culture

Maximum Score: 10 points

E. According to what you read in your textbook about culture in Spanish-speaking countries, read the statements below and decide if each is **a)** true or **b)** false. (6 points)

a   b   **21.** One way students from Spanish-speaking countries celebrate their graduation from high school is by attending a play presented by the teachers.

a   b   **22.** The **viaje de curso** is an educational and recreational trip for fourth-year students in Spain.

SCORE ☐

F. You read in your textbook about Baja California. What are two environmentally-related activities you would expect to find there? (4 points)

23. _____

_____

_____

_____

_____

_____

SCORE ☐

Holt Spanish 2 ¡Ven conmigo!, Chapter 12

IV. Writing

Maximum Score: 30 points

G. Based on your own experiences, answer the following questions. (15 points)

24. ¿Adónde fuiste el verano pasado y dónde te quedaste?

_____

_____

_____

25. ¿Qué hiciste el primer día? ¿Qué hiciste al día siguiente?

_____

_____

_____

26. ¿Puedes describir el lugar? ¿Qué había allí?

_____

_____

_____

27. ¿Cómo era la gente allí?

_____

_____

_____

28. ¿Qué vas a hacer el verano que viene?

_____

_____

_____

SCORE _____

Chapter 12 Test

H. Miguel and Pablo are old friends who haven't seen each other in over a year. In Spanish, create a dialogue between them based on the cues provided. (15 points)

MIGUEL   Tell Pablo where you went on vacation last summer. Ask Pablo where he went and what he did there.

29. _____

    _____

30. _____

    _____

PABLO   Answer Miguel's questions. Include a description of the place and the people there.

31. _____

    _____

    _____

MIGUEL   Ask Pablo if he's heard the latest news about Felipe and Carla, two friends from high school.

32. _____

    _____

    _____

PABLO   Answer that you heard that they're going to get married soon, maybe by the end of the year.

33. _____

    _____

    _____

SCORE [   ]

TOTAL SCORE [   ] /100

CAPÍTULO 12 Chapter Test Score Sheet

CAPÍTULO 12

I. Listening

Maximum Score: 30 points

A. (15 points: 3 points per item)   **B.** (15 points: 3 points per item)

1. a b   6. a b c

2. a b   7. a b c

3. a b   8. a b c

4. a b   9. a b c

5. a b   10. a b c

SCORE [   ]   SCORE [   ]

II. Reading

Maximum Score: 30 points

C. (15 points: 3 points per item)   **D.** (15 points: 3 points per item)

11. a b   16. a b

12. a b   17. a b

13. a b   18. a b

14. a b   19. a b

15. a b   20. a b

SCORE [   ]   SCORE [   ]

III. Culture

Maximum Score: 10 points

E. (6 points: 3 points per item)   **F.** (4 points)

21. a b   23. _____

22. a b   _____

                               _____

                               _____

                               _____

                               _____

                               _____

SCORE [   ]   SCORE [   ]

CAPÍTULO 12

IV. Writing

Maximum Score: 30 points

G. (15 points: 3 points per item)

24. _____

_____

25. _____

_____

26. _____

_____

27. _____

_____

28. _____

SCORE [   ]

H. (15 points: 3 points per item)

29. _____

_____

30. _____

_____

31. _____

_____

32. _____

_____

33. _____

_____

SCORE [   ]

TOTAL SCORE [   ] /100

Listening Scripts for Quizzes 12-1B, 12-2B, 12-3B

Quiz 12-1B Primer paso

I. Listening

SILVIA   ¿Qué tal les fue de viaje la semana pasada?

MARCOS   Muy bien, Silvia. Mis compañeros y yo pasamos una semana entera en la costa.

SILVIA   A ver, cuéntame todo, desde el primer día.

MARCOS   Pues, lo primero fue lo mejor, yo creo. ¿Sabías que salté en paracaídas? Y no lo vas a creer, pero ¡el entrenador saltó tambien!

SILVIA   ¡N'ombre! ¿Entonces eso fue el domingo?

MARCOS   No, eso fue el lunes. El día anterior viajamos en carro todo el día. Llegamos al Malecón Viejo por la tarde y encontramos el albergue juvenil.

SILVIA   Bueno, entonces, primero el viaje y luego saltar en paracaídas. ¿Y después?

MARCOS   A ver, fue el lunes cuando saltamos en paracaídas. Al día siguiente todos montamos en tabla de vela.

SILVIA   Me contó Chuy que ustedes comieron en el famoso restaurante La Mariscada.

MARCOS   Sí, eso fue el miércoles.

SILVIA   ¿Es cierto que conociste a una chica?

MARCOS   Sí, pero no en la playa. Nos fuimos el viernes y dos días después me hice amigo de Chela. Ella encontró un empleo en el mismo restaurante de comida rápida donde trabajo yo.

Quiz 12-2B Segundo paso

I. Listening

AMIGO   ¿Y qué tal la fiesta de Juan Pablo? ¿Había mucha gente?

ENRIQUE   Estuvo muy buena y conocí a muchas personas. Conocí a Claudia, la hermana de Juan Pablo. Ella no habla mucho así que no pude conocerla bien. Había un hombre que se llama Carlos allí también. Me cayó muy mal. Cuando habla, siempre habla de sus problemas. También conocí a María José. Es muy guapa y muy buena gente. El padre de Juan Pablo estaba allí también. Nunca lo conocí antes pero me cayó muy bien; es muy amable. Y fíjate que después de un rato llegó un tipo muy raro. Juan Pablo dijo que era su primo Diego. Yo lo conozco y no me llevo muy bien con él.

Quiz 12-3B Tercer paso

I. Listening

JUANA   Hola, María. Oye, quería saber si todavía pensabas visitar el museo. ¿Cuándo vas a ir?

MARÍA   Bueno, a ver. ¿Visitar el museo? No sé...creo que cuando llegue mi prima la semana que viene.

JUANA   Ah, bueno. Creía que tu prima iba a venir en el verano. Entonces, ¿quieres hacer un viaje conmigo este verano?

MARÍA   No, no puedo hacer un viaje este verano. Tal vez cuando tenga más dinero te puedo acompañar.

JUANA   Ah, bueno. A ver qué pasa. ¿Qué tal esta noche? ¿Tienes planes? Si no, ¿por qué no nos reunimos para estudiar para el examen de alemán?

MARÍA   ¿Esta noche? Juan y yo vamos a ir al cine a ver una película.

JUANA   Oye, María, ¿me escuchas?

MARÍA   ¿Cómo? Perdón, estoy viendo la televisión y no te escuchaba. Bueno, no voy a estudiar más, ya estudié tres horas anoche. Lo que pasa es que tomé la clase de alemán el año pasado...Ya vengo, mamá. Bueno, disculpa Juana, pero tengo que irme. Hasta luego.

Answers to Quizzes 12-1A, 12-1B

ANSWERS Quiz 12-1A

A. (9 points: 1 point per item)
1. Querido
2. gracias por
3. te echo
4. dale un saludo
5. siguen
6. sabías que
7. noticias
8. abrazo
9. cariño

B. (12 points: 2 points per item)
10. Debería aprender a montar en tabla de vela.
11. Deberían encontrar un empleo en un restaurante.
12. Deberíamos quedarnos en un albergue juvenil.
13. Debería quedarse en casa y leer muchos libros.
14. Debería hacerse amigo de las personas que viven cerca de él.
15. Debería quedarse con unos parientes en Santo Domingo.

C. (14 points: 2 points per item)
16. hizo, compró
17. viajaron, escalaron
18. te quedaste, Encontraste
19. corrimos, pasamos
20. fui, aprendí
21. fue, asistió
22. acamparon, se hicieron

ANSWERS Quiz 12-1B

I. Listening

A. (8 points: 2 points per item)
1. el domingo
2. el lunes
3. el miércoles
4. el martes

II. Reading

B. (10 points: 2 points per item)
Answers will vary. Possible answers:
5. Jackie fue a un parque nacional en Colorado.
6. Ellos vieron montañas y caminaron por el bosque.
7. Ella aprendió mucho y sacó buenas notas.
8. Pablo fue a la costa y practicó muchos deportes allí.
9. Pablo se hizo amigo de Miguel en la playa.

III. Writing

C. (14 points)
Answers will vary. Possible answer:
10. Querido Jaime,
¿Cómo estás? Gracias por la tarjeta postal que me mandaste de Buenos Aires. ¿Qué tal estuvo tu viaje a la capital? ¿Cuándo empiezan tus clases? También hice un viaje este verano. Fui a la costa con unos amigos por una semana. Lo pasamos muy bien, y aprendí a montar en tabla de vela. Te escribo otra carta pronto. Por favor, dales un saludo a tu familia de mi parte.
Con cariño,
Stephen

IV. Culture

D. (3 points)
11. sail with dolphins, whale watching, gray whale breeding

ANSWERS Quiz 12-2A

A. (10 points: 2 points per item)
1. me cayó
2. te cayeron
3. le cayó
4. les caí
5. le caímos

B. (12 points: 1.5 points per item)
6. tenía
7. decían
8. cuidaba
9. nos llevábamos
10. éramos
11. dormía
12. nos despertábamos
13. encantaba

C. (8 points: 1 point per item)
14. lindísimo
15. quedé impresionado
16. está rodeado
17. clima
18. seco
19. bastante
20. buena gente
21. nos llevamos

ANSWERS Quiz 12-2B

I. Listening

A. (10 points: 2 points per item)
1. ni fu ni fa
2. mala onda
3. buena onda
4. buena onda
5. mala onda

II. Reading

B. (8 points: 2 points per item)
6. b
7. a
8. a
9. b

III. Writing

C. (12 points: 2 points per item)
Answers will vary. Possible answers:
10. Fui a Boston con mi familia para asistir a la boda de mi prima.
11. El clima allí en el verano es húmedo. A veces hace bastante calor.
12. Me pareció muy divertida la ciudad. Había muchos museos y restaurantes.
13. Quedé impresionado(a) con el acuario y el museo que visitamos.
14. Me cayó muy bien el nuevo esposo de mi prima.
15. Me llevé bien con mis padres, pero me llevé mal con mi hermano menor.

CAPÍTULO 12

ANSWERS Quiz 12-3A

A. (14 points: 2 points per item)
1. falso
2. falso
3. cierto
4. falso
5. cierto
6. falso
7. cierto

B. (12 points: 2 points per item)
8. Cuando terminen las clases, voy a descansar mucho.
9. Cuando encuentre un empleo, voy a comprar una computadora.
10. Cuando lleguen mis primos, vamos a divertirnos mucho.
11. Cuando tenga tiempo, mi amiga Raquel va a visitarme.
12. Cuando vuelva al colegio, en septiembre voy a tomar muchas clases difíciles.
13. Cuando tenga más dinero, mi hermana mayor va a comprar un carro.

C. (9 points: 1.5 points per item)
14. vas a recibir
15. voy a tomar
16. vamos a ir
17. va a visitar
18. vas a hacer
19. se van a quedar/van a quedarse

ANSWERS Quiz 12-3B

I. Listening

A. (10 points: 2 points per item)
1. a
2. a
3. c
4. b
5. c

II. Reading

B. (10 points: 2 points per item)
Answers will vary. Possible answers:
6. Escribe de sus planes para el futuro.
7. Van a hacer un viaje de curso al sur de España.
8. Va a ir a Málaga con sus primos.
9. Debe decidir si estudia química o biología porque entra en la universidad.
10. Quiere visitar los Estados Unidos y posiblemente quedarse un verano.

III. Writing

C. (12 points: 3 points per item)
Answers will vary. Possible answers:
11. Cuando vuelva a casa, necesito organizar mi cuarto y estudiar.
12. Para fines de este mes, tengo que encontrar un empleo para el verano.
13. Cuando encuentre un empleo, voy a comprar una computadora.
14. Cuando tenga más dinero, en el futuro me gustaría viajar a los Andes.

IV. Culture

D. (3 points)
15. The **viaje de curso** is a class trip. In the U.S. seniors take the class trip. In Spain, juniors take the class trip.

I. Listening

A. MARIO   Este verano hice muchas cosas interesantes. Mi familia y yo hicimos un recorrido de Sudamérica. Estuvo muy bonita. Primero fuimos a Viña del Mar en Chile. Tienen unas playas magníficas. Mi hermano y yo montamos en tabla de vela allí. Nos divertimos mucho. Mi primo Raúl fue a pescar. Cree que sabe pescar bien pero no pescó nada. Luego fuimos a Perú. Es muy bonito el país. Hay muchas montañas muy grandes. Quedé muy impresionado. Después de algunas semanas en Perú, fuimos a Argentina. El primer día en Argentina fuimos a un partido de fútbol. Lo pasamos muy bien. Dos días después regresamos a casa.

B. BEATRIZ   Querida Susana, ¿cómo te va? Aquí todo sigue igual. Bueno, en realidad va a haber muchos cambios. Tú sabes que en junio voy a terminar las clases. Te cuento que estoy un poco nerviosa porque no sé si estoy lista para la universidad. No quiero ir porque todos mis amigos piensan quedarse aquí. Pero si algún día quiero ser pianista famosa, tengo que ir. Mi mamá dice que cuando llegue, voy a hacerme amiga de muchos otros estudiantes. Tiene razón. Oye, también te cuento que dentro de un mes mi familia y yo vamos a visitarlos a ustedes. ¿No te parece genial? Cuando llegue a tu casa tú y yo vamos a pasar un día en la playa, ¿no? Bueno, oigo a papá. Dice que pronto vamos a comer. Hasta luego, Susana.

Answers to Chapter 12 Test

I. Listening Maximum Score: 30 points

A. (15 points: 3 points per item)
1. a
2. b
3. b
4. b
5. a

B. (15 points: 3 points per item)
6. b
7. c
8. b
9. b
10. b

II. Reading Maximum Score: 30 points

C. (15 points: 3 points per item)
11. a
12. b
13. a
14. a
15. b

D. (15 points: 3 points per item)
16. a
17. b
18. b
19. a
20. a

IV. Culture Maximum Score: 10 points

E. (6 points: 3 points per item)
21. a
22. b

F. (4 points)
Answers will vary. Possible answers:
23. Some examples are sailing next to dolphins, watching whales, and visiting a breeding ground for gray whales.

III. Writing Maximum Score: 30 points

G. (15 points: 3 points per item)
Answers will vary. Possible answers:
24. El verano pasado fui a visitar a mis tíos en la costa. Me quedé en su casa.
25. El primer día no hice nada porque estaba cansada. Al día siguiente, mis primos y tíos y yo fuimos a la playa.
26. El lugar me pareció muy lindo. Muy cerca de la playa, había un parque nacional.
27. La gente allí me cayó muy bien. Me llevé bien con mis primos y con sus amigos.
28. El verano que viene pienso trabajar antes de ir a la universidad.

H. (15 points: 3 points per item)
Answers will vary. Possible answers:
29. El verano pasado fui a _____.
30. ¿Adónde fuiste y qué hiciste?
31. Yo fui a _____. Había muchas montañas y conocí a personas que eran muy amables.
32. ¿Qué noticias tienes de Felipe y Carla?
33. Pronto se van a casar, tal vez para fines de este año.

Holt Spanish 2 ¡Ven conmigo!, Chapter 12

Final Exam Capítulos 7–12

I. Listening

Maximum Score: 30 points

A. Listen as Joanna describes her family. For each description you will respond twice. First, indicate whether Joanna is **a) describing what someone is like today,** or **b) what someone used to be like in the past** (items 1, 3, 5, 7, and 9). Second, indicate whether Joanna's description of each person is **c) favorable** or **d) unfavorable** (items 2, 4, 6, 8, and 10). (10 points)

1. a   b   3. a   b   5. a   b   7. a   b   9. a   b

2. c   d   4. c   d   6. c   d   8. c   d   10. c   d

SCORE [ ]

B. Listen as Lupe gives various people instructions on how to get to various places in town. First find Lupe's house on the map. Then, based on her instructions, determine where each person is trying to get to. (5 points)

a. **Café Español**   Calle Leñeros

Avenida Turista   Avenida Grande   Avenida Cometín

Calle Ancha   b. **Museo de Arte**

Calle Buena

Hotel Dineral   **Almacén Las Ofertas**   **casa de Lupe**

c.   d.   e.

N

_____ 11.   _____ 12.   _____ 13.   _____ 14.   _____ 15.   SCORE [ ]

C. You can't decide what radio station to listen to. As you scan the various stations, you hear the following. For each one, indicate what kind of discussion is taking place. Choose from the possibilities listed below. (5 points)

_____ 16.

_____ 17.

_____ 18.

_____ 19.

_____ 20.

a. bargaining in an open-air market
b. a debate on environmental issues
c. a conversation at the tourist bureau
d. a fairy tale
e. a weather report

SCORE [ ]

FINAL EXAM

D. Listen to Federico proofread a letter to his pen pal Marcos. For each item below, indicate whether it **a) is happening now**, **b) happened once in the past**, **c) used to happen regularly in the past**, or **d) is going to happen in the future.** (10 points)

_____ **21.** ir a la playa a nadar

_____ **22.** salir con mis amigos

_____ **23.** asistir a la escuela Santa Iglesias

_____ **24.** graduarme

_____ **25.** visitar al tío Juan José

_____ **26.** visitar muchos museos

_____ **27.** escuchar un concierto

_____ **28.** viajar a Buenos Aires con su familia

_____ **29.** reunirnos

_____ **30.** dar un saludo

SCORE [   ]

II. Reading

Maximum Score: 30 points

E. Read the following article and choose the best ending for each statement. (5 points)

DIA DE LAS MASCARAS

Puerto Rico tiene más celebraciones que cualquier otra isla caribeña. Uno de los festivales más interesantes es el Día de las Máscaras. Este festival alegre y colorido se celebra cada 28 de diciembre en el pequeño pueblo de Hatillo. Los adultos se ponen disfraces y marchan por todo el pueblo. Por la tarde, todos se reúnen en la plaza para celebrar, escuchar la música y ver los desfiles. Gente de todas partes de Puerto Rico llega a Hatillo para participar en esta fiesta ruidosa. Definitivamente, el lugar adonde se debe ir el 28 de diciembre es Hatillo.

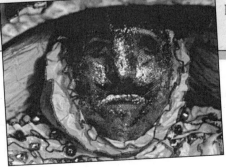

_____ **31.** Este festival tiene lugar _____.
    a. en las montañas de la América Central
    b. cerca de la Argentina
    c. en una isla caribeña

FINAL EXAM

_____ **32.** Durante esta celebración _____.
   a. la gente se pone disfraces y marcha por las calles
   b. la gente marcha hasta el mar para nadar
   c. se ponen disfraces serios

_____ **33.** Se celebra el Día de las Máscaras _____.
   a. en la época de la Navidad
   b. justo después de la Pascua
   c. el segundo jueves en el mes de diciembre

_____ **34.** Durante este festival _____.
   a. Hatillo es un buen sitio para descansar y disfrutar del silencio caribeño
   b. hay mucha gente y ruido en las calles
   c. Hatillo deja participar solamente a los ciudadanos del pueblo

_____ **35.** El Día de las Máscaras _____.
   a. es el festival más grande de todo Puerto Rico
   b. es el único festival en el mes de diciembre en Hatillo
   c. es uno de muchos festivales puertorriqueños

SCORE [   ]

F. Adriana overhears parts of many conversations during the day. Read each conversation fragment, and identify the correct response to each statement or question. (5 points)

_____ **36.** Con permiso, ¿me puede atender, por favor?
   a. Claro, ¿cómo le puedo servir?
   b. Lo siento, no nos quedan en esa talla.

_____ **37.** Cuando eras niña, ¿te gustaba ir al colegio?
   a. Sí, me encantaba. Siempre me llevaba bien con mis compañeros.
   b. Bueno, en aquella época, era muy tímida y solitaria. ¿Y tú?

_____ **38.** Buenos días, señor. ¿Cuánto vale este sombrero?
   a. Pues, no está muy de moda. Además, le queda grande.
   b. A usted se lo dejo por veinticinco dólares.

_____ **39.** Creo que es muy importante reciclar papel para salvar los árboles.
   a. Sí, los árboles son un recurso natural muy importante y nos toca a nosotros protegerlos.
   b. Si no dejamos de contaminar los ríos y mares, muchas especies marinas van a desaparecer.

_____ **40.** Oye, ¿qué noticias tienes de Pedro?
   a. ¡No me digas! ¡Qué bien! Dale un saludo de mi parte.
   b. No lo vas a creer, pero se casó con su novia en junio.

SCORE [   ]

FINAL EXAM

G. Read the article and decide whether the following statements are **a)** true or **b)** false. Answer **c)** if there is not enough information. (10 points)

¡A REFORESTAR!
AMIGOS DE SANTA ANA

El Grupo Juvenil Bahá'í realizó un proyecto de reforestación el pasado 4 de julio en el Instituto Juvenil Charles Wolcott, situado en Lagos de Lindora en Santa Ana, Costa Rica.

La actividad contó con la asistencia de 28 jóvenes, quienes estuvieron bajo la supervisión del Biólogo Javier Sánchez de la Asociación CODECE (Conservación y el desarrollo de los cerros de Escazú). El Sr. Sánchez dio una explicación de la importancia de conservar los recursos naturales.

Posteriormente se procedió a sembrar los árboles, trabajo que los participantes realizaron con mucho entusiasmo.

En total se sembraron aproximadamente 50 árboles y se piensan sembrar cerca de cincuenta árboles más.

Excerpt from "¡A Reforestar! Amigos de Santa Ana" from *Cedral*, año 1, no.4, September/October 1992. Copyright © 1992 by **CODECE**. Reprinted by permission of the publisher.

_____ **41.** The youth group worked on their project during the summer.

_____ **42.** **El Instituto Juvenil Charles Wolcott** is located in South America.

_____ **43.** The young people who participated were from the United States and Costa Rica.

_____ **44.** Javier Sánchez is the young man who planted the most trees.

_____ **45.** Javier Sánchez is a biologist who works on conservation projects.

_____ **46.** The group planted four different kinds of trees.

_____ **47.** According to the author of the article, the group members worked enthusiastically.

_____ **48.** **CODECE** is the oldest environmental association in Central America.

_____ **49.** The group plans to plant trees in Mexico next summer.

_____ **50.** Altogether, the youth group hopes to plant 100 trees.

SCORE [   ]

Holt Spanish 2 ¡Ven conmigo!, Final Exam

H. Using the reading as a guide, choose the ending that best completes the sentence. (5 points)

►Antonio y el ladrón◄

Aquí tienes la primera parte de un cuento del folklore chileno.
El narrador cuenta cómo un niño usa su inteligencia para evitar
un robo. ¿Puedes imaginarte cómo continúa el cuento?

É rase una vez un niño llamado Antonio que estaba
jugando en el patio de su casa cuando vino su
mamá y le dijo:
—¡Oye, Toño!, anda al pueblo a comprar harina y manteca que ya no hay —y le pasó un montón de monedas.

Antonio guardó las monedas, se puso el sombrero y
salió para Toconce, un pueblo que quedaba justo al otro
lado del cerro. Mientras caminaba, apretaba el dinero
con la mano.

Iba muy alegre por el camino cuando de repente vio
que un hombre lo seguía. El hombre presentaba un aspec-
to sospechoso, así que Antonio, aprovechando una curva
del camino, se paró, se quitó el sombrero y lo puso en el
suelo con una piedra por debajo.

Cuando el hombre se asomó por la curva, vio que el niño sujetaba el sombrero
en el suelo bien, pero bien firme. Entonces le preguntó qué hacía, y Antonio le
contestó que guardaba una gallina bien gorda. —Necesito ir a casa por una jaula
—dijo Antonio—, pero no puedo irme porque la gallina se me escapa.

El ladrón empezó a sentir hambre, por eso...

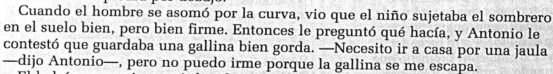

Excerpt from "Antonio y el ladrón" by Saul
Schkolnik from *Cuentos de enredos y tra-
vesuras.* Copyright © 1986 by CERLALC
**(Proyecto Coedición Latinoamericana
de Libros para niños).** Published by
Editorial Piedra Santa, Guatemala City,
Guatemala; Editorial Peisa, Lima, Perú;
and Editorial Andrés Bello, Santiago, Chile.
Reprinted by permission of UNESCO.

_____ 51. La madre de Antonio _____.
    a. guarda sus monedas en un sombrero
    b. necesita harina y manteca
    c. necesita dinero para comprar una gallina

_____ 52. Para llegar al pueblo de Toconce, Antonio _____.
    a. tiene que tomar un tren
    b. sube una montaña
    c. camina hasta el otro lado del cerro

_____ 53. En el camino Antonio _____.
    a. anda con las monedas apretadas en la mano
    b. anda con una gallina en la mano
    c. encuentra una gallina de oro

_____ 54. El hombre que Antonio vio _____.
    a. tiene una gallina gorda en la mano
    b. le pareció sospechoso
    c. quiere comprar el sombrero de Antonio

_____ 55. Cuando ve al hombre, Antonio _____.
    a. pone el dinero debajo de su sombrero
    b. pone una piedra debajo de su sombrero
    c. pone una gallina en el suelo

SCORE

FINAL EXAM

I. Refer to the reading in Activity H and answer the following questions. (5 points)

_____ 56. ¿Por qué necesita la mamá de Antonio harina y manteca?
   a. Porque ya no hay en casa.
   b. Porque piensa hacer una torta para el cumpleaños de Antonio.
   c. Porque va a cocinar la gallina esta noche.

_____ 57. ¿Por qué se puso nervioso Antonio en el camino?
   a. Perdió el dinero que le había dado su mamá.
   b. El camino tenía muchas curvas y no lo conocía bien.
   c. Lo seguía un hombre sospechoso.

_____ 58. ¿Qué pasó cuando el hombre se asomó por (*came around*) la curva?
   a. Antonio le pegó con su sombrero.
   b. De repente Antonio empezó a correr hacia el pueblo.
   c. El hombre le preguntó a Antonio qué hacía.

_____ 59. ¿Por qué pone una piedra debajo de su sombrero?
   a. Para engañar (*to trick*) al hombre sospechoso.
   b. Para hacer caer al hombre.
   c. Para sentarse en el suelo.

_____ 60. ¿Por qué dice Antonio que tiene que regresar a su casa?
   a. Dice que se le olvidó el dinero.
   b. Dice que necesita una jaula para la gallina.
   c. Dice que se le escapó la gallina que iba a vender.

SCORE [   ]

III. Culture

Maximum Score: 10 points

J. Answer the questions or complete the sentences according to what you have learned about culture in Spanish-speaking countries. (5 points)

_____ 61. The three cultures represented in the **Plaza de las Tres Culturas** in Mexico City are _____.
   a. Aztec, pre-Columbian, colonial
   b. Aztec, colonial, modern
   c. Mayan, Aztec, colonial

_____ 62. Which of the following would you not expect to find if you were shopping in a traditional clothing store in a Spanish-speaking country?
   a. a sales clerk
   b. items behind a closed counter
   c. self-service

_____ 63. A man shopping in a Spanish-speaking country asks for the following sizes for himself: **Camisa—13, Trajes—44, Zapatos—40.** These sizes are measured in _____.
   a. inches
   b. centimeters
   c. kilometers

_____ 64. Which of the following might you find in a city in a Spanish-speaking country?
   a. ruins that date back thousands of years
   b. modern buildings and shopping malls
   c. both **a** and **b**

_____ **65.** In general, festivals in the Spanish-speaking world _____.
   a. are always religious, originating from the Catholic church
   b. always celebrate indigenous cultures
   c. combine religion, indigenous culture, and politics

SCORE [   ]

K. Read the following statements. Based on what you have learned, choose **a)** if the statement is true or **b)** if it is false. (5 points)

_____ **66.** Many people in Spanish-speaking countries buy fresh fruit and vegetables at open-air markets.

_____ **67.** José Clemente Orozco is a famous Hispanic baseball player.

_____ **68.** Pollution in Tijuana, Mexico is not a concern of the residents of San Diego, California.

_____ **69.** Bargaining is an acceptable way to shop in any store in Latin America.

_____ **70.** The **Fundación Vida Silvestre Argentina** is a program designed to promote public awareness of endangered species.

SCORE [   ]

IV. Writing

Maximum Score: 30 points

L. Imagine you are on an ecotour vacation in a Spanish-speaking country. Write about one environmental problem you noted, two consequences, and two solutions for the problem. (10 points)

71.

_____

_____

_____

_____

_____

_____

_____

_____

_____

_____

_____

_____

SCORE [   ]

FINAL EXAM

M. Read the following story excerpts and write two sentences for each that could continue the story. (8 points)

72. Eran las once de la noche, la luna estaba llena y hacía mucho viento. Yo estaba en la cama leyendo un libro.

_____

_____

73. Érase una vez un tigre que era el rey de la selva. No había otro animal más noble o fuerte. Un día, vino a la selva un loro muy hermoso e inteligente, y él quería ser el rey de la selva.

_____

_____

_____

SCORE [   ]

N. You are listening to a debate about social issues. Respond to the following statements by agreeing or disagreeing with them. If you agree with the statement, say why you do. If you disagree, offer an alternative idea. (12 points)

74. En mi opinión, el mundo es mucho mejor que hace cincuenta años.

_____

_____

_____

75. Me parece que les toca solamente a las compañías grandes proteger el medio ambiente.

_____

_____

_____

76. Creo que es más importante cuidar a los seres humanos que proteger a los animales.

_____

_____

_____

SCORE [   ]

TOTAL SCORE [   ] /100

Nombre _____ Clase _____ Fecha _____

Circle the letter that matches the most appropriate response.

I. Listening

Maximum Score: 30 points

A. (10 points)

1. a b
2. c d
3. a b
4. c d
5. a b
6. c d
7. a b
8. c d
9. a b
10. c d

SCORE ☐

B. (5 points)

11. a b c d e
12. a b c d e
13. a b c d e
14. a b c d e
15. a b c d e

SCORE ☐

C. (5 points)

16. a b c d e
17. a b c d e
18. a b c d e
19. a b c d e
20. a b c d e

SCORE ☐

D. (10 points)

21. a b c d
22. a b c d
23. a b c d
24. a b c d
25. a b c d
26. a b c d
27. a b c d
28. a b c d
29. a b c d
30. a b c d

SCORE ☐

II. Reading

Maximum Score: 30 points

E. (5 points)

31. a b c
32. a b c
33. a b c
34. a b c
35. a b c

SCORE ☐

F. (5 points)

36. a b
37. a b
38. a b
39. a b
40. a b

SCORE ☐

G. (10 points)

41. a b c
42. a b c
43. a b c
44. a b c
45. a b c
46. a b c
47. a b c
48. a b c
49. a b c
50. a b c

SCORE ☐

H. (5 points)

51. a b c
52. a b c
53. a b c
54. a b c
55. a b c

SCORE ☐

I. (5 points)

56. a b c
57. a b c
58. a b c
59. a b c
60. a b c

SCORE ☐

FINAL EXAM

III. Culture

Maximum Score: 10 points

J. (5 points)

61. a b c

62. a b c

63. a b c

64. a b c

65. a b c

SCORE [____]

K. (5 points)

66. a b

67. a b

68. a b

69. a b

70. a b

SCORE [____]

IV. Writing

Maximum Score: 30 points

L. (10 points)

71. _____

_____

_____

_____

_____

_____

_____

_____

_____

_____

SCORE [____]

M. (8 points)

72. _____

_____

_____

73. _____

_____

_____

SCORE [____]

FINAL EXAM

Holt Spanish 2 ¡Ven conmigo!, Final Exam

N. (12 points)

74. _____

_____

_____

_____

_____

_____

75. _____

_____

_____

_____

_____

76. _____

_____

_____

_____

_____

_____

FINAL EXAM

SCORE ☐

TOTAL SCORE ☐ /100

Listening Scripts for Final Exam

I. Listening

A. 1. Mi familia es bien grande. Mi papá se llama Mario. Lo quiero mucho. Es muy alto y muy talentoso. Es un músico profesional. Toca la guitarra.

3. Me acuerdo que mi mamá era muy cariñosa. Le encantaba ir a la playa con nosotros. La echo mucho de menos.

5. Éstos son mis hermanos Marco y Pablo. Cuando eran jóvenes, jugaban al béisbol en la escuela. Les gustaban mucho los deportes. De niños, siempre peleábamos, pero nos queríamos mucho.

7. Mi tío Santos es muy gracioso. Vive en Cuernavaca. Me gusta mucho ir a visitarlo. Siempre quiere salir a comer con nosotros. Su hijo Martín es mi primo favorito.

9. En cambio, mi tía Graciela no me cae muy bien. Parece que nunca está contenta. También es muy aburrida. Nunca quiere sino quedarse en casa para ver la televisión.

B. 11. Bueno, eso queda muy lejos de mi casa. Primero, tome la calle Buena hasta llegar a la avenida Grande. Doble a la derecha y siga derecho. Cuando usted llegue a la calle Leñeros, doble a la izquierda. Siga derecho hasta la avenida Turista. Entonces el edificio queda a la derecha.

12. Desde mi casa es muy fácil de encontrar. Suba por la calle Buena hasta la avenida Cometín. Allí doble a la derecha y camine una cuadra. El edificio está en la esquina.

13. A ver, está en la misma calle que mi casa. Baje por la calle Buena hacia el oeste. Cuando llegue a la avenida Turista, el edificio está a la izquierda.

14. Comenzando en el Café Español, baje por la avenida Turista hacia el sur. Al llegar a la calle Buena, doble a la izquierda hasta la avenida Cometín. Allí doble a la derecha. El edificio está a su izquierda. No se puede perder.

15. Bueno, si estás en la esquina de la calle Leñeros y la avenida Turista, sube por la calle Leñeros hacia el este, hasta llegar a la avenida Grande. Allí dobla a la derecha. Está en el cruce de la calle Buena y la avenida Grande.

C. 16. ...un día las hijas se encontraron con un enano. El enano les dio tres deseos. La hermana menor, sin pensarlo bien, pidió una manzana. Entonces la hermana mayor quedó tan enfadada por el deseo tan tonto que pidió que la manzana se pegara a la nariz de su hermana. En fin, a causa de ser tan malas tuvieron que gastar su último deseo en quitarle la manzana a la nariz de la hermana...

17. —¿...las manzanas?
—Son veinte pesos el kilo.
—¿En cuánto las deja?
—Bueno, se las regalo por diecio...

18. ...un día muy bonito. Va a estar muy soleado después de estar un poco nublado por la mañana. Pero mañana si piensan ir a la playa, deben llevar paraguas porque va a llover todo el día. También va a llegar una masa de aire frío así que va a estar un poco más frí...

19. —...evitar esos problemas, tenemos que conservar energía. También tenemos que aprender a manejar menos y caminar más.
—Así es la cosa, pero el problema es que nuestras ciudades están construídas para el carro y no para el pea...

20. —¿...podría decirme dónde está el hotel Gran Escena?
—Sí, está en el cruce de la avenida Grande y la calle Puentes. Suba por esta calle afuera hacia la izquierda y cuando llegue a la calle Grande, doble a la derecha. El hotel está allí. No se puede per...

D. Querido Marcos,

Muchas gracias por tu carta. ¡Déjame contarte algo acerca de mí! Tengo 17 años y soy de Valparaíso, Chile, donde nací. Cuando era niño, me gustaba mucho ir a la playa a nadar.

Estos días prefiero salir con mis amigos a dar un paseo en el parque o tomar algo en un café.

Asisto a la escuela Santa Iglesias y pienso graduarme dentro de unos meses. Estoy muy ansioso. ¿Cuándo vas a graduarte tú? Oye, me gustaría mucho poder reunirme contigo algún día. El año pasado estuve en tu ciudad por una semana. Me gustó mucho. Fui a visitar a mi tío Juan José. Él vivía en Buenos Aires en aquel entonces.

Tu ciudad es muy bonita. Mientras estaba, visité muchos museos. También escuché un concierto de la orquesta. Creo que mi familia y yo vamos a viajar allí este verano. Cuando lleguemos a Buenos Aires, vamos a reunirnos. ¿De acuerdo? Bueno, sin más, te doy un saludo. ¡Escríbeme cuando puedas!
Tu amigo,
Fede

I. Listening Maximum Score: 30 points

A. (10 points: 1 point per item)
1. a
2. c
3. b
4. c
5. b
6. c
7. a
8. c
9. a
10. d

B. (5 points: 1 point per item)
11. a
12. b
13. c
14. e
15. d

C. (5 points: 1 point per item)
16. d
17. a
18. e
19. b
20. c

D. (10 points: 1 point per item)
21. c
22. a
23. a
24. d
25. b
26. b
27. b
28. d
29. d
30. a

II. Reading Maximum Score: 30 points

E. (5 points: 1 point per item)
31. c
32. a
33. a
34. b
35. c

F. (5 points: 1 point per item)
36. a
37. a
38. b
39. a
40. b

G. (10 points: 1 point per item)
41. a
42. b
43. c
44. b
45. a
46. c
47. a
48. c
49. c
50. a

H. (5 points: 1 point per item)
51. b
52. c
53. a
54. b
55. b

I. (5 points: 1 point per item)
56. a
57. c
58. c
59. a
60. b

III. Culture Maximum Score: 10 points

J. (5 points: 1 point per item)
61. b
62. c
63. b
64. c
65. c

K. (5 points: 1 point per item)
66. a
67. b
68. b
69. b
70. a

IV. Writing Maximum Score: 30 points

L. (10 points) Answer will vary for item 71.
M. (8 points: 4 points per item) Answers will vary for items 72 and 73.
N. (12 points: 4 points per item) Answers will vary for items 74 to 76.

To the Teacher

Speaking Tests

The primary goal of **¡Ven conmigo!** is to help students develop proficiency in Spanish. The speaking tests in the *Testing Program* have been designed to help assess students' proficiency in listening to and speaking Spanish. The speaking tests, which measure how well students use the language in contexts that approximate real-life situations, reflect the interview/role-play format of the Situation Cards in the *Activities for Communication*. You can choose whether to set up interviews with each student, role-play the short situations with individual students, or have pairs of students role-play the situations spontaneously as you observe.

Administering a speaking test requires approximately three to five minutes with each student or pair of students. You might administer a speaking test to one student or pair while the others are working on the reading and writing sections of a Chapter Test. Make sure that you and the student(s) are seated far enough from the others so that they will not be disturbed. Instruct the student(s) to speak in a soft but audible voice. If such an arrangement is not possible, meet with students at mutually agreed upon times outside class.

The Speaking Test Evaluation Form on page 342 will help you assess each student's performance. At the end of each test, take a moment to note your impression of the student's performance on the evaluation form. The following guidelines offer one possibility for assessing a student's global score, based on this evaluation.

18–20 pts: The student accomplishes the assigned task successfully, speaks clearly and accurately, and brings additional linguistic material to the basic situation, for example, using new functions or structures that beginning language learners seldom use spontaneously.

15–17 pts: The student accomplishes the assigned task successfully with a few errors. The student is able to communicate effectively in spite of these errors and offers meaningful responses.

12–14 pts: The student accomplishes the task with difficulty. He or she demonstrates minimum oral competence, hesitates frequently, and shows little creativity, offering only minimal, predictable responses.

9–11 pts: The student is unable to accomplish the task or fails to demonstrate acceptable mastery of functions, vocabulary, and grammatical concepts.

0–8 pts: Communication is almost non-existent. The student does not understand the aural cues and is unable to accomplish the task. Errors are so extreme that communication is impossible.

Speaking Test Evaluation Form

Chapter _____ ☐ Interview ☐ Role-play ☐ Other format

Targeted Function(s) _____
_____
_____

Context (Topic) _____

COMPREHENSION (ability to understand aural cues and respond appropriately)	(POOR)	1 2 3 4 (EXCELLENT)
COMPREHENSIBILITY (ability to communicate ideas and be understood)	(POOR)	1 2 3 4 (EXCELLENT)
ACCURACY (ability to use structures and vocabulary correctly)	(POOR)	1 2 3 4 (EXCELLENT)
FLUENCY (ability to communicate clearly and smoothly)	(POOR)	1 2 3 4 (EXCELLENT)
EFFORT (inclusion of details beyond the minimum predictable response)	(POOR)	1 2 3 4 (EXCELLENT)

TOTAL POINTS ☐

NOTES:
_____
_____
_____
_____
_____
_____

SPEAKING TESTS

Mis amigos y yo

Speaking Test

Targeted Functions: introducing yourself and others; describing people; talking about what you and others do; saying what you like and don't like

A. Interview
Have students respond to the following in Spanish.
1. Hola, soy (*your name*). Tengo (*your age*) y soy de (*a city*). ¿Y tú?
2. ¿Cómo se llama tu mejor amigo(a) y cómo es?
3. ¿Qué haces con tus amigos?
4. ¿Adónde van Uds. el viernes por la noche?
5. ¿Qué te gusta hacer los sábados?
6. ¿Cuál es tu programa de televisión favorito? ¿Por qué?

B. Role-play
Have pairs of students act out the following, or, act it out with individual students.

A new student from a Spanish-speaking country is in your class. Introduce yourself, find out his or her name, where he or she is from, how old he or she is, and what he or she likes to do.

Un viaje al extranjero

Speaking Test

Targeted Functions: talking about how you're feeling; making and responding to suggestions; saying if something has already been done; asking for and offering help; describing your city or town

A. Interview
Have students respond to the following in Spanish.
1. ¿Cómo te sientes hoy?
2. Estoy aburrido(a). ¿Qué puedo hacer?
3. ¿Ya comiste hoy?
4. ¿Qué dices cuando necesitas ayuda?
5. ¿Cómo es tu ciudad en la primavera?
6. ¿Qué tiempo hace hoy?

B. Role-play
Have pairs of students act out the following, or, act it out with individual students.

You and a friend get together for the afternoon. Find out what each other did that morning. Make suggestions and decide what to do this afternoon. Ask each other for help with a chore you must do today.

S P E A K I N G   T E S T S

La vida cotidiana

Targeted Functions: talking about your daily routine; talking about responsibilities; complaining; talking about hobbies and pastimes

A. Interview
Have students respond to the following in Spanish.
1. ¿Qué haces todos los días por la mañana?
2. ¿A qué hora te acuestas?
3. ¿Cuáles son algunos de los quehaceres que te toca hacer en casa?
4. ¿Qué dices cuando no quieres ayudar en casa?
5. ¿Cuáles son tus pasatiempos favoritos?
6. ¿Cuánto tiempo hace que haces tu pasatiempo favorito?

B. Role-play
Have pairs of students act out the following, or, act it out with individual students.

You have just begun summer camp, and you've met a new friend in your cabin. Find out about his or her daily routine at home and what his or her responsibilities are. Also, find out what his or her favorite hobbies and pastimes are and how long he or she has been doing them.

¡Adelante con los estudios!

Targeted Functions: asking for and giving opinions; giving advice; talking about things and people you know; making comparisons; making plans

A. Interview
Have students respond to the following in Spanish.
1. ¿Qué piensas de este colegio?
2. ¿Qué deberías hacer para sacar buenas notas?
3. ¿Conoces a un(a) profesor(a) de ciencias? ¿Cómo es?
4. ¿Crees que el verano es mejor o peor que el invierno? ¿Por qué?
5. ¿Qué vas a hacer las próximas vacaciones?
6. ¿Qué planes tienes para esta tarde?

B. Role-play
Have pairs of students act out the following, or, act it out with individual students.

Imagine that you are a new student at this school. Ask your partner what he or she thinks of this school, the teachers, and the students. Ask him or her for some advice on how to do well in school. Then talk about your old school, comparing it to the new one. Finally, make plans to do something together after school.

¡Ponte en forma!

CAPÍTULO 5

Speaking Test

Targeted Functions: talking about staying fit and healthy; telling someone what to do and not to do; giving explanations

A. Interview

Have students respond to the following in Spanish.

1. ¿Qué deporte te gustaría aprender y practicar?
2. ¿Qué hiciste la semana pasada para estar en plena forma?
3. ¿Qué consejo le das a un amigo para llevar una vida más sana?
4. ¿Cuáles son tus buenos hábitos? ¿Y tus malos hábitos?
5. ¿Por qué no asististe a la clase de gimnasia ayer?
6. ¿Por qué no sales esta noche?

B. Role-play

Have pairs of students act out the following, or, act it out with individual students.

You are a trainer at a health club. You have a new client who has been feeling tired and sick lately. Ask him or her about his or her lifestyle and eating and exercising habits. Make recommendations for how to break bad habits and live a healthier life. The client tells you how he or she lives and explains why he or she hasn't been to see you sooner.

De visita en la ciudad

CAPÍTULO 6

Speaking Test

Targeted Functions: asking for and giving information; relating a series of events; ordering in a restaurant

A. Interview

Ask students to respond to the following in Spanish.

1. ¿Sabes si hay un restaurante bueno cerca de aquí?
2. ¿Conoces un museo o un parque en tu ciudad? ¿Cómo puedo llegar allí?
3. Cuando vas de vacaciones, ¿qué haces primero? ¿después? ¿y por último?
4. ¿Me puedes decir dónde puedo comprar un boleto de autobús?
5. ¿Cómo pides algo de comer en un restaurante?
6. ¿Qué plato me recomiendas de tu restaurante favorito?

B. Role-play

Have pairs of students act out the following, or, act it out with individual students.

You are visiting a relative in a large city for the first time. The two of you are having lunch in a Mexican restaurant, discussing your sightseeing plans for the afternoon. Ask your relative where various sites in the city are and how to get there.

SPEAKING TESTS

CAPÍTULO 7 — ¿Conoces bien tu pasado?

Speaking Test

Targeted Functions: talking about what you used to do; saying what you used to like and dislike; describing what people and things were like; using comparisons to describe people

A. Interview
Ask students to respond to the following in Spanish.
1. Cuando eras pequeño(a), ¿qué actividades hacías?
2. De niño(a), ¿te molestaba asistir al colegio?
3. Cuando tenías diez años, ¿cómo era tu mejor amigo(a)?
4. En aquellos tiempos, ¿cómo era esta ciudad?
5. ¿Eres tan conversador(a) como yo? Explica.
6. ¿Puedes comparar un amigo tuyo a un animal?

B. Role-play
Have pairs of students act out the following, or, act it out with individual students.

Your brother is engaged, and his fiancée has lots of questions about your family and your background. She asks you about your childhood activities, likes, and dislikes. You respond and also describe how you and people in your family used to be. In addition, you describe how your town or city has changed since you were little.

CAPÍTULO 8 — Diversiones

Speaking Test

Targeted Functions: describing a past event; explaining why you couldn't do something; reporting what someone said

A. Interview
Ask students to respond to the following in Spanish.
1. ¿Fuiste alguna vez a un parque de atracciones? ¿Cómo estuvo? ¿Qué tal lo pasaste?
2. ¿Prefieres las películas de aventura o las comedias? ¿Por qué?
3. No fuiste a la fiesta el sábado. ¿Por qué?
4. ¿Qué mandados tuviste que hacer el fin de semana pasado?
5. ¿Qué te dijeron tus amigos de las últimas vacaciones?
6. ¿Qué dijo tu amigo de la última película que vio?

B. Role-play
Have pairs of students act out the following, or, act it out with individual students.

You and a friend have plans to go to an amusement park this weekend. But before you go, each of you has several errands to run. Tell each other what you need to do. Also, tell each other what your friends who have been to the park said about it.

SPEAKING TESTS

Holt Spanish 2 ¡Ven conmigo!, Speaking Tests

¡Día de mercado!

Speaking Test

Targeted Functions: asking for and giving directions; asking for help in a store; talking about how clothes look and fit; bargaining in a market

A. Interview

Ask students to respond in Spanish to the following questions.
1. Del centro, ¿cómo voy a la biblioteca municipal?
2. ¿Me puede decir cómo llegar a una parada de autobuses desde el colegio?
3. Con permiso, ¿me puede atender?
4. ¿Cómo me queda este vestido/traje?
5. ¿No tiene el mismo color en una talla más grande?
6. Quiero comprar esta camisa, ¿en cuánto me la deja?

B. Role-play

Have pairs of students act out the following, or you can act it out with individual students.

> Your friend asks you how to get to the local outdoor market. You give him or her directions and then decide you want to go along. At the market you both try on various items and ask each other how they look. Also, ask each other how much things cost.

¡Cuéntame!

Speaking Test

Targeted Functions: setting the scene for a story; telling a story; talking about the latest news; reacting to news

A. Interview

Ask students to respond to the following in Spanish.
1. ¿Qué tiempo hacía cuando llegaste al colegio esta mañana?
2. ¿Qué pasó cuando mirabas la televisión anoche?
3. Continúa este cuento: Todos estudiaban tranquilamente en la biblioteca esa mañana cuando...
4. ¿Qué pasó después? ¿Cómo termina ese cuento?
5. ¿Te enteraste del nuevo plan del director de nuestro colegio?
6. Bueno, ¡los estudiantes (ya no) tienen que llevar uniformes!

B. Role-play

Have pairs of students act out the following situation or you can act it out with individual students.

> You and a group of friends went on a picnic yesterday. The day was sunny, then got cloudy, and all of a sudden a downpour came. Everyone went home and the storm continued through the night. Tell a friend about what happened. While you are talking, he or she asks you various questions about what you were doing when the storm started and what happened next.

S P E A K I N G   T E S T S

Nuestro medio ambiente

Speaking Test

Targeted Functions: describing problems; talking about consequences; expressing agreement and disagreement; talking about obligations and solutions

A. Interview

Ask students to respond to the following in Spanish.
1. ¿Cuál es un problema ambiental de esta ciudad?
2. ¿Te preocupas por alguna especie de animal? ¿Cuál y por qué?
3. ¿Qué debemos hacer para evitar el desperdicio de los recursos naturales?
4. ¿Estás de acuerdo con el reciclaje? ¿Cómo podemos mejorar el programa que tenemos?
5. ¿Qué debemos hacer para proteger la tierra?
6. En tu opinión, ¿cuál es la mejor solución para la contaminación de los ríos y los océanos?

B. Role-play

Have pairs of students act out the following, or, act it out with individual students.

You are discussing your opinions on some of the environmental problems we have with a local activist. Share your thoughts on the following: air and water pollution, endangered animals, recycling, conserving energy. Agree or disagree with the activist's opinions and discuss what needs to be done about these problems.

Veranos pasados, veranos por venir

Speaking Test

Targeted Functions: exchanging the latest news; talking about where you went and what you did; telling when something happened; saying how you feel about people; describing places; saying when you're going to do something

A. Interview

Ask students to respond to the following in Spanish.
1. Recibiste una carta de tu amigo. ¿Qué noticias tienes de él?
2. ¿Qué hiciste y dónde te quedaste durante las últimas vacaciones?
3. ¿Cómo son tus compañeros(as) de clase? ¿Te caen bien?
4. ¿Qué te parece Puerto Rico?
5. ¿Qué vas a hacer el fin de semana que viene?
6. ¿Qué planes tienes para el verano que viene?

B. Role-play

Have pairs of students act out the following, or, act it out with individual students.

Your friend has just returned from a vacation in San Diego. He or she has spent time with a mutual friend, Diana. Ask how Diana is and what she has been doing lately. Ask your friend what he or she did in San Diego, what he or she thought of the city and of the people there.

Holt Spanish 2 ¡Ven conmigo!, Speaking Tests